I0826567

冯敬兰 著

华忆出版社
Remembering Publishing, LLC.

ISBN: 978-1-68560-052-5 (Print)
978-1-68560-053-2 (eBook)

Remembering Publishing, LLC
RememPub@gmail.com

风起莲月

冯敬兰 著

责任编辑：刘　进
封面题字：启　之

出　　版：美国华忆出版社
版　　次：2023 年 2 月 第一版，第一次印刷
字　　数：224 千字

目　录

上卷　少年纪事

下卷　岁月拾零

序　一

印红标

这本文集的上卷收录了冯敬兰2014年撰写并发表于互联网络的《我的文革纪事》系列文章，共计24篇，记述了作者在母校北京师大女附中的亲历、事件调查和思考。下卷是与女附中及文革相关的另外13篇文章。

2007年起，先后由北师大女附中知名校友评选、陈小鲁和宋彬彬为文革中的过错道歉引发的争议，使这所学校的文革历史真相、卞校长被害的追责等问题成为网络舆情的热点。当年，师大女附中是北京教学水平首屈一指的女校，云集了成绩最优秀的女生，除了一般家庭的女孩，还有众多高级领导干部、高级知识分子、高级统战人士的女儿。文革初始，学校就处于政治旋涡之中，学生党员率先贴大字报质问校领导，继而又有学生公开批评工作组。邓小平通过在这所学校学习的女儿了解运动情况，曾经直接指导工作组的工作。工作组撤出之后，学校陷入混乱，发生了学生殴打折磨校领导的恶性事件，导致党总支书记兼副校长（校长空缺）卞仲耘被害身亡。不久，毛泽东在天安门城楼接受了女附中红卫兵宋彬彬献上的袖章。在红卫兵的“破四旧”狂潮、学生的派性分裂和斗争中，这所学校的学生甚至教师都没有缺席。师大女附中的文革成为观察北京市中学运动的一个重要的窗口。

冯敬兰的文革纪事从个人的视角，揭示文化大革命最初两年多在这所名校以及北京市发生的暴力狂潮，引述对卞校长遇害经过等争议事件的调查结果，分析在政治动乱之中人性善恶的种种表现，真诚反思反省人们在特殊环境下的表现，为认识这场浩劫及其发生的土壤提供了见证、有据可查的资料与思考。

系列文章一事一议，叙事风格平易诚恳，场景情感真切，娓娓道来，不似学术文章的长篇大论，适合大众阅读，又忠实于历史事实，无哗众取宠、谋取私利之心，适宜当作普及读本，促进全民族认识和反思历史。

师大女附中文革中最为人关注、亦是最惹争议的是卞仲耘校长被害事件。冯敬兰依据历史资料、口述访谈和调查结果对此作了叙述，澄清了某些似是而非、主观随意的说法。2014 年针对当时社会议论而考察的几个问题，至今仍有益读者了解事件的真实情况。

其一，袁淑娥的诬陷。袁淑娥是在北京休病假的大连工学院教师，她因婚姻破裂而迁怒于卞仲耘，给中央写信诬陷卞校长与她前夫 D 有不正当关系等等。6 月 21 日，工作组召开全校大会，揭发批判卞校长，袁淑娥闯入大会“控诉”生活作风问题，引发一些学生殴打卞校长。次日大会再次发生殴打，致使卞校长几乎晕倒。这是女附中暴力的肇始。邓小平听取工作组汇报后说：袁“是个坏人。”袁淑娥的诬陷严重加剧了卞校长的厄运。文革结束后，袁淑娥曾被北京市公安局西城分局以挟嫌报复罪逮捕，后西城区检察院认为袁借文化大革命捏造事实、诽谤他人，已构成诽谤罪，但已过追诉时效，决定不予起诉。

其二，8 月 5 日殴打折磨卞校长致死的几个细节考察。

细节之一，殴打折磨卞校长是否系有组织的活动？冯敬兰在事件发生的当天下午被作为有问题的学生，擦教室的玻璃窗，不在游斗现场。她依据历史资料和调查结果作出判断：这次活动由高一（3）班部分学生一哄而起，一些初中学生参与，并非学校革命委员会或者红卫兵发起。事发当天下午，已经成立的学生组织“红旗”（后改名为“毛泽东主义红卫兵”），去校外活动，不在现场。而据 8 月 7 日筹委会和红卫兵筹备会议的一份记录，与会者决定次日（8 月 8 日）成立“师大女附中红卫兵”，就是说卞校长被害的 8 月 5 日，第二支红卫兵还没有成立。尽管参与暴力的多数学生后来很可能参加了红卫兵，但是在事发当天还没有红卫兵的身份。

细节之二，冯敬兰分析几位亲历者回忆和资料，判断 8 月 5 日那天，校革委会负责人刘进和宋彬彬没有参与打人。刘、宋二人听说发生游斗打人的情况，曾两次前去现场劝阻，学生散开之后，她们就回去了。二人离开后，再次发生殴打或折磨校领导的情况。她们没有认识到事态的严重性而守在那里防止再度打人，后来抢救卞校长也不及时。关于抢救，也有不同的回忆和说法。冯敬兰等人调查的结果是：傍晚，教师李松文和学生刘进、宋彬彬等人将昏迷多时的卞校长送到附近的邮电医院，医生要求女附中革委会开介绍信，才可抢救，但学校办公室已经关门。双方争执后妥协：李松文老师牵头签名，然后写下在场六位同学的名字（包括几位校革委会成员），交给医生作保，医生才开始抢救，但最终未能挽救卞校长的生命。这就是那张七人姓名字条的来历，字条被称为是凶手名单是不符合事实的。

从历史资料的角度，本书作者的口述采访、调查均有史料价值，例如：同学英子的回忆。1966 年 8 月下旬红卫兵“破四旧”运动期间，因为爷爷是“地主”成分，英子的家被抄。父亲送爷爷回老家，在西直门火车站托运铺盖时，爷爷被男三中红卫兵截住，当场打死。英子从外边回家，老远看见父亲吃力地用绳子拉着什么东西，走近一看才知是爷爷的尸体。身体单薄的父亲半拖半拽着爷爷从西直门火车站走三四公里路，回到车公庄的家。一路上没有人帮助他，他也不敢求助别人。又如《颤抖的胡同》及后续文章，记下了作者亲见亲历的小院居民被红卫兵抄家、遭惨无人道折磨致死的情景。当年有过凄惨被害经历的人成千上万，而情节情景情感被记录下来的有限，更难见诸国内公开出版物，以致当下很多中青年人感觉难以置信。

书中收录的几篇历史资料的原文、摘要引述的资料片段，有的在文革期间近乎随处可见，却在当今不易查找，有的仅在小范围流传，这些资料为研究者利用提供了方便，例如：邓小平对女附中工作组的谈话（1966.7.5）、邓榕对邓小平的揭发（1967.4）、卞仲耘给邓小平的信（1966.7.3）、师大女附中毛泽东主义红卫兵对“社会青年”的最后通牒（1966.8.24）、师大女附中红卫兵与化工学院附中红卫兵联合发布的《告工农革干子弟书》（8.30）、北京四中革命师生的《通令

——关于驱逐四类分子的五项命令》(8.24)、孔丹、董志雄就红卫兵问题给陈云的信(1984)等。

今天阅读当年的批判资料《卞仲耘八大罪状》(1966.6.27),令人对卞校长的教育家情怀肃然起敬。作为学校的一把手,卞校长需要贯彻上级的指示精神;但另一方面,在教育界日益受到以阶级斗争为纲、突出政治冲击的情况下,卞校长仍在这所北京顶尖的中学,坚守着为祖国培养更多优秀人才的理念,尽力守护着师大女附中这只风浪中的小船。批判资料罗列了卞校长的"罪状":应对"突出政治"的要求,她说:"学习是主要任务;学习不好就是政治不好";"教学不能受任何干扰。女附中之所以出名,就是升学率高,这是抓业务的结果。"她要求语文组"要稳,要狠抓学生的基本功。""语文课讲毛主席著作,只能讲篇章结构,不能讲成政治课。"她要求数学组:"教改要实事求是,不搞花样。""要培养出几个像华罗庚那样的数学家。"面对上山下乡的宣传,她说:"女附中培养一个学生不容易,还是考大学吧!""女孩子上山下乡不方便。"她还被指责"在校外选教师要高材生,大多数都是出身不好,划不清界限。"

本书作者冯敬兰动情地写道:"看到这些将校长置于死地的所谓罪状,我心潮难平,忍不住流下眼泪。穿越时空,我在这里认识了校长,一个抗战时期秘密加入中共的理想主义者,一个辗转敌后坚持读完大学的知识分子,她的真实、坦率、实事求是,她的思想、智慧、价值观,穿越 48 年的时空,仍然闪耀着人性的光芒。"

文革中人性善恶的表现是本书作者观察和思考的又一个角度。冯敬兰指出:文革像打开"潘多拉盒子",释放出了潜藏在人们心中的恶魔。袁淑娥以革命的名义泄私愤,行报复。在未成年的中学生之中,血统的优越感、过分张扬的个性、强烈的表现欲、嫉妒心、报复心和病态的虐待狂心理,这些人性的毒素,以革命的名义膨胀。但是,仍然有一些学生即使处于班级"头头"的地位,也能够守住基本的人性底线,不斗争同学,防止了悲剧。作者记下了两三位在风暴中表现了良知的同学或同代人的姓名。

本书作者冯敬兰不仅品评他人的人性善恶，也以过来人的身份剖析自己。8月5日下午，作者被罚在教室里擦玻璃窗，处于被整的地位。后来她走过小操场，看到卞校长无知觉地瘫在一辆手推车上，身上覆盖着大扫帚和茅坑盖，衣衫不整，五官肿胀，黄的稀便顺着车厢板流淌到地上，在感到厌恶和恐惧之余，转身逃离，除了恐惧，不记得心里有对校长的同情和怜悯，后来就忘了这件事。作者反省：今天，当我站在老年门槛上才知道，也要追问自己：如果躺在车上的是我母亲，我能扭头走掉，从此不提吗？我虽被别人欺负，但是看到奄奄一息的校长我有恻隐之心吗？由此，冯敬兰写下了一句深刻反省的话："写完了自己的'文革纪事'，我醒悟到，任何人都没有权利站在道德的高地指责别人，反思文革，一定要扪心自问。"这是作者思想境界的升华，也是很多过来人需要反身自省的问题。

探究历史的真相，追究造成惨剧的责任，拷问与反省过来人的人性与良知，是沉重和痛苦的，但是为了避免重蹈覆辙、悲剧重演又是必不可少的功课。呈现给读者的这本文集凝聚着作者的真诚思考和历史责任感，相信会带给读者诸多启发与教益。

2023年2月

序　二

何　蜀

冯敬兰的这本个人文集，单看书名，可能会以为是一本抒情散文集，或者一般的个人经历回忆。实际上，这是一本很有特色的、对文化大革命的回忆与反思文集。

与一般的个人经历回忆不同的是，本书中许多篇章带有强烈的研究色彩，集中了作者多年来的调查访谈材料和收集的历史资料。本书最重要的内容，是北京那个有名的师大女附中“八五”事件的背景、起因与真相，包括从 6 月初聂元梓等人大字报由官方强势推广后学校陷入动乱（这就是书名“风起莲月”的含义），工作组的进校“夺权”与骤然撤离造成的局势失控，学校的党总支书记兼副校长卞仲耘“被自己动员起来积极参加文化大革命”的一群花季年华女中学生殴打折磨致死（史称“八五”事件），女附中红卫兵何时成立，有关宋彬彬上天安门给毛泽东献红卫兵袖章及是否曾改名“宋要武”的历史真相……

所有这些历史，作者都以当年学生中的受害者、如今的民间文革研究者的身份，以生动细腻而又冷静朴实的文笔娓娓道来，既有独特的视角与当时的亲身感受，也有在多年调查研究中形成的更广阔的视野，以及更重要的——在不断反思中升华的、超越苦难记忆的悲悯情怀。

冯敬兰本来是爱好文学写作的，只是为了尽到亲历者的责任与义务，把真相留给后代，才研究起文革那段不堪回首的历史，投入到这种“痛苦的”“虐心的写作”（《2014：虐心的写作》）中，从文学转入了史学。这就使本书带上了一些文学色彩，比一般的纯史学著述多了些可读性。

中国自古“文史不分家”，司马迁的《史记》既是古代史学的巅峰，二十四史之首，又有许多篇章历来被视为文学写作的典范，被鲁迅誉为“史家之绝唱，无韵之《离骚》”。不过，文学作者写历史，又会有一个常见问题，就是可能会因缺乏史学研究的素养，而极易习惯性地用上虚构、想象、夸张等文学手法，从而影响著述的严谨。冯敬兰也清楚地认识到了这一点，她在比较了自己的写作与已是历史学者的校友叶维丽所写文革研究著述的差距后，坦诚写道：“和叶维丽的文章比较，我发现文学写作的缺陷，习惯用合理的想象去代替事情真相，用激烈的情感表达代替是非曲直。这在一直关心、参与我校文革事件的几位作家的文章中也同样存在。”（《局外人入列》）因此她在文革研究与写作中很注意这个问题，尽量以史料说话。本书中有不少内容是她所做的对亲历者的访谈记录，还有当年留下的大字报、大事记之类文字资料，其他人的回忆及本人的日记等，在对一些史实细节的考证上她也下了不少功夫。

本书值得注意的另一特点是有深刻的反思。

在写到工作组进校后与学生（包括反对工作组的学生）按当时的时代精神给卞仲耘归纳出“八大罪状”时，作者情不自禁地感叹道：“无论是工作组，还是老师学生，无论是支持工作组，还是反对工作组，我们大家都错了！看看我们都揭发了什么？难道不是集体参与了背叛、诬陷和落井下石吗？我们的是非观何在？是谁把我们变成不讲理、不懂事、没廉耻、没脑子的白痴？这些还不够，反工作组的学生、教员还要求更狠更猛地向她开火，她怎能有活路呢？”（《谁把校长推向深渊》）这样的追问，这样的认识，显然就比那种把“史无前例的文化大革命”简单片面地概括为“学生打老师的革命”更准确，更深刻，更发人深省，催人反思。

在回忆北京师大女附中著名的“八五”事件时，冯敬兰不仅是站在当时因所谓“家庭出身”问题而受到“红五类”同学欺侮折磨的角度进行控诉与谴责，而是也做了沉痛的反思。她当时被班上的“红五类”同学罚做清洁擦玻璃窗，并不知操场上已经发生了可怕的暴力事件。她写道："不光是革命的激烈情绪让我们对'黑帮'、对同类失去了同情心和怜恤心，对生命的漠视也麻木了我们的心灵。我是大约四五点钟围着教学楼看大字报，转到小操场的，看见躺在平板车上的卞校长已经大便失禁，顺着木板流到地上。周围一个人也没有，我很害怕，赶紧离开了。我听不少同学说那天下午在小操场看到了这一幕，东楼面对小操场那一面，也会有学生、老师看到这一幕。受伤昏迷的校长这样暴晒一定会死掉，但是大家由于害怕，赶紧躲开，事不关己，转过脸去。我那天回家都没有对家人提……我们学校的学生全体失语了。直到中年以后，校长之死才浮出我的记忆，1996 年我写了散文《心灵的疮疤》。在那篇文章里，我以一个文革受害者的'优越感'站在道德高地上，犀利地谴责和追问'八五'事件的施暴者。今天，当我站在老年门槛上才知道，也要追问自己：如果躺在车上的是我母亲，我能扭头走掉，从此不提吗？我虽被别人欺负，但是看到奄奄一息的校长我有恻隐之心吗？"（《瞬间决定一生——专访宋彬彬》）

这样的反思，这样的自我拷问，在本书中还多。总之，对于关心那段历史，关心民族未来的读者，这是一本非常值得一读的书。

最近看到一句很有启发性的话："死亡，是一个人的悲剧；遗忘，是一个民族的悲剧。"（2020 年 2 月成都七中网校高三年级语文老师开学致辞：不能把冬天唱成春的开始）为了抗拒遗忘，抢救记忆，把文革历史的真相留给后代，避免再发生文革式悲剧，许多年来，许多人都在以不同的方式努力着，本书就是这种努力的成果之一。

2023 年 1 月

序　三

启　之

我不知道，北京师大女附中的老三届里出了多少作家，只知道冯敬兰是其中一位。新世纪以降，我对中国作协就没有了好感，并非酸葡萄心理，而是因为“歌德派”渐渐得势。所以，我敬佩退出作协的独立作家王力雄之属，厌恶抄《讲话》表忠心的周小平之流。当然，像套话说的那样：留在作协的作家，大部分是好的或比较好的。阎连科的《为人民服务》被禁，方方的《软埋》挨批，就足以证明“洪洞县里有好人”。

我写过小说，编过剧本，出过散文集，也被什么协会吸纳为理事，尽管从来没搭理过它，但是，我对文学造诣的高低深浅还略有所知——冯敬兰的文学造诣是上乘的。读一读她的《关于父亲的故事》，就知道，她并非浪得虚名。

一

冯敬兰之出名，并非缘于她的文学，而是因为她替宋彬彬辩诬——宋彬彬是开国大将宋任穷的女儿，师大女附中的高三学生，文革初是该校学生代表会负责人之一。侨居美国的文革研究者，原女附中高一3班的王友琴在《卞仲耘之死》一文中，言之凿凿地指认宋彬彬是1966年8月5日红卫兵打死女附中副校长卞仲耘的负责人。一大群“公知”学者也对宋彬彬群起而攻之，并将“红八月”的杀人与宋彬彬给毛泽东戴红卫兵的袖章一事联系起来，认为宋彬彬应该为当年的“红色恐怖”负责。甚至还有学者把“宋彬彬组织杀人比赛，打死七八个人”的谣传编进“文革年谱”之中。

2007年12月13日，冯敬兰写下《请放开宋彬彬》一文，发在她的搜狐博客上。她明确提出，不要再继续妖魔化宋彬彬了，应该给她转圜的余地，让她站出来，公开说出自己的文革经历。作为同一所学校姐妹班的学生，此前她和宋彬彬从来没有说过话，连招呼都没打过。发文前，她只是从宋彬彬同班同学那里询问了她的简单情况。

当代国中，替“红五类”说话的大有人在，但是替宋彬彬说话的罕见。研究国史的学者中，为宋彬彬讨公道的不乏其人，但出身“黑五类”，受过高干子女的欺辱，顶着海内外的压力，仍坚持不懈地为宋彬彬讨公道的，举国上下，唯冯敬兰一人而已。

我知道，公开为宋彬彬说话是一件冒险的事，事实也是如此。文章一出，即引来许多谩骂和侮辱。政治挂帅者批我“为文革翻案、为红卫兵翻案”，自恃高贵者讥我为“小可怜、小市民，拍干部子弟马屁”，聪明伶俐者骂我是“蠢妇、不要脸，是学校的耻上加耻”，知我根底者斥我“忘了生父是怎么死的”(运动中自杀)。一时间在一些博客和实验中学的博客网站留言板上，骂我的声浪甚至超过了对宋彬彬的讨伐。

文革初我十六岁，仅因为对个别干部子弟有意见，就被上纲为“仇视干部子弟、仇视党的阶级路线”而被批斗被孤立，临近六十岁时，因为反对妖魔化宋彬彬，又被斥“为文革翻案，为红卫兵翻案”。这些未脱文革窠臼的霸道语言像一面镜子，让我看到了非黑即白的绝对化思维如此根深蒂固，蛮横的姿态和狂暴的语言除了发泄愤怒，难道更能接近事实真相吗？

上文摘自冯敬兰十三年前写的文章，题目是《我为什么要替宋彬彬说话》，该文作于2010年5月17日，发表于《记忆》第49期。

二十年来，因“八五事件”引发的争论有四次[1]，第四次是2013/2014年间陈小鲁和宋彬彬的道歉。这四次争论，一次比一次规

1 第一次是2004年纪录片《八九点钟的太阳》上映；第二次是2007年实验中学评选“荣誉校友”(最初的提法为“知名校友”——编者)；第三次是2010年宋彬彬发表《四十多年我要说的话》。

模大，一次比一次人数多，一次比一次议题广。第四次争论把舆情推向了高潮。2014 年初，应网易新媒体之约，冯敬兰开始了以《我的文革纪事》为题的专栏写作，每周一篇，为“八五事件”正本清源，以亲身经历说明了“血统论”对一代青年学子的毒害，为网易带来了大量的点击率。《风起莲月》的上卷就是这些文章的结集。对于忌讳这段历史的有司来说，这是很可怕的事。如今，这些文字付梓域外，跻身于欧美大学的图书馆。藏之名校而传之其人。可谓得其所哉。宋人郑思肖将《心史》装在铁函里封腊沉井，二百年后人们淘井，此书才重见天日。现如今，只消敲几下键盘，就可以看到数不尽的文革著作。文网尚有罅隙，有司仍须努力。

二

2020 年，美国华忆出版了三卷本的《北京盛夏一日——1966 年“八五”事件回忆·思考·争论》一书（下简称《盛夏一日》），尽管酷爱历史的人们，仍旧酷爱故事而漠视真相；尽管王友琴的粉丝拥趸，仍旧坚信其宋彬彬打死校长的演绎而不顾史实的调查；尽管受到广泛爱戴的大康也在传播宋彬彬打死校长的流言。但是，所有的喧嚣与华彩，都将在现实中褪色，在历史里消声。而《盛夏一日》则会在时间的磨砺中彰显其学术的价值和理性的光辉。

冯敬兰的《风起莲月》是继此书之后的又一本关于卞仲耘之死的著作。如果说《盛夏一日》是“八五”事件的面，那么《风起莲月》则是这一事件的点。正是这个点，将卞校长之死的导因——袁淑娥揭发卞仲耘的来龙去脉详尽地展示在读者面前。这个大连外语学院的俄文教师，因为与其夫丁德泗的婚姻破裂，由爱而恨，将满腔怨毒和愤恚全部转嫁到卞仲耘身上。她写给毛泽东的万言长信，在政治上造谣诬蔑，抹黑卞仲耘；在生活上胡编乱造，丑化卞仲耘。曾经把她当作挚友，为其家庭团聚，夫妻恢复感情而竭尽心力的卞校长，成了她一切痛苦一切灾难的罪魁祸首，卞校长为她所做的一切都成了不可告人的阴谋。

邓小平刚听完工作组的汇报，就明确地说，袁淑娥不是好人。但工作组即使知道袁是个恶毒妇，也不敢否定袁对卞的政治诬陷，而将卞校长列为“十六条”中必须打倒的“四类干部”。于是，批斗会上女生们就用木制长枪把卞校长捅倒在地，致她当场呕吐，伤痕累累。卞仲耘写给中央的求救信反而成了她反攻倒算的证据。可以说，在工作组放任袁淑娥上台声讨卞仲耘的那一刻，就打开了群众暴力之门，卞仲耘的生命就进入了倒计时。

赵园在论述“四大”时说：“（文革的大字报）使人之于人的怨毒与嫉恨，得到了恣意释放的机会。不唯对高层人士可以‘自由地’攻讦，发露其丑闻、绯闻、秘闻，更可以对无从设防的他人，由同事到街坊邻里，肆无忌惮地发泄私怨，包括积久的‘羡慕嫉妒恨’——尤其针对才华、名望、待遇。血气健旺或为人阴险者，不难于快意恩仇。桡桡者易折，那就放任摧折；蛾眉曾有人妒，正可假借大义引燃妒火。”[2] 文革中的“大民主”，是以社会失序，法律废弛为代价的，而这种无政府主义带来的暴力又是以当局的纵容为依托的。

文革后，袁淑娥先被拘押，后被释放。理由是过了追诉期。文革是无法无天的特殊时期，不可以通常的法规法条衡之。所谓的依法办案，实际上是出于政治需要的包庇。它包庇的何止一个袁淑娥，“红八月”中的那些杀人凶手借此逍遥法外。文革之初，邓小平就意识到，共产党又要欠债。担心“欠债太多，我们还不起。”什么是“还债”，是承认罪错，还社会以公正。一个追悼会，一纸平反证书就能抵债吗？放过“天下大乱”元凶，放过杀人的老兵，把文革的一切罪责都推到林彪、“四人帮”身上有何公正可言！

三

要还社会以公正，首要的一条就是找出凶手，使之受到惩罚。卞仲耘虽然是被群殴致死，但谁殴打、折磨得最凶？你们女附中团队调

---

2 赵园：《非常年代（1964—1978）》上，第 64-65 页，香港，牛津大学出版社，2019。

查了半天为什么不说出她们的姓名？你们是不是在包庇这些红二代？这是公众质疑女附中团队的焦点。

在这个问题上，我与冯敬兰、刘进等人的观点不同。我认为，如果你们知道其人，就应该说出来。我还在《记忆》点出了打卞校长最凶的刘南南的名字。但是，她们认为指认凶手的事无法做到。同时，王友琴除了指控宋彬彬负有领导责任外，作为游斗校领导的亲历者、目击者，她也从未另有具体所指。纵观理由，第一，殴打与折磨的过程历时整个下午，没法判断哪一拳哪一脚是致命的。第二，调查是民间自发，不代表公权力。女附中的调查者不是公检法，没有资格指认罪犯。在 2014 年 2 月女附中召开的“师生沟通会”上，刘进有一个发言——《做文革调查的一些情况和体会》。在这个发言中，她对没有披露打人者姓名一事做了更有力的说明——“如果我这样做，才真正是为洗刷自己而捡起本已抛弃的垃圾，是重蹈覆辙，而不是一个公民的依法而为。我理解现在很多人这样问这样说这样写的合理性，我也要说出我的合理性。”[3]

刘进还有一条没说，那就是，指认凶手，就要拿出证据，否则人家会告你诬陷罪。而举证的人又出于各种原因不可能出庭作证。刘南南没反告我诬陷罪，算我幸运。话说回来，清理“三种人”时，她被双开，惶惶不可终日之际，忽传喜讯——陈云批示，贺鹏飞等红卫兵不算“三种人”，这些人中的优秀分子还要提拔到第三梯队。刘南南旋即恢复了党籍军籍。这过山车般的人生经历，肯定把她吓得够呛，再也不敢显山露水。

关于卞校长之死的责任问题，叶维丽说得最清楚：宋彬彬等校筹委会的责任是八个字：“劝阻无力，反应迟缓”。“劝阻无力”是指在游斗校领导的过程中她们曾几次出面干预，但在客观效果上没有解决任何问题。”“反应迟缓”指的是对卞仲耘的抢救行动迟缓。”[4] 殴

---

3 王本中、启之编：《北京盛夏一日——1966 年“八五”事件 回忆•思考•争论》编者前言。美国华忆出版社，2020。

4 冯敬兰、刘进、宋彬彬、于羚、叶维丽：《也谈卞仲耘之死》《记忆》第 47 期（2010 年 4 月 28 日）。

打折磨卞校长致死的主体是女附中的学生，王友琴所在的高一三班是最先揪斗卞校长的前锋先导。她们的后台，是伟大领袖。《人民日报社》的高级记者刘衡说："毛主席虽然不赞成打人，可是他从未想过用法律保护人民不被打。"[5]这就是古人所说的"祸自上始"。延安抢救中刑讯逼供的那些人受到什么处罚吗？没有，不但没有，还会被视为忠于党忠于领袖。

延安的传统在中共建政后得到发扬光大，历次政治运动都说不要搞逼供信，可所有的运动都离不开逼供信。土改时地富们不但被分了浮财和土地，很多人还被活活打死。晋绥土改，"'搬石头'斗干部，结果没几天工夫就打死了一批基层干部。"[6]肃反时，外交部新闻司副司长徐晃把打人作为工作的重要手段之一。[7]。五十年代的农业合作化和大跃进，运动中，征收过头粮，打人抄家的事更是屡见不鲜。

没有惩办，就会有更大的施暴。文革把这一传统推向巅峰。北大历史系的学生高海林以殴打侮辱本系教师为乐[8]，中文系学生黄介山等人将陈一咨几乎打死[9]，清华"红色恐怖"的指挥者，学生贺鹏飞率领红卫兵，砸毁"二校门"，在 8 月 24 日对大批教师干部进行严刑毒打。清华学生马楠把副校长钱伟长的后背"抽打得全是紫色淤血，惨不忍睹"。[10]后来，高海林到河南当了教师，黄介山平安无事，贺鹏飞官至海军中将，以用铁钳子给教师干部拔牙逼供的马楠没受到任何刑事处分。这些人都是确凿的打人凶手，在依法办事的时代，他们都没有受到惩罚。

---

5 刘衡：《直立行走的水》第 178 页，自印书，时间不详。

6 杜润生：《杜润生自述：中国农村体制变革重大决策纪实》，第 13 页，北京，人民出版社，2005。

7 宋以敏：《往事杂忆——父亲单位何方》第 198-199 页，自印书，2023。宋以敏谈到，虽然张闻天对徐晃多次批评，但徐并不以为错。1957 年整风时，全司干部给他提意见，徐晃"一脸不服气"。

8 郝斌：《流水何曾洗是非》见"转押太平庄""阎文儒侍师如亲""断崖夜斗杨人楩""再押太平庄""晚点名"等章节，台湾，大块文化出版社，2014。

9 陈一谘：《我在北大文革中的遭遇》 载丛樟等编《燕园风云录——北京大学文革回忆资料汇编》（三），第 23-31 页，自印书，2014。

10 罗征启：《清华大学文革亲历记》，第 12-19 页，美国华忆出版社，2022。

1958 年 11 月 1 日，毛泽东在河北邯郸对干部们说："已经打了，也不要到处泼冷水，以后不再打了，以后改正也就算了，因为他打人也是为了完成国家任务。"[11] 知道了吧，就像农业集体化、"除四害"、大炼钢铁，学大庆学大寨学雷锋一样，打人施暴是为了完成国家任务。明白了吧，就像个人崇拜、党指挥枪、兴无灭资一样，践踏人权，漠视生命是"党文化"的组成部分。

四

王友琴为什么揪住宋彬彬不放，非要把她与卞校长之死放到一个逻辑链条之中，有两个原因，一是宋彬彬是顶级"红二代"，二是作为政治符号，她有新闻价值，足以吸引媒体的关注和大众的眼球。麦克法考尔和余英时两位学界大佬为她的《文革受害者》作序，震住了几乎所有的海内外学者。殊不知，大佬们也会百虑一疏，也会犯错误。我一再高度评价王友琴在文革历史上的贡献，对老麦和余英时的学术成就也深为敬佩，但在这一点上，我必须提醒人们，第一，大佬不会自封自己一贯正确，更不会禁止不同的声音。第二，作字者要谨慎从事，读书人要独立思考，以免被媒体忽悠，被舆情误导，被"大腕"引入歧途。[12]

冯敬兰在为宋彬彬讨还公道的同时，也给我们提出一个严肃的问题：怎么评价"红二代"？准确地说，怎么评价那些革干、革军，尤其是高干子女。与"红五类""黑五类"一样，"红二代"是"血统论"的产物，把他们联系在一起的只是出身。出身不能选择，道路可

---

11 刘衡：《直立行走的水》第 178 页，出处同上。

12 2021 年 4 月 4 日，北大的朋友告诉我，王友琴在公众号"熊窝"旦告诉晋阳遗民："据王晶尧说，宋彬彬给了吴迪银行卡。据清华一位老师说，吴迪的妻子是电影局副局长。"自从《记忆》在 2010 年推出女附中专辑之后，此类来自王友琴的谣言，就不绝于耳。王友琴习惯用"据说"著书立说，这是她的自由。遗憾的是，她针对我个人的种种"据说"，比她的考证更不靠谱。这种借他人之口造谣惑众的嗜好，愈发让了解真相的人们失去了对她的信任和尊重。王友琴之所以坚持不懈地抹黑我，盖因《记忆》搭建了揭示"八五事件"真相的民间平台，使该校的文革亲历者有机会说出与王不同的事实和观点。

以选择。不同的选择，使这个群体一开始就走向了分裂。除了那些打人抄家的老兵，那些依仗父权，占尽好处的干部子女之外。还有反对对联的“红二代”，有带头下乡的“红二代”，有自外于体制，敢说真话的“红二代”，有贬斥“党文化”，批判现实政治，主张普世价值的“红二代”。

陈云坚信，自己的孩子不会“挖祖坟”。事实狠狠打了这位老牌“血统论”者的脸——“挖祖坟”最勇敢最坚决的人中不乏“红二代”。

五

道歉在这本书占有很大的比重，作者从陈小鲁、刘进、宋彬彬等人的道歉讲到同学对她本人的道歉。迟到了几十年的一声“对不起”，让作者感动不已。道歉的目的是和解，和解的前提是真相。真相是什么？请看“学生斗学生，再掀狂澜”的摘录——

初一（3）班的仉乃华，其父亲因当过“资方代理人”被关了起来，身为中学教师的母亲跳龙潭湖自杀，每天中午她被初一的几个高干子弟罚站在火辣辣的太阳底下。她们坐在阴凉处，一边吃冰棍一边辱骂她，不时有人骑车围着她打转，看她东躲西闪的狼狈样子，她们哈哈大笑，极为开心。那年，她们都是 14 岁。

1966 年 8 月 3 日晚，突然有三四个 “红五类”同学找到初二（4）班张鸿敏的家，非常严厉地说：“你明天早晨必须到学校，如果不去，格杀勿论！”说完转身离去。8 月 4 日上午，她心怀恐惧走进教室。课桌靠边，当中摆着几排椅子，全班四十多个同学，被分成三类，“红五类”坐在椅子上，“黑五类”站在黑板前，面对大家站成一排，十几个出身一般家庭的同学坐在地上，批斗会开始，……20 个正牌“红五类”围上来，扯下她们的红领巾，警告“永远不许再戴！”接着，“殴打开始，同班女生打女生，拳打脚踢，刷大字报的浆糊、墨汁从头上浇下来，要我们揭发父母的反动言行，承认自己是狗崽子。”

一个初二女孩，被同学押着从二楼楼梯手脚着地向下爬，脖子上还挂着一个马扎。一个出身不好的同学路过初二（4）班门口，被这个班叫“扫敌”的干部子弟叫住，当众扇了耳光。

初二(3)班学生罗玉平(点点)在文革一开始就被打入另册……。比她更倒霉的还有初三（2）班的黄梅，受父亲黄克诚大将的牵累，她从上初一就遭到了歧视，对联出来后班里学生分成三六九等，黄梅和另一同学成为最低一等，受到的欺辱加了倍。“扫敌”的骄狂、冷酷，留在不同年级同学的记忆里，她对卞校长的侮辱，也以亲笔字迹保存在王晶垚先生那里。

心灵的疮疤会被几十年的历史尘埃掩埋，可是它没有消失，一碰就会出血。受害人不堪回首、不能原谅，加害者不以为然、不愿面对。

我出身职员，当时在北京四中上初二。早早就远离了运动，躲到北图看书。虽然爷爷奶奶家也被抄了，但班里并没有学生斗学生。二十年来，我读到这类施暴的著述无数，心灵似乎麻木，冯敬兰的文字，却让我惊悚不已。

作者告诉那些施暴者，尽管过了四十多年，无论那些被侮辱被迫害的同学今在何方，她们少女时代受到的伤害都是终生不能抹去的记忆。作者对那些折磨同学的“红五类”发出了凛然一问：“侮辱她们折磨她们的同学，你们会忘在脑后吗？”

她们未必会忘掉，但是她们有一万个理由原谅自己。甚至会反攻倒算，像书中提到的那个一贯欺凌冯敬兰，反倒要求冯给她道歉的同学。作者希望用文字唤醒良知——

如果那年的8月，借对联之威欺负过同学的“扫敌”们能够读到这段文字，我希望你们勇敢地走出心灵的困境，去向曾经被你们伤害过的同学、老师登门道歉。道歉，是对自己精神的洗涤和解脱，无关乎受害者。因为她们没有你的道歉，也有自己的成长、自己的人生。不要用“那时我只是个孩子，文革干嘛让我负责”来开脱，道理很浅显，你是孩子，同学也是孩子，为什么人家要受你的欺辱、挨你的耳光？

豁出去，道歉吧！哪怕要忍受谩骂也不要退缩，不要把自己应受的惩罚留给下一代。……道歉真就那么难吗？为自己少年时的不懂事道歉，会损失什么呢？”

没有真相，就没有和解，没有和解，就没有道歉。“豁出去，道歉吧！哪怕要忍受谩骂也不要退缩”，这只是作者单方面的善良心愿。道歉真的很难很难，而且越来越难。盖因有司在苦心孤诣地要人们忘记那段历史。

这本书是历史纪实，也是人性纪录，“黑五类”的出身和遭遇，使作者对人性有着特殊的敏感和体悟。在她的笔下，有对道歉的叩问，有对弱者的同情，有对小人物的关怀，有对羡慕嫉妒恨的理解和包容……。她的教育和经历，使她眼睛向下，关注着那些在政治碾压下挣扎求生的人们。她也写女附中的老师，但是却选择了“最边上最边上最边上”的三位。这些前辈默默无闻的人生，在她的笔下闪耀着善与美的光华。

这本书写的是文革，它不是学术著作，而是通俗读物。科学有“科普”，历史也应该有“史普”。大部头的文革通史出了五六部，断代史也有三四部。据我所知，至少还有三位老者，在写通史。大部头是给专家看的，要让年轻人了解文革，就应该像《风起莲月》一样，走普罗大众的路子。这应该是今后文革写作的一个方向。“作为文革亲历者，我庆幸自己在有生之年做了一件有意义的事儿。”希望这种难得的成就感，属于更多的亲历者。

2023 年 1 月

上卷

少年纪事

最后一课

题记：那天，当我们忐忑不安地收拾书包走出学校大门时，自己并不知道，我们这辈子再也回不到中学课堂了。即将初中毕业的我们，在学校等了整整两年。

1963 年 9 月 1 日，我怀着好奇和自豪的心情走进北京师大女附中的校门。在我就读的那所平民小学，我和小惠同时考上了女附中，成为 200 多名应届小学毕业生中能给学校增光添彩的孩子。我们的小学以每年能考进男四中和女附中的学生为荣，因为是凤毛麟角，有的年份还会剃光头。女附中的校园很大，教室都是楼房，即便是平房，也都高大宽敞气派。校园里有许多树，我能认出其中的钻天杨、洋槐、枣树、核桃树和柿子树，东楼后面还有一个果园，种的是桃树。开学第一天在大礼堂给我们训话的教导主任刘秀莹老师出口成章，声音悦耳，像是电台的播音员。当我胸前戴上白色珐琅质的校徽，摸着上面七个红色毛体字“北京师大女附中”，心里别提有多美啦！

北京师大女附中校徽

没想到我的自豪感很快就荡然无存。全班 45 人个个都是拔尖人物，小学里不是大队长就是中队长，和大家比我觉得自己处处不如人。初中一年级的代数应用题特别绕脑筋，尽是些狗追兔子、鸡兔同笼，读起来像微小说，做起来像迷魂阵。一次数学竞赛，应用题除了狗追兔子，还有人在水里追漂远的军用水壶，我立马蒙灯，只能留下空白。成绩出来，最好的同学得了 90 多分，既教代数也兼班主任的张老师，老远指着我说："你，60！"那一刻的耻辱刻骨铭心，至今难忘。当然，还有比我更糟的，一位小学当过大队长的同学，因为不及格一直趴在桌上哭，把脸都哭皱了。

升到初二，学习刚缓过气来，学校开始加强阶级斗争的教育。永远要站稳立场，分清谁是我们的朋友，谁是我们的敌人。家庭出身突然显示出重要性，革命干部、革命军人、革命烈士、工人、贫下中农是最好的五种，地主、富农、反革命、坏分子和右派是最坏的五种。介乎于两者之间的，是可以教育和团结的对象。我们这些懵懵懂懂的孩子，知道了党的阶级路线叫作"有成份论但不唯成份，重在表现"。什么意思呢？第一，阶级出身是重要的，不同的阶级会打下不同的烙印。第二，出身不能选择，道路可以选择，只要表现好也可以加入革命队伍。

班里出身好的同学，一到 15 岁，就自然加入共青团。她们入团的会议是不公开的，但是她们的名字和入团的消息会出现在黑板上。女附中一直是国家领导人、党政军高级干部子女的首选学校，她们也都是凭考分进来的，个别落榜的，会在下个学期转学进来，每个班都有这样的插班生。前几年听说一件事，高年级某班有个高干子女人缘差，迟迟不能入团。卞仲耘校长找团支书谈话，让她们通过那个同学入团，结果，她们口头答应，后来还是不同意，最终也没有让那个同学入团。都是高干子弟，谁怕谁？对于出身平民家庭的同学，入团就有了难度，刻苦读书，学习雷锋勤做好事，经常写思想汇报，是少不了的。有的还把日记送给团支部委员看，有的会在星期日专程跑到团干部家里去汇报思想。而出身不好的，譬如资本家、右派、反动军官家庭，你把思想汇报写成书，入团也没有指望。偶尔听说哪位出身不好的同学被光荣吸收入团，首先会表扬她和家庭划清了界限，意味着不知交了多少份批判揭发父母罪行的思想汇报。我班出身不好的同学文革前没有一个人入团，年纪小，考验的时间不够长也是原因。

新学年一开始，学校会单独组织干部子女开会，我们班干部子女不算多，大概有十二三个。我的同桌叶维丽，父母都是三八式，在新华社供职。她曾在自己的一本口述实录《动荡的青春》中写道："那次开全校干部子弟会，班上大部分同学都默默地留在座位上，我搬动椅子时动作尽量轻，感觉有点儿不自在，平时都是挺要好的同学，怎么就这样把人划分了？我的好朋友是我的同桌，平常我们经常在一起进进出出，她家庭出身不好，留在座位上没动，我走时心里有些歉意。"叶维丽的父母都是知识分子干部，家族中几位长辈更是我国思想文化界、科学界著名的人物，这样的家庭氛围，使得她从少年起就具有了批判现实主义的意识。

加强阶级教育，请旧社会被剥削被压迫的劳动人民做忆苦思甜报告，也是一项重要活动。有时是全校性的，有时是班里自己组织。听忆苦思甜报告，有的同学会跟着主讲人哭，也有的趴在桌子上把脸埋起来，好像哭得更厉害。我个子高，总是坐在最后一排，看得很清楚。记得有一次忆苦思甜刚下课，一位同学就从前排座位冲到我面前，指着我鼻子严厉质问："你为什么不哭？"她对我的类似指责时有发生，我心里特别怵她。文革初期她成了班里的"核心小组"成员，立即创造条件组织了全班对我的批判、斗争和孤立。

那时，还出现了一个新词，叫作"阶级报复"。出身不好，如果胆敢冒犯上述"红五类"，弄不好就给你一顶阶级报复的帽子。在法院宣判罪犯的布告上，时常可以看到"阶级报复"这项指控。出身不好，生就的贱民，只许老老实实，不许乱说乱动。血统论和等级观念的根基已经坐实。

山雨欲来风满楼。我在 15 岁到 16 岁之间，常常在报纸社论或批判文章中看到这几个字，它让不谙世事的我浮想联翩。

说实话，我特别喜欢那些文章铿锵有力的节奏和犀利的文风。我对政论文的喜好大概是从"九评"（中共中央反击苏共领导人赫鲁晓夫的 9 篇政治评论，第 9 篇最著名）开始，一直持续到中年以后才摒弃。初三那个学年，我们的作文课学习的是议论文，议论文三要素是论点、论据、论断。教我们班语文的老师叫柯莱，听上去是个作家的名字，或许柯老师年轻时也做过作家梦吧？老师须发灰白，不苟言笑，说话带着胶东口音。写叙述文成绩平平的我，时来运转了。我的议论文得到了柯莱老师的赏识，几乎篇篇都是范文，每堂作文课一上来，老师就在全班学生面前带着胶东腔朗读我的作文。后来，念得我都不好意思了。或许是对议论文的偏好，使我对“社论”特别关注，喜欢里边一环扣一环的逻辑，也关心暗示性很强的句式，譬如，山雨欲来风满楼，隐隐带来的是紧张、激动和不安，或许还有期待。

初中三年级留给我的记忆碎片，是看了不少被批判的电影，譬如谢芳主演的《青春之歌》《早春二月》《舞台姐妹》，全是宣扬小资情调和阶级调和论的大毒草。《北国江南》《不夜城》《林家铺子》《抓壮丁》《兵临城下》《红日》等等电影各有各的罪名，譬如投降主义、卖国主义、阶级调和……等等，长资产阶级威风，灭无产阶级志气。这些当年是大毒草的电影，如今均被视为经典之作。没错，那样一群大师级的编、导、演，是不可能复制的。

我们班在校园的合影

我们就要初中毕业了，政治时局也越来越紧张。学习、讨论报纸社论，加进了期末的课外活动当中，后来则是整堂课的学习和讨论。先是通读、学习姚文元的长篇大论《评新编历史剧〈海瑞罢官〉》，时任北京市副市长的吴晗，也是历史学家。他奉上之命写于几年前的新编历史剧《海瑞罢官》被批为“反党反社会主义的大毒草”，要害是罢官。谁被罢官了？彭德怀！敢为彭德怀鸣冤叫屈，这不是向党进攻吗？与此同时，批判的矛头直指“三家村”，与吴晗有关的三家村反党集团，另两位成员是时任北京市委书记的邓拓和时任北京市委统战部长的廖沫沙，他们联名写的杂文《三家村札记》，我们一篇一篇地念，念完了就捕风捉影地分析，那句话影射了党和领袖，然后就上纲上线地批判。那或许是中学生在文革大爆发前夕的演练吧？接着，以中共中央政治局委员彭真为首的北京市委也变成了反党集团，被华北局进驻，改组。好家伙！原来，阶级敌人不光是地富反坏右，他们的代理人早就潜伏到党里面了。

我的学姐、1967 届高中生罗治保存了文革初期的笔记。在她的笔记里，记载了 1966 年 5 月 12 日校党总支书记、副校长卞仲耘在全校做的积极参加文化大革命的动员报告。卞校长指出，这场社会主义文化大革命关系着我国革命和世界革命的前途，是我们党当前第一大事，每一个人都要积极、主动、自觉地参加这场革命，捍卫党中央、毛主席。这场斗争是看每个人是不是突出政治的试金石。她还对运动的要求、方法和学习文件做了具体说明。卞校长绝想不到，85 天之后，她会被自己动员起来积极参加文化大革命的学生殴打折磨致死！

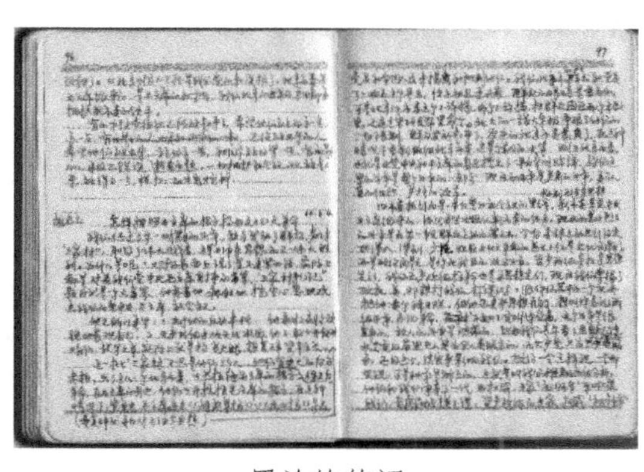

罗治的笔记

1966 年 5 月 16 日，中共中央政治局扩大会议在北京通过了毛泽东主席主持起草的指导“文化大革命”的纲领性文件《中国共产党中央委员会通知》（即“五一六通知”）。卞校长在女附中的提前动员，想必是上面的“内部”部署，先走一步。

那时，初中毕业要经过两次考试，毕业大考和升学大考。毕业大考已经结束，所有的课程都进入了自己复习的阶段，课代表会把问题集中起来，请科任老师集中解答。再过两周，就要中考了。

6 月 1 日上午，我们照例坐在教室里“自习”。最后一堂课时，教室里的扩音器破例响起来。学校用广播的方式召开全校大会，传达各种通知，我们习以为常。但是这次不同以往，开场白“重要通知”后，在鸦雀无声中等来了人民日报社论《横扫一切牛鬼蛇神》。播音员是夏青，国家广播电台的王牌。

现在依旧能够体会当时的心情，我头皮发紧，全身僵硬。第一次听到牛鬼蛇神这个词，莫名的激动、紧张和不知所措让我和全班同学都紧紧地闭着嘴巴，生怕自己的心从里面蹦出来。

那天，当我们忐忑不安地收拾书包走出学校大门时，自己并不知道，我们这辈子再也回不到中学课堂了。等待初中毕业的我们，在学校等了整整两年。

2014 年 2 月 26 日首发网易新媒体

附：

横扫一切牛鬼蛇神

1966 年 6 月 1 日《人民日报》社论

一个无产阶级文化大革命的高潮，正在占世界人口四分之一的社会主义中国兴起。

在短短的几个月内，在党中央和毛主席的战斗号召下，亿万工农兵群众、广大革命干部和革命的知识分子，以毛泽东思想为武器，横扫盘踞在思想文化阵地上的大量牛鬼蛇神。其势如暴风骤雨，迅猛异常，打碎了多少年来剥削阶级强加在他们身上的精神枷锁，把所谓资产阶级的“专家”“学者”“权威”“祖师爷”打得落花流水，使他们威风扫地。

毛主席教导我们，在我国，在所有制的社会主义改造基本完成以后，阶级斗争并没有结束。“无产阶级和资产阶级之间的阶级斗争，各派政治力量之间的阶级斗争，无产阶级和资产阶级之间在意识形态方面的阶级斗争，是长时期的，曲折的，有时甚至是很激烈的。无产阶级要按照自己的世界观改造世界，资产阶级也要按照自己的世界观改造世界。在这一方面，社会主义和资本主义之间谁胜谁负的问题还没有真正解决。”我国解放 16 年以来无产阶级和资产阶级在意识形态领域内的阶级斗争，一直是十分激烈的。目前的社会主义文化大革命，正是这个斗争的继续发展。这场斗争是不可避免的。无产阶级和一切剥削阶级的意识形态是根本对立的，是不能和平共处的。无产阶级革命，是要消灭一切剥削阶级、消灭一切剥削制度的革命，是要逐步消灭工农之间、城乡之间、脑力劳动和体力劳动之间的差别的最彻底的革命，这不能不遇到剥削阶级最顽强的反抗。

革命的根本问题是政权问题。上层建筑的各个领域，意识形态、宗教、艺术、法律、政权，最中心的是政权。有了政权，就有了一切。没有政权，就丧失一切。因此，无产阶级在夺取政权之后，无论有着怎样千头万绪的事，都永远不要忘记政权，不要忘记方向，不要失掉中心。忘记了政权，就是忘记了政治，忘记了马克思主义的根本观点。变成了经济主义、无政府主义、空想主义，那就是糊涂人。无产阶级和资产阶级之间在意识形态领域内的阶级斗争，归根到底，就是争夺领导权的斗争。剥削阶级的枪杆子被缴械了，印把子被人民夺过来了，但是，他们脑袋里的反动思想还存在着。我们推翻了他们的统治，没收了他们的财产，并不等于没收了他们脑袋里的反动思想，剥削阶级统治了劳动人民几千年，他们垄断了由劳动人民创造的文化，反过来用以欺骗、愚弄、麻醉劳动人民，巩固他们的反动政权。几千年来，他们的思想是统治的思想，在社会上不能不有广泛的影响。他们的反动统治被推翻以后，他们是不死心的，总是企图利用他们过去这类的影响，为资本主义在政治上、经济上的复辟进行舆论准备。解放 16 年来思想文化战线上的连续不断地斗争，直到这次大大小邪三家村反党反社会主义黑线的被揭露，就是一场复辟和反复辟的斗争。

在资产阶级革命时期，资产阶级为了夺取政权，也是首先从意识形态上进行准备，搞资产阶级的文化革命。资产阶级革命是由一个剥削阶级代替另一个剥削阶级，尚且要经过多次反复，经过多少次的革命、复辟和反复辟的斗争。资产阶级革命从思想准备到夺取政权，在欧洲的许多国家，都进行了几百年之久。无产阶级革命是彻底结束一切剥削制度的革命，更不能幻想剥削阶级会乖乖地听任无产阶级剥夺他们的一切特权，而不想恢复他们的统治。他们人还在，心不死，必然要像列宁所说的那样，以十倍的疯狂，来企图恢复他们失去的天堂。赫鲁晓夫修正主义集团在苏联篡党，篡军，篡政，这个事实，对全世界无产阶级说来，是一个非常严重的教训。目前中国那些资产阶级代表人物，那些资产阶级“学者权威”，他们所做的，就是资本主义复辟的梦。他们的政治统治被推翻了，但是他们还是要拼命维持所谓学术“权威”，制造复辟舆论，同我们争夺群众，争夺年青一代和将来一代。

资产阶级进行反封建的文化革命，到夺得政权的时候就结束了。无产阶级的文化革命，是反对一切剥削阶级意识形态的文化革命。这种文化革命的性质，同资产阶级的文化革命是截然不同的。这种文化革命，只有在无产阶级夺得政权以后，取得了政治的、经济的、文化的先决条件，才能为这种文化革命开辟最广阔的道路。

无产阶级文化革命，是要彻底破除几千年来一切剥削阶级所造成的毒害人民的旧思想、旧文化、旧风俗、旧习惯，在广大人民群众中，创造和形成崭新的无产阶级的新思想、新文化、新风俗、新习惯。这是人类历史上空前未有的移风易俗的伟大事业。对于封建阶级和资产阶级的一切遗产、风俗、习惯，都必须用无产阶级的世界观加以透彻的批判。在人民生活中清除旧社会的恶习，是需要时间的。但是，解放以来的经验证明，如果充分发动了群众，走群众路线，使移风易俗成为真正广大的群众运动，那么，见效就可能快起来。

资产阶级的文化革命，是为少数新剥削阶级服务的，它只能由少数人参加，无产阶级的文化革命，是为广大劳动人民服务的，和最大多数劳动人民的利益是一致的。所以，这能吸引和团结广大劳动人民参加。资产阶级启蒙人物总是鄙视群众，把群众当作愚民，把自己看成是人民的当然支配者。

无产阶级思想革命家同他们根本相反，是全心全意为人民服务的，目的是在唤起人民群众的自觉，为最广大的人民群众的利益而奋斗。

资产阶级的卑鄙的自私自利，抑制不住自己对于人民群众的仇恨心。马克思说："政治经济学所研究的材料的特殊性质，会把人心中最激烈最卑鄙最恶劣的感情，代表私人利益的仇神，召唤到战场上来反对它。"被推翻了的资产阶级也还是这样。

目前，我国无产阶级文化大革命的规模和声势，在人类历史上还不曾有过，它的威力之大，来势之猛，在运动中所迸发出的劳动人民无限的智慧，远远超出了资产阶级老爷们的想象。事实雄辩地证明，毛泽东思想一旦掌握了群众，就成为威力无穷的精神原子弹。这一场文化大革命，正在大大推动中国人民社会主义事业的前进，也必将对世界的现在和未来，发生不可估量的深远影响。

我国轰轰烈烈的文化大革命，引起了帝国主义、现代修正主义和各国反动派的惊慌和混乱。他们一会儿想入非非，说什么我们的文化大革命，表明了中国下一代“和平演变”已经有了希望呀；他们一会儿又悲观失望，说什么一切消息表明，共产党的统治还是十分巩固呀；他们一会儿又表现出无限迷茫，说什么要对中国所发生的事情随时作出准确判断的真正的“中国通”是永远不可能有的呀。亲爱的先生们，你们的胡思乱想总是同历史的发展背道而驰的。人类历史上空前的这一场无产阶级文化大革命的开展和胜利，敲响了中国土地上残存的资本主义势力的丧钟，也敲响了帝国主义、现代修正主义和一切反动派的丧钟。你们的日子不会长久了。

让我们在伟大的毛泽东思想的光辉照耀下，将无产阶级文化革命进行到底。这一场文化革命的胜利，必将进一步巩固我国无产阶级专政，保证我们在各个战线上把社会主义革命进行到底，保证我们将由社会主义胜利地过渡到伟大的共产主义！

风起莲月

题记：6月3日是我16岁生日。我出生时父亲为我起了一个小名叫“莲月”，意味着一进入6月，莲花的花季就到了。可是，1966年的6月来的却是一场风暴。

1966年6月2日，注定是我不能忘记的一天。因为在我16岁的人生里，第一次看见了大字报。以前只听说过，1957年知识分子和青年学生响应党的号召，大鸣大放，给领导提意见，贴大字报，结果几百万人成了右派分子，发配边疆和农村劳改。

我是在课间操时间看到大字报的。我们教室在南楼，我依稀记得正要和同学们走出大门去操场，看到大门外聚了许多人。楼门口的墙壁上，大字报已经贴了一片，根本分不清谁是谁。是粉色的纸或者黄色的纸？肯定不是报纸。毛笔字写得很流利，篇幅也不长。我记得同桌叶维丽站在我旁边，她对大字报有些不以为然，脸涨得都红了。她的表情成为我的记忆碎片之一，因为我们从初一起就经常坐同桌，是无话不谈的好朋友。我很信服她，凡是她质疑的事情，我也都会问个为什么。我又激动又紧张又不安，心里有点乱套。好家伙，这不是和57年一样吗？反对校领导的同学这下子可要当右派了。

不用说，学校秩序大乱。对领导和老师的不满突然爆发，正统的力量也很强大，最充足的理由就是反对校领导就等于反党，就是右派。都是女生，平时活泼也好文静也好，爱护公物、不乱涂乱画是基本准则，现在可好，全都成了扈三娘、杨排风。教学楼素净的灰砖墙红砖墙，谁都敢把糨糊抹上去，大字报贴得到处都是。大家都无心上课了，上课铃响后，老师走进教室，看到的也是一张张涨红的脸，叽叽喳喳的争论是再也按压不下去了。学习成为最不重要的事，高年级同学都在辩论、争吵、贴大字报、你来我往。我们初中的“小孩儿”（高中生如此称呼初中生）像热锅上的蚂蚁，在校园里窜来窜去。怎么啦？为什么？校领导和社论里说的牛鬼蛇神有什么关系？

2014 年 1 月 12 日，在北京师大附属实验中学召开的“老三届校友与老师见面会”上，66 届高三（3）班学生刘进为文革初期的错误率先向老师同学道歉，她认为，是她领头在学校贴的第一张大字报，导致校园秩序大乱，对老师同学造成了伤害。认识刘进六年多以来，我和她就这个问题多次交换过看法。一位校友曾激烈地对我说过，刘进、宋彬彬她们就应该为写第一张大字报道歉，没有她们的大字报，学校能乱吗？我说，她们不写，别人也会写。校友说，谁写谁道歉！没想到刘进真的为这个“第一”道歉了。刘进认为，不能把文革中的所有问题都归结到上面，归结到运动中的身不由己，或者归结到教育路线，个人要承担自己应该承担的那部分责任。所以，在刘进宋彬彬道歉之后，立即有两位同学先后即席发言，为文革初期批斗班主任老师和伤害同学表示道歉和追悔。

因此，有必要回溯一下刘进的 6 月 2 日。

1966 年 6 月 2 日一早，刘进正在教育部家属院里跑步，忽然间，她听到谁家的收音机里在广播北京大学聂元梓等 7 人的大字报。播音员铿锵有力的声音，让她特别激动，立即停住脚步，凑近去听。往常，她每天要在院里跑三圈呢。她想，看来自己在党支部提出的问题和意见，也可以用大字报来公开表达了。广播没听完，刘进就去找住在同院的马德秀，她是高三（6）班的学生党员。刘进说：“现在党号召了，咱们的意见可以说出来了，你愿意写大字报吗？”马说愿意。她俩又跑到学校去找宋彬彬，她是住校生，1966 年 4 月入党，她也支持写大字报。时间还早，很多学生都没有到校呢，她们就开始写大字报了。因为这些意见都烂熟于心，用不着打草稿，你一言我一语，刘进用毛笔直接写在报纸上，署名刘进、宋彬彬、马德秀，然后贴在宿舍楼锅炉房的一面墙上。

我对她们的第一张大字报毫无印象，一是写在报纸上，不起眼，不能引起我们初中“小孩儿”的注意，二是大字报问世不久，就被学校有意识地覆盖了。

多少年过去，没人想得起大字报的题目和内容，包括刘进本人。刘进在调查中，几乎逢人便问，连勤于做笔记又能完好保存至今的高二学姐罗治，当时都没有抄下“第一张”的内容。总算有刘进班里的同学想起来了，大字报的题目是：“校领导把我们引向何处？”头一句话就是“外界革命形势轰轰烈烈，而学校却是死水一潭，学校一心想引导的是让我们进行高考复习……”后来刘进的记忆也被部分激活，她说，内容以问话为主。胡志涛校长在《生活教育论》一书的《“八五”祭》里提到过她们的大字报，认为“矛头指向还很模糊”，却没有说到具体内容。可以肯定的是，在激情鼓动下的灵感，想必也不会写出长篇大论。

三个人都是预备党员，都是校领导悉心培养的好学生，但是她们对学校执行的路线方针都有意见，在革命和高考之间，她们选择革命。

再说刘进，她是随父母工作调动到北京的。在她记忆中，跟着父亲工作调动，不断搬家，不断转学，她的小学、中学转了八九所学校。三年困难时期，她家在河南。因为饥饿，省委大院里家家都种麦子、养兔子。正上初中的刘进，在自家窗户下种上古巴矮脚麦，天天不辞辛苦地浇水施肥渴望好收成。院里不认识她的人都说省委书记家的小保姆真能干啊。在多地辗转的生活中，少年刘进比京城的高干子弟更多地看到了民间疾苦，把自己也造就成一个质朴的人。1964 年春，父亲刘仰峤调任高等教育部副部长，刘进来到北京，转学到女附中，插班在高一年级。乍一来到北京，又是上了一个女校，她觉得自己和学校的风气有点格格不入，同学也觉得这个外省来的插班生像个土包子。刘进认为学校缺乏劳动教育，很多同学身在福中不知福，又傲气又娇气，尤其是一些干部子女，特殊化严重。高一时她曾写过评论干部子女“骄娇二气”的作文，高二、高三还在课堂上和老师辩论，老师用粉笔在黑板上写了两个大字：偏激。

刘进在道歉中反思了自己的“左”和“偏激”，曾经带给同学们的压力。其实，刘进从来不是以疾言厉色唱高调来宣示“革命”的人，她是以身作则，她的“气场”很压人。譬如每天早起她在高教部家属大院跑三圈，做一套哑铃操，冲冷水澡后，6 点多到校，再带领同学长跑、做 60 个仰卧起坐、俯卧撑。每年 11 月入冬前从不穿袜子。穿的衣服都洗褪了色，带着补丁。下乡劳动，两个同学抬一筐土，她一根扁担挑两筐土。更加让人惊讶的是，一个姑娘家，竟然还会扶犁耕地。同班同学宋彬彬就是这时候开始崇拜刘进的。后来，大凡刘进做的事，她不仅支持，还认真参与，直到今天。

刘进以自觉锻炼、自找苦吃为荣，说到做到，并于 1965 年年底入党。转眼进入 1966 年，文化大革命在“上层建筑”领域已经打开局面，有序进行。刘进想，原来没有赶上战争年代，现在我终于能够投身革命、献身革命了。当时学生党支部经常在一起分析形势，分析学校老师的态度怎么样，是不是革命的，等等。1966 年 5 月，北京市委大学工作部副部长宋硕有个内部报告，刘进和她的同学们认为这个报告是压制革命的，和社论上面讲的不一样。党支部的老师说，我们应该按照党的安排去做，应该服从党的组织纪律。所以尽管有意见，她们还是在党内提出和讨论。

党报不断发表批判文章，调门也在连续升级，号召大家积极参加文化革命，特别是毛主席关于“学制要缩短，教育要革命，资产阶级知识分子统治我们学校的现象再也不能继续下去了”的指示，更让刘进和她的朋友们感到事态的严重性，一种不让“江山变色、国家变修”的责任感和紧迫感得到了强化。

由部分教师组成的“星火燎原联队”在 1966 年 10 月编写的“大事记”里，如此记录：人民日报刊载了北大聂元梓同志向陆平黑帮猛烈开火的全国第一张马列主义的大字报。这在我校引起了剧烈的反响，揭开了师大女附中文化大革命之幕。我校广大革命师生，以学生为先锋，贴出了“誓死保卫党中央”“誓死保卫毛主席”的革命大字报。学生预备党员刘进、宋彬彬、马德秀等三人贴出了揭发我校党总支的第一张大字报（5.14 日传达了宋硕黑指示）。

近年我读到一本高三年级学姐的日记，她是这样写的：“6 月 2 号人民日报发表一篇社论，欢呼北大的一张大字报，立刻，学校里动了起来，有人勇敢地贴出了揭发女附中校领导的大字报。黑云滚滚西天来，风雨压城城欲摧。学校召开党员紧急会议，镇压学生革命运动。”她召集一部分同学连夜写了大字报“怎样正确对待当前校园内的这场大革命”，6 月 3 日一贴出去，便轰动了全校，许多同学踊跃签名，表示赞成。她还写道：“这一天像是失掉了爹娘的孩子，高中同学自动组织起来，初中的小同学满操场乱转。”

学生“犯上”的举动势如破竹，校方也慌了，担心影响扩大，主持工作的副校长胡志涛立即召开了全校党员大会，号召党团员站出来保卫党的领导。教师团支部还组织部分团员把给校领导贴的大字报撕了。

会后，刘进三人被隔离到阶梯教室，党支部派老师们轮番上阵，苦口婆心，帮助三人认识问题的严重性，希望她们认清形势检讨错误。告诫她们如何危险，将要滑到右派学生的泥潭。但刘进们对此却不理解，因为广播里都肯定了大字报，说明这就是党的号召，为什么我们给学校贴大字报提提意见，就成反党行为了？1967 届高二年级孙行玲多年后在新浪博客里写到，6 月 3 日下午学校党支部召开全体会议，同学们都很关切，有不少人堵在会议室门外倾听。会议室里传出老师和学生激烈的辩论声。

当天，北京市委改组的消息传来，不明就里的师生突然和“旧北京市委”有仇似的，欢欣鼓舞、绕着校园游行，表示热烈庆祝、坚决拥护！胡志涛校长代表党总支传达新市委的指示：一不上街、二不开大会、三不要把大字报贴到大街上去，要注意内外有别，强调要相信党，相信党支部，相信区委，相信市委。

双方在僵持中，等来了党中央派来的人。

刘进多年后回忆道：“6 月 3 日晚饭后，胡启立（时任团中央候补书记）带领团中央干部张世栋、马娴华来到学校，被一个同学（即邓榕——作者注）直接带到阶梯教室，他们当场宣布说我们的行动是革命的，应该支持，我们的心情非常激动。”

孙行玲如此回忆：“晚上七点左右胡启立带了团中央的两位副部长来学校，叫开会议室（应是阶梯教室——作者注）的门，放出造反的学生，并说邓小平同志很关心，委托他们来看看。我当时在场，只是围在门口的人很多，距离比较远，人声嘈杂，听别的同学转述：胡启立听说大家都没吃晚饭，挺生气。说不能以这种批斗的方式对待学生，先去吃饭，他们会了解情况后向上级和小平同志反映。”

张世栋记得，当天晚上，他们在校门口，遇见了几个同学，他向她们介绍说，我们是团中央派来的工作组，想见一见你们的校领导。一个同学说：“他们在后面的阶梯教室开会斗学生呢！我带你们去。”后来，他才知道她是邓榕。

来到阶梯教室，老师正在批评刘进、宋彬彬、马德秀同学。他简单自我介绍：“我们是团中央根据党中央指示派出来的工作组，目的是帮助学校党政领导干部领导学校的文化革命运动。今天先来看一看，明天就进驻学校了。随后卞仲耘书记宣布散会，我们几个在校内转了转就返回了。”

6 月 3 日是我 16 岁生日。我出生时父亲为我起了一个小名叫“莲月”，意味着一进入六月，莲花的花季就到了。可是，1966 年的 6 月，来的却是一场风暴。

2014 年 3 月 18 日

附：

聂元梓等 7 人的大字报

——宋硕、陆平、彭珮云在文化革命中究竟干些什么？

现在全国人民正以对党对毛主席无限热爱、对反党反社会主义黑帮无限愤怒的高昂革命精神掀起轰轰烈烈的文化大革命，为彻底打垮反动黑帮的进攻，保卫党中央，保卫毛主席而斗争，可是北大按兵不动，冷冷清清，死气沉沉，广大师生的强烈革命要求被压制下来，这究竟是怎么回事？原因在哪里？这里有鬼。请看最近的事实吧！

事情发生在五月八日发表了何明、高炬的文章，全国掀起了声讨“三家村”的斗争高潮之后，五月十四日陆平（北京大学校长、党委书记）急急忙忙地传达了宋硕（北京市委大学部副部长）在市委大学部紧急会议上的“指示”，宋硕说：现在运动“急切需要加强领导，要求学校党组织加强领导，坚守岗位。”“群众起来了要引导到正确的道路上去”“这场意识形态的斗争，是一场严肃的阶级斗争，必须从理论上彻底驳倒反党反社会主义的言论。坚持讲道理，方法上怎样便于驳倒就怎样作，要领导好学习文件，开小组讨论会，写小字报，写批判文章，总之，这场严肃的斗争，要做得很细致，很深入，彻底打垮反党反社会主义的言论，从理论上驳倒他们，绝不是开大会所能解决的。”“如果群众激愤要求开大会，不要压制，要引导开小组会，学习文件，写小字报。”

陆平和彭珮云（北京市委大学部干部、北京大学党委副书记）完全用同一腔调布置北大的运动，他们说：“我校文化革命形势很好”，

“五月八日以前写了一百多篇文章，运动是健康的。……运动深入了要积极引导。”“现在急切需要领导，引导运动向正确的方向发展”“积极加强领导才能引向正常的发展”“北大不宜贴大字报”“大字报不去引导，群众要贴，要积极引导”等等。这是党中央和毛主席制定的文化革命路线吗？不是！绝对不是！这是十足的反对党中央、反对毛泽东思想的修正主义路线。

“这是一场意识形态的斗争”“必须从理论上彻底驳倒反党反社会主义的言论”“坚持讲道理”“要作的细致”。这是什么意思？难道这是理论问题吗？仅仅是什么言论吗？你们要把我们反击反党反社会主义黑帮的你死我活的政治斗争，还要“引导”到哪里去呢？邓拓和他的指使者对抗文化革命的一个主要手法，不就是把严重的政治斗争引导到“纯学术”的讨论上去吗？你们为什么到现在还这么干？你们到底是些什么人？

“群众起来了，要引导到正确的道路上去”。“引导运动向正确的方向发展”。“要积极领导才能引向正常的发展”。什么是“正确的道路”？什么是“正确的方向”？什么是“正常的发展”？你们把伟大的政治上的阶级斗争“引导”到“纯理论”“纯学术”的圈套里去。不久前，你们不是亲自“指导”法律系同志查了一千五百卷书，一千四百万字的资料来研究一个海瑞“平冤狱”的问题，并大肆推广是什么“方向正确，方法对头”，要大家学习“好经验”吗？实际上这是你们和邓拓一伙黑帮一手制造的“好经验”，这也就是你们所谓“运动的发展是健康的”实质。党中央毛主席早已给我们指出的文化革命的正确道路、正确方向，你们闭口不谈，另搞一套所谓“正确的道路”，“正确的方向”，你们想把革命的群众运动纳入你们的修正主义轨道，老实告诉你们，这是妄想！

“从理论上驳倒他们，绝不是开大会能解决的”。“北大不宜贴大字报”，“要引导开小组会，写小字报”. 你们为什么这样害怕大字报？害怕开声讨大会？反击向党向社会主义向毛泽东思想猖狂进攻的黑帮，这是一场你死我活的阶级斗争，革命人民必须充分发动起来，轰轰烈烈、义愤声讨，开大会，出大字报就是最好的一种群众战斗形式。你们“引导”群众不开大会，不出大字报，制造种种清规戒律，这不是压制群众革命，不准群众革命，反对群众革命吗？我们绝对不答应！

你们大喊，要“加强领导，坚守岗位”，这就暴露了你们的马脚。在革命群众轰轰烈烈起来响应党中央和毛主席的号召，坚决反击反党反社会主义黑帮的时候，你们大喊：“加强领导，坚守岗位”。你们坚守的是什么“岗位”，为谁坚守“岗位”，你们是些什么人，搞的什么鬼，不是很清楚吗？直到今天你们还要负隅顽抗，你们还想“坚守岗位”来破坏文化革命。告诉你们，螳臂挡不住车轮，蚍蜉撼不了大树。这是白日做梦！

一切革命的知识分子，是战斗的时候了！让我们团结起来，高举毛泽东思想的伟大红旗，团结在党中央和毛主席的周围，打破修正主义的种种控制和一切阴谋诡计，坚决、彻底、干净、全部地消灭一切牛鬼蛇神、一切赫鲁晓夫式的反革命的修正主义分子，把社会主义革命进行到底。

保卫党中央！

保卫毛泽东思想！

保卫无产阶级专政！

哲学系　聂元梓　宋一秀　夏剑豸　杨克明
　　　　赵正义　高云鹏　李醒尘

一九六六年五月二十五日

原载《人民日报》一九六六年六月二日

谁主沉浮

题记：校园内到处可以听到“毛主席派人来”的歌声，到处可以看到“毛主席派来了工作组”的标语。

1966年6月4日一大早，由共青团中央向北京市中学派出的第一个工作组带着行李进校了。他们是组长张世栋(男)和两名女组员马娴华、叶礼艳，年龄分别是34岁、32岁、25岁。他们的任务是：坚决贯彻执行中央提出的8条要求，尽快控制好局面，并注意总结经验。(中央8条：(1)大字报要贴在校内；(2)开会不要妨碍工作、学习；(3)游行不要上街；(4)内外区别对待，不准外国人参观，外国留学生不参加运动；(5)不准到被揪斗的人家里闹；(6)注意保密；(7)不准打人、污蔑人；(8)积极领导、坚守岗位。)

他们多么年轻啊！团中央的干部多是出了校门，进机关门，没有经历过“三大革命”(阶级斗争、生产斗争、科学实验)的锤炼，可历史就这样在特殊的时刻选择了他们。领导一所著名女中的文化革命，还要拿出经验来。他们不仅要对顶头上司胡启立(西城区中学文化革命工作队队长)负责，最高领导邓小平都在等着他们的“经验”呢。

2006年2月23日上午，年届耄耋的张世栋先生在家里接受了刘进和宋彬彬的拜访，谈起四十年前的事。

他记得，1966年6月3日上午，为了制止大中学校的混乱，使学校的文革运动有序进行，由刘少奇主持召开中央政治局常委扩大会议，制定了“文化大革命”运动的8条要求，并决定向北京大中学校派出工作组。北京中学的“文化大革命”运动由团中央负责，团中央书记处常务书记胡克实列席了会议。他回到团中央立即召开了书记处紧急会议，传达了政治局会议精神，决定组成北京中学文化革命工作团，各区成立工作队，当天就开始向中学派出工作组。下午一上班，胡克实的秘书侯春山通知张世栋马上去见领导，他放下手头正在写的辽宁四清总结，和马娴华、叶礼艳先后走进胡克实办公室。他们被告知，三个人组成北京中学“文化革命”第一个工作组，由张世栋任组长，今晚就进驻北京师大女附中。胡启立同志也去，但不做介绍，他去看一看。

因此，工作组头天傍晚才由邓榕几位学生引路，把他们带到软禁刘进、宋彬彬、马德秀的阶梯教室，工作组当场亮相，支持了三位学生的革命行动。工作组进驻学校后，5 天内，又有 7 人先后从北京四清工作队、中央团校和外地抽调来女附中报到，形成张世栋为组长、马娴华等 4 人为副组长的强大阵容。

工作组做的第一件事，是接管权力。党总支书记卞仲耘和主管校长胡志涛都是抗战中参加中共地下党的老革命，后来她们都选择了教员这一职业。卞仲耘 1949 年来到女附中，从当教员开始，一直到党总支书记、副校长，把个人命运交给了这所女中。胡志涛曾在著名的演剧二队工作，她当年的战友解放后或成为文艺界领导，或成为著名艺术家。她到解放区后却选择了教育工作。1949 年北平解放，她所在的华北育才中学随着解放大军进城。5 月，女附中正式被接管，华北育才中学女生部与女附中合并。担任国文教员的胡志涛在这里遇见了卞仲耘，她们早在 1946 年就认识了，一起在晋冀鲁豫解放区人民日报社工作。共同的理想让两人再次相遇，并肩战斗在新的岗位。1956 年，胡担任副校长，负责学校全面工作，卞担任党总支书记。女附中的校长正职，要么是文艺界高官夫人，要么干脆空缺。中间几经曲折上上下下，1962 年后，她俩又恢复原职，相互配合，相互支持，直到文革开始，卞胡做梦一样双双靠边站了。当然，一起下台的还有副校长刘致平、教导主任汪玉冰和副主任梅树民。

唯一保留了职务的是管总务的李副校长，来自解放区，工农干部，出身贫苦。幸亏有李校长统管学校的后勤，学校的物质生活还能继续，食堂照常有好吃的狮子头，校园的环境卫生依然能够保持。但是，遗憾的是李副校长把学校历史档案（人事档案另外保管，得以幸免）当作垃圾，一把火给烧了，致使即将迎来百年校庆的实验中学只有当下，没有从前。

权力的更迭受到学生的拥护。学生们对校领导的不满，短短几天酝酿成有我没你的“阶级仇恨”，工作组成了亲人。高三某同学日记里写着：同学们高兴极了，校园内到处可以听到“毛主席派人来”的歌声，到处可以看到“毛主席派来了工作组”的标语。

工作组做的第二件事是恢复正常秩序，维护校园稳定。废除学生会、团委，成立了全校师生代表会，老师代表 2 名，学生代表 5 名。刘进担任学生代表会主席，宋彬彬、马德秀和另两位高中生为副主席。各年级设代表、各班成立核心小组，取代团支部、班委会。工作组——师生代表会（包括年级代表）——班级核心小组，成为学校新的三级组织。

如果说从前校领导对干部子女“另眼看待”，旨在不断加强她们做无产阶级革命事业接班人的责任感，而工作组则是直接按照父辈职位级别来规定他们革命的合法性和正当性了。干部子弟也分为不同的等级，高级干部和一般司局级干部有了分野。各班核心小组成员基本是按照父亲级别遴选的，谁爹官最大，谁自然当一号人物。父亲官儿更大的，是年级的学生代表，譬如邓榕和刘婷婷，后者才 14 岁，初一的小孩儿，懂什么呀！

我所在的班，集体性格是老实本分，不激进、不冒尖，趋于保守，干部子弟和普通家庭出身的同学并没有明显的裂痕。可是，班委会、团支部突然解散，代之以 5 人“核心小组”，还是给了大家不小的冲击。团支书张新华比一般同学年龄稍大一点，也是干部子女，是班里第一个入团的同学。她待人热情、性格爽朗、知识丰富，属于“阳光”女孩。她的理科成绩尤其好，只要老师在课堂提问，她总是最先举手，有时怕老师看不见，甚至站起来举手，要求回答。她骑一辆天蓝色自行车，是进口洋货。我记得班里好几个同学学骑车，都用她的，摔了磕了，她从不计较。张新华黯然下台了。

一位平时并不活跃的同学，因父亲是国家领导人而当了核心小组的№1。她性格有些内向、平时不爱说话，举止也不激进。我至今的印象中，她总穿一件蓝士林布的斜襟褂子和一条古铜色灯芯绒裤子，高高的个子，两条长辫子梳的很低，不像我们常常把小辫胡乱编到耳朵上方，显得很幼稚。用现在的话说，她很低调，但文革就这样让她突然抛头露面了。当然，也要照顾到工农子弟。我班一工人出身的同学，初一时眼睛近视了，家庭困难，是全班同学一毛、五分地凑钱帮她配上眼镜的。她是真正的无产阶级后代，也成为核心小组五人之一。5个人有四个是团员，唯一一个非团员L也有过硬之处，她的伯父是开国上将，一个月后她"火线"入了团。

原来按座位排列的小组自行解散了，脾气相投、观点一致的自然聚在一起。桌椅也打乱重排，每个自然小组，把桌椅摆在一起，面对面方便学习、讨论、聊大天。每天读报讨论很没意思，我们也想不出校领导有什么问题，需要写大字报去揭发。我记得，我们小组几个同学，对团支部书记张新华被整得灰溜溜靠边站很不满，凭什么呀？核心小组经过选举了吗？纯粹是自封！我们觉得不公平，免不了背后议论核心小组的张三李四。特别是老欺负我的L，哼！要让大家选，才不选她呢。我从小心直口快，不忌讳别人听去有什么后果。说核心小组L的坏话后来被举报，成为我挨整的主要罪状——仇视干部子弟，仇视党的阶级路线，上纲为夺权斗争。现在看，都觉得太搞笑了是不是？别看小姑娘平时打架爱用指甲掐人，若以革命的名义整起人也是很毒辣的，后面的故事会告诉你。

我的同桌叶维丽，在她的《动荡的青春》一书中，也谈到这段时间的情况。她回忆道，干部子弟出入在一起，俨然成了特殊小团体。大家在一起也不干什么正经事，经常议论班上同学，有时拿她们的特点开玩笑，起外号。叶听到一些可笑的说法也跟着哈哈大笑，虽然知道这样不对。以前的同学关系不是这样，现在人性中卑琐的一面以革命的名义堂而皇之地表现出来了。叶维丽还说："我的同桌是我最好的朋友，她不是干部子弟，现在我们疏远了。每次见到她我就感到不自在，心里觉得有点对不起。"其实，我也觉得她和我疏远了，但是，更大的离间还在后边。

天气渐渐热起来了。校园里不穿鞋的人越来越多，这似乎成了革命标志。她们把裤腿挽到膝盖，像要下农田去插秧，不过是走在滚烫的水泥路上。我在前面说过，我们班的集体性格比较保守，只有核心小组的一个同学当了赤脚大仙。不知从哪天起，“他妈的”成了好多人的口头禅，还好，“操”这个字眼一直没有普及，毕竟是女校，大家都有羞耻心。

工作组正式宣布“复课”，恢复正常秩序。所谓“复课”你以为是重新捧起书本吗？非也！是每天按照上下课铃声规定的节奏，学习报纸社论和各种化名人物的文章，据说篇篇都代表最高指示。老师们也不用备课了，以教研室为单位学习、揭发吧。不过，揭发校领导也不许胡来，严格遵守中央八条，让运动有序进行，先普遍揭发，再梳辫子，找出重点。

革命，到底是什么？谁也闹不清楚。天天读报讨论，是很无聊的事。对校领导不熟悉，实在想不出他们的坏。有人提出是不是把班主任老师叫来，批判一下。他一个教物理课的，干吗老在全班面前说那种事啊？譬如同学们来例假了，千万不要沾凉水、不要搬重物、不要剧烈运动，嘁！用得着你管吗？婆婆妈妈，一看就是革命意志消退的人。这个动议遭到大多数同学的反对。我们这个班，文革初期，没有批判过任何老师，也没有人参与过 8-5 游斗校领导的活动。许多年后，我和同学去拜访班主任老师，说起文革，他提到核心小组 L 同学曾经在物理教研室，喝令一位女老师跪下，扇了她耳光，我们都很吃惊。她在班里虽然整过同学，但至少没有动手打过我们。

如火如荼的运动变成了温吞水，有点进退失据了。正如工作组的领导同志所说：“你们现在不明白学校的问题到底是什么性质，我们团中央也不能随便指责学校是什么问题。到底是什么问题，要靠同学们的揭发，你们要揭发谁就揭发谁。你们的革命热情很高涨，很好，但一定要踏踏实实，一步跟着一步。”

学生中的不满情绪如暗流涌动，即将爆发。工作组绝想不到，进校刚刚两周，就成了学生们斗争矛头直指的对象。更大的风暴再次席卷而来。

2014 年 3 月 25 日

生活就是斗争

题记：大家渴望的是轰轰烈烈，是热血沸腾，是把一切牛鬼蛇神打翻在地，再踏上一只脚。这才是革命。

我在写作过程中，需要不断地翻阅高二（2）班学姐罗治的文革笔记。她真是一个有心人，泛黄的横格纸上隽秀的字体已经发黑，却字字清晰，她就那样留住了一段历史。罗治笔记为我的写作提供了可靠的参考，譬如有关工作组和各种人物代表的系列讲话、当时轰动一时的社论、文章等。

团中央派来的工作组，对自己进入师大女附中十天来的工作，充满了乐观的情绪。六月中旬，年轻的工作组组长张世栋在广播讲话中说："这几天运动怎么样？好得很！因为我们学校的文化革命进入了一个新的高潮，新的阶段。广大师生员工对文化革命在认识上有很大提高，并积极行动起来了，对修正主义黑线和代表人物进行大量揭发，大小字报已经贴出1000多张了。""其中不乏一大批有材料、有分析、有分量的击中要害的大字报。斗争水平、战斗力不断提高。广大师生思想觉悟、阶级觉悟有了飞跃提高，几天的进步胜过几年，立场坚定了，斗争性增强了。"

张世栋认为，工作组取得了一些经验，为下一步斗争打下了良好基础。而存在的问题都是方法性的，也是难免的，不足为怪的。他提出新的要求：（1）要坚持学习时间，认真阅读文件。（2）提高大字报的质量。抓准、抓要害、抓实质。修正主义教育路线；专家路线；修正主义苗子；对待工农子弟、革命教师、干部子弟。（3）要团结广大师生员工一道革命。（4）要坚决执行中央的八条规定，建立一个更健全的新的革命秩序，这样更有利于斗争，提高战斗水平。

看上去这些要求都是合理的，理性的，重点很明确。可是，轰轰烈烈的革命气氛哪里去了？毛主席教导我们；“马克思主义的道理千条万绪，归根结底就是一句话，造反有理。”毛主席还教导我们：“革命不是请客吃饭，不是做文章，不是绘画绣花，不能那样雅致，那样从容不迫，文质彬彬，那样温良恭俭让。革命是暴动，是一个阶级推翻一个阶级的暴烈的行动。”毛主席的话，好像专门冲着工作组说的，你求稳怕乱，而学生中不耐烦的情绪已是一触即发。

6 月 17 日，高三（4）班李黎黎等 13 位干部子女贴出了大字报，题目是“我校工作组是站在什么立场上？”她们认为，工作组开展运动的方式和《人民日报》社论的精神不一样，阻碍了运动。这里我必须回顾一下，刘进、宋彬彬、马德秀 6 月 2 日的“第一张大字报”的题目是：“校领导把我们引向何处？”她们三人之所以对校领导有意见，是因为“外界革命形势轰轰烈烈，而学校却是死水一潭”。半个月一个轮回，工作组岂不是在重蹈校领导的覆辙吗？

由此可见，广大学生对文化革命的理解与校领导、工作组截然不同。一要稳定二要有序，是一切担负领导责任的人（先有校领导后有工作组），必须想到的。而学生们则不然，大家渴望的是轰轰烈烈，是热血沸腾，是把一切牛鬼蛇神打翻在地，再踏上一只脚。这才是革命。

面对学生“为什么还不召开揭批校领导大会”的质问，张世栋在当天的广播中说，“现在转入重点批判的条件还不成熟，仍要进行广泛的、普遍的揭发。”的确，虽有 1000 多张大字报了，但都是泛泛的不满、重复的大道理，是执行上级错误路线的问题，怎么对校领导展开有针对性的全校大批斗？说白了，是没有子弹嘛！同时张世栋检讨了自己有“怕乱”思想，“还不够放手”，表示欢迎继续提意见。

大字报贴出后，引起了全校各班的辩论，特别是在高中学生中，迅速分成两派，当然，反对工作组一派，在人数上明显处于弱势。当晚，学生自发聚在大操场宿舍楼的高台前辩论，高三（3）班同学梁二同上台支持了 13 人，说工作组压制了革命师生的积极性，把学校运动搞得冷冷清清。支持者为她大声叫好，反对者也毫不妥协。双方争先恐后爬上高台，慷慨陈词，直到半夜。梁二同是刘进的同班同学，后来成为反工作组一派的领导者之一。

这是校园里继刘进等 3 人质问校领导的大字报贴出后，仅隔两周的第二波全校大辩论。这次，刘进、宋彬彬等成为维护工作组的正统派，直到 8 月 19 日她们宣布退出女附中的文革运动，再也没有以激进的姿态出现。工作组的权威受到了强烈挑战，他们呼吁同学们不要再辩论了，没有人听得进去。辩论非但没有停止，第二天又演变成学生斗学生。有的班是围攻反工作组的少数派学生，有的班则是趁乱整治出身不好、平时看不顺眼的同学。

很多年后，我听说了高二（2）班整同学的事，其实，当时我们班教室和高二（3）班是对门，和高二（2）班斜对门，却没有一个人知道。当然，知道了我们也不懂。

1966 年 6 月 18 日，高二（2）班率先在同学中明确划分三六九等，揪出 12 个“牛鬼蛇神”，分别扣以耸人听闻的大帽子。最近，我在孙行玲的新浪博客看到了这张大字报：

这两天，咱们班空前一致，没有矛盾是不符合辩证法的，这完全是假象。反革命黑帮的大红人 A 及其爪牙 B；自己承认是反革命的 C；一贯阴险、两面三刀的投机分子 D、E；一贯仇恨党中央和毛主席的阶级异己分子 L（罗治）；一贯欺骗组织、处心积虑的捞政治资本的投机分子 F；一贯与组织对抗的小市侩 G；一肚子坏水的极端利己主义者 H；一贯仇恨革命干部及其子弟笑里藏刀的阴险分子 I、J、K 等人纷纷出头露面，上蹿下跳，企图浑水摸鱼，钻进革命左派的队伍。警告你们，浑水摸鱼是不行的，谁个真革命，谁个假革命，谁个反革命，我们心里一清二楚！坚决横扫一切大的、小的、明的、暗的牛鬼蛇神！！！[1]

毛主席的共青团员 1966. 6. 18

孙行玲的家离学校非常近，每天中午回家吃饭。那天饭后返回学

1　因未联系到大字报涉及的当事人，谨以大写英文字母代替姓氏。

校，推开教室门（平时中午是不关门的），就见大家的目光齐刷刷地一齐射向门口。她不知道为什么今天午休同学们都老老实实坐在位子上，为什么这么安静，为什么表情怪异。听站在讲台边的同学说进来吧！她才注意到并不是所有的同学都坐在位子上，前边还站着几位，一脸严肃。不等她坐下，就有人以命令的口气说，你对这张大字报什么看法？她这才发现黑板上贴了满满的大字报，内容如上。只觉得脑袋"轰"的一声，心脏一下抽紧了，完全是下意识地回答："我不觉得她们是反革命，平常没发现有反革命言行。"她立刻遭到猛烈反击，有人说她是自己跳出来的小右派，把她吓哭了。印象最深的是，有个同学说你爸爸是右派所以你当然也会同情反革命，出身决定立场。而说这话的人自己出身资本家。过后班领导小组划定"左中右"，她是"中右"。

是谁策划发动了这场批斗同学的活动？当然是班里的"核心小组"。父亲的职位高低直接决定了她们的政治地位和道德优越感。只有她们才配当"毛主席的共青团员"，别人都是贱民，可以任意侮辱。看看这可怜的 12 个人，有的从政治上当头一棒，有的从人格上给予诋毁，每一项"命名"都费了心思。譬如"反革命黑帮的大红人"——她们先给校领导定性"反革命黑帮"，然后再把"大红人"的帽子扣到 A 头上。A 是高二（2）班班长，文革前校学生会文体部长，学习好、能力强、多才多艺、口才出众。是众多的嫉妒心拧成一股绳，让 A 成为 12 个"牛鬼蛇神"之首。她为了证明自己忠于毛主席，把毛的像章别在胸前的肉上。以这种方式证明自己的我知道还有一人，就是清华附中的 66 届高中生郑光召，即作家郑义，他早年的作品《远山》《老井》曾名噪一时，成为新时期文学的优秀作品。

我于 2007 年 11 月认识了 A，实名张育芷，当时她拖着晚期"慢阻肺"的羸弱病体，正参与发起、组织为卞仲耘校长塑像的捐款活动，因捐款意外遇到阻力，她把我叫到她家，希望我帮着在网上宣传一下。她形销骨立，弱不禁风，说起话来却滔滔不绝，一停下就要吸氧。后来我去过她家多次，参与她召集的聚会。她的家一直是插队知青和校友团聚的沙龙。2011 年 5 月，她坐着轮椅、带着氧气袋参加了在实验中学举行的“卞校长塑像揭幕仪式”，我还和她合影留念。当年 12 月，在连续的雾霾天里，学姐张育芷溘然过世。

欲加之罪，何患无辞？还有这样的罪名——“自己承认是反革命”的C，父母姐妹多在演艺界，她本人也面容姣好，多才多艺，因此受到一位干部子弟的强烈嫉妒，划入牛鬼蛇神。

大字报里除了“反革命黑帮的大红人 A 及其爪牙 B；自己承认是反革命的C；一贯仇恨党中央和毛主席的阶级异己分子L（罗治）”等四人涉嫌政治外，其他 8 位同学受到的全是人格羞辱和诋毁，譬如一贯阴险、两面三刀，欺骗组织、处心积虑地捞政治资本，与组织对抗、小市侩，一肚子坏水、极端利己主义者，仇恨革命干部及其子弟，笑里藏刀，等等，这些涉及人品的攻击除了对本人造成更深的伤害，也充分展露了整人者的骄狂、冷酷和狭隘。

高二（2）班斗争同学的活动，充满戾气，开创了校园里学生整学生的先河。几十年后，依旧可以看到，在革命的汹涌波涛里，丑陋人性的沉渣怎样泛起。血统的优越感、过分张扬的个性，强烈的表现欲，嫉妒心、报复心和病态的虐待狂心理，这些人性的毒素，以革命的名义得到了发扬光大。

罗治的笔记里记载着：

6 月 20 日全校开会，刘进作为学生代表会主席，讲了三点意见，主要内容如下：1. 要按照党的政策办事，不能过早下结论。2. 反对在学生当中开斗争会。3. 坚决不打、不骂、不围、不哄，坚决贯彻党的政策。

工作组长张世栋随后做了补充讲话，说，现在转入重点批判的条件还不成熟，有很多人的意见还没有讲出来。因此现在仍要进行一般广泛、普遍的揭发。

怎样进行一般广泛、普遍的揭发呢？有什么问题就提什么问题，愿意点谁的名就点谁的名，全校教职员工，学生只要你感到他有问题，就可以揭……

从工作组入校以来，还是注意发动群众的……但是有怕乱的思想，还不够放手，因此有急躁情绪。今后我们要更高举起毛泽东思想红旗，发动、支持、依靠大家革命，和大家一起闹革命。

希望一切革命的师生积极行动起来，掀起一个大揭发、大批判、大辩论的热潮，打消一切顾虑，放下一切包袱……

罗治在记录这些讲话时，几处出现了删节号。也许是她走神了。两天前，她在班里被戴上“一贯仇恨党中央和毛主席的阶级异己分子”的大帽子。她只有 18 岁，就成了一个老牌反革命，这样严重的指控足以让人没有活路。可是现在有点不同，她不是孤立一人，还有另外 11 个同学与她一起忍受煎熬。高二（2）班有学生 43 人，30% 的人成为“牛鬼蛇神”，再加上孙行玲那样明里暗里同情她们的同学，“毛主席的共青团员”们想孤立哪一个都不容易。

罗治被剥夺了参与文革的权利，她唯一能做的，是继续做好“文革笔记”。

2014 年 3 月 31 日

斗黑帮去

题记：打着革命的旗号，一桩离婚案的杀伤力，永远无法想象。

师大女附中的领导班子是跟随“旧北京市委”犯了方向、路线的错误，还是“反革命黑帮”？对他们斗还是不斗？这个问题纠结着胡启立和工作组。

时任团中央候补书记、西城区中学文化革命工作队队长的胡启立，年仅37岁。这个北京大学物理系高才生，从北大团委书记一步步走到共青团中央候补书记，仍然没有脱掉书卷气，文质彬彬，瘦瘦高高，戴一副深度近视眼镜，来到了他的胞妹胡启恒曾经就读的中学，指导一线的文化大革命。

一

1966年6月19日，胡启立在女附中的大会上发表了讲话，主要讲了三个方面，一是肯定师大女附中进行的无产阶级文化大革命是好的，革命群众运动开展是好的。二是提出学校文化革命的方向问题，进行了三个揭发（前市委修正主义黑线，反党反社会主义黑线，党内领导核心内的代表人物），主攻方向是清理党的领导核心。他说，同学们揭发了卞仲耘、胡志涛，她们是要检讨的，要把这些问题弄清是要经过艰苦努力的，前北京市委在女附中的影响不是轻的而是重的，比如追求升学率，砍掉政治活动等等。三是最近一些同学、教师给工作组提意见，监督批评工作组，我们是欢迎的，否则工作组就无法把工作进行到底。

可以看出，作为工作组的直接上级，胡启立不同意对卞仲耘、胡志涛等主要校领导召开全校的批判斗争大会。他认为条件并不成熟，已经揭发出来的问题，需要经过艰苦努力去弄清楚。

6 月 20 日晚，因给工作组贴大字报遭到大批同学围攻了三天的高三（4）班 13 人到团中央去质问胡启立，为什么让工作组煽动同学围攻她们？胡不得不承认她们是真正的左派。同一天，以高三（3）班梁二同为首的 12 个高中学生给江青写了充满革命豪情的信并附上控告工作组镇压群众运动的材料。信中说“从现在我校及别的一些学校情况看，有很多理由猜测：这是一个新的有组织地、有计划地反对文革、反党的阴谋……而且我们更焦急、更深切地感到毒蛇就在主席身边。”梁二同她们的政治视野显然已经超越了自己的班级、自己的学校。

其实，6 月 13 日工作组已经开过一次全校揭批大会，揭发出来的大抵是些执行错误路线的问题。按照部分激进师生的说法，发言人经事先指定，内容不痛不痒，属于让校领导“蒙混过关”之举，工作组大有与校领导沆瀣一气的嫌疑。

这时发生了两件事。一是长期在北京休病假的大连工学院俄语教师袁淑娥因婚姻破裂迁怒于卞仲耘，诬陷卞和她前夫 D 有不正当关系，写了万言书上告，分别寄给毛主席、团中央、新北京市委、西城区和北京师范大学党委，对卞仲耘从方方面面进行“检举揭发”。告状信在 6 月中旬转到了工作组手里。二是曾经管过人事档案的一位职员贴出小字报，揭发卞仲耘的入党介绍人是“旧北京市委反党集团”的第二号人物刘仁，她由此认为卞是假党员（其实卞的入党介绍人根本不是刘仁）。两个人的突然出现，两条莫须有的罪名，立即致卞仲耘于万劫不复。

急于摆脱困境的工作组，以为组织一次全校规模揭批大会的时机到了。此前胡启立来校的讲话中，强调过大字报不要写私生活和男女关系，不要写政治历史问题，连他自己也没有料到，形势急转直下，他的“两不要”，竟然成为打倒卞仲耘的两根大棒。

二

6月21日上午，工作组在全校大会上做了进校18天的小结，宣布“从今天开始转入重点揭发批判”。工作组组长张世栋在讲话中说：“进校18天了，学校运动取得了很大的成绩。昨天我们对工作进行了群众性的总结，我们现在的任务是：高举毛泽东思想伟大红旗，发扬成绩，克服缺点，将运动推入一个新的高潮。”他宣布，当天下午2：30召开揭发卞仲耘的大会。

刘进多年后回想那天的事情，仍旧表示不解，工作组一直按兵不动，强调要继续揭发，在事先毫无迹象、毫无准备的前提下，怎么突然提出要召开全校批判大会呢？她只能猜想，一定是袁淑娥的万言书转到了工作组手里，提供了“炮弹”。可是她从来没有见过那封告状信。作为学生代表会主席，运动以来，刘进一直跟着工作组忙忙碌碌，尽管她家与学校仅一路之隔，她也很少回家，夜晚经常和衣睡在教室前面的木讲台上。其实张世栋一周前就看到了万言书，他没有让刘进她们传阅。袁淑娥也来找过学校，或许是她的“悲情”动摇了工作组？总之，告状信有胜于无。工作组再不召开全校大会，明摆着将置自己于非常被动的地步。

6月21日下午两点半，工作组进校后的第一次揭批卞仲耘大会在大操场召开，参加大会的有全校师生员工1800多人。当年的操场很简陋，沙土地，坐北朝南有个不大的水泥砌的台子。各班学生自己带椅子列队进场，火辣辣的太阳下，坐上一会儿就得心烦意乱。当时卞仲耘校长一个人站在台上，身后是手持木枪（体育课用的体操器械）的高三学生，专门挑出来的几个“贫下中农子弟”。副校长胡志涛（女）、刘致平，教导处主任汪玉冰（女）、副主任梅树民四个人站在台下。高三（4）班反工作组的13个人被单独安置在学生队伍后面，也有学生持木枪站在她们身后。头天晚上在团中央，胡启立当面承认她们是革命左派，而现在她们显然被当作了右派学生。看起来工作组正在满足她们斗“黑帮”的诉求，然而此刻对她们的羞辱，只能让她们和工作组彻底决裂。

大会开始，卞仲耘首先做了检查，然后由群众揭发批判。

袁淑娥闻讯赶来参加批斗会，还带着儿子、弟弟和母亲。据说工作组不允许她参加，但是聚集在心中发酵的愤怒和怨恨，给了她天不怕地不怕的力量。她登台发言，手里拿着一张照片，乍一看是卞校长和她前夫 D 先生的一张合影。其实是卞校长夫妇和袁淑娥夫妇四个人的合影，他们曾互为朋友，袁淑娥进城会住在卞校长家，D 先生也邀请卞校长夫妇去军营参观。现在反目成仇。四人合影，剪去两边的人，恰巧就成了卞和 D 的合影。她拿照片当证据，指控卞仲耘生活作风有问题，破坏了她的家庭，动情处声泪俱下。除了揭发卞“乱搞男女关系”之外，也做了政治揭批，譬如卞过去曾对她说过许多反党反社会主义、羡慕资产阶级生活方式的话，她顺便还给卞扣上“漏网大右派”的帽子。随后，袁淑娥又叫儿子（小学生）上台念发言稿，控诉卞要“谋害”他的妈妈，袁的弟弟（高中学生）也跳上台按压卞仲耘低头。台下，学生群情激愤，振臂高呼口号，场面一度失控。卞仲耘身后手持木枪的学生，你一枪、我一枪就把她捅倒了。年届五旬的卞仲耘，完全没有心理准备，平时身体就不好，哪里经得起这样的暴力？站在台下陪斗的四位校领导也一直被强迫低头弯腰，太阳暴晒下难以坚持。袁的发言前后持续了约一个小时，学生的愤怒情绪一波又一波。除了袁淑娥，还有六七位师生代表上台发言。

最后，工作组做了小结，认为“卞仲耘的问题，根据大家的揭发，是非常严重的，大家要提高警惕，她的检查根本不是检查，她想蒙混过关，想滑过去。我们绝不能让她滑过去！为了彻底清算她的罪行，我们请示了上级，决定从现在起停她的职。为了彻底弄清楚，为了清算她，我们要开大会，继续下去，不获全胜，决不收兵。我们的主要矛头是牛鬼蛇神，不是同学们，一切革命的师生团结起来，一致对敌！”其实工作组一进校，校领导就靠边站了。

6 月 22 日下午一点半，批斗会继续，与会发言者继续揭发卞仲耘追随前北京市委反党集团的种种耸人听闻的“反革命罪行”。譬如把学校的各种备战措施说成是搞军事政变的反革命活动等等。会场气氛较前一天更加白热化，口号声此起彼伏，逼卞即刻交代现行反革命活动。卞仲耘被戴上高帽子、被强迫弯腰低头，一时间，她被身后看押的学生用木枪捅来捅去，发言者和临时跳上台的人们，对她推搡、罚跪、拳打、脚踢、吐唾沫……。场面几度失控。卞仲耘事后在给上级写的材料中说，她从五八年起就不断患病，几度长期住院，动过手术，患有心脏病（主动脉硬化症）、高血压等疾病，在批斗会前几天她刚查过血压，是 180／110 毫米汞柱。突然遭受殴打折磨，身体实在难以支持，头昏眼黑，几度晕倒在地。更让她不能容忍的是袁淑娥不仅两天都参加了会，还上台直接揪她的头发。刘进对此留下难忘的印象。

2006 年 2 月，张世栋在接受刘进、宋彬彬的访谈中提到，会前他去团中央开工作组组长会，当时胡克实（时任团中央书记处书记）严肃地说："如果发生武斗，你们一定要挺身而出，坚决制止！"他赶回学校时，批斗会正在进行。面对突发的暴力行为，他立即予以制止。散会以后，张世栋还给卞仲耘披上风衣，送她走了一段路，劝她要想得开，要正确对待。会后，有些学生自动押解卞仲耘回家，一路对她继续辱骂，往她身上吐唾沫，在公共汽车上有些乘客见到这种情形，都很惊恐。

罗治笔记如此记录张世栋的讲话：今天大家很愤慨，这是可以理解的，应该支持的。打她几下是不对的，今后注意不用打她，因为揭发就可以打倒她。为了继续斗争，要好好准备炮弹继续打，提高警惕，准备全歼，取得最后的胜利！要好好贯彻党的政策。……光荣、胜利归功于党，归功于伟大的毛主席！

6 月 23 日，袁淑娥带领几个学生，去卞校长住处进行"调查"和"发动群众"。她还动员和撺掇卞家从前的保姆去学校揭发和控诉，遭到拒绝。6 月 24 日上午，女附中的学生一批又一批来到卞家所在的宿舍楼搜集材料，把大字报贴在大门上和楼道上。自由制片人胡杰的电影《我虽死去》提供了大字报的内容，全部是粗野的谩骂和人格侮辱。

卞校长对于自己遭遇恶毒诬陷和殴打折磨，悲愤难忍，在其后的几天里分别给邓小平、卓琳、李雪峰（华北局第一书记兼新改组的北京市委书记）、团中央等领导写信达九次之多，发出求救信号。附文是关于袁淑娥破坏女附中文革的情况，希望上级火速派人调查处理。

下面是卞仲耘给邓小平的信。

小平同志：

我是中共北京师大女附中的总支书记，现在向您和党中央汇报一个十分令人愤慨的情况！我们学校的社会主义文化大革命遭到了坏人的严重破坏。

六月二十二日下午，在学校师生参加的“揭发批判大会”上，有坏人恶毒地利用一部分学生的革命热情，无中生有地逼迫我交代配合前市委修正主义黑帮搞武装政变的反革命活动。我坚决不承认有这种活动，并声明我和前市委黑帮没有任何个人联系，因此就被拷打、侮辱和折磨了整整四五个小时。我被打得遍体伤痕，皮破肉烂，精神上也遭到了打击。

我们学校的运动在工作组的领导下，在初期的发展是健康的，但在运动发展过程中，有一个社会上的坏分子乘机钻了进来。这个人名叫袁淑娥，她是资本家的女儿，借口养病，长期过着不劳而食的生活。她由于卑鄙的私愤，对我们学校的运动进行了一系列的阴谋破坏活动，造谣诬蔑、欺骗群众、欺骗工作组、煽风点火、浑水摸鱼。六月二十一、二十二两日，她竟带领她的全家，她的妈妈（即靠定息生活的资本家的老婆）、弟弟和儿子（参加学校的揭发批判大会——原文遗漏的）二十二日发生打人事件，主要就是这个资本家的一家人直接到场煽风点火的结果。会后她竟又亲自出马并煽动带领女附中学生一百多人到我住的宿舍区，除了包围住宅贴大字报外，还有严重的违法乱纪活动：用捕风捉影、凭空捏造、颠倒黑白、威胁逼供等方法，向我家的保姆、邻居等“搜集材料”，准备进一步地诬陷。

革命群众出于对党，对社会主义，对伟大领袖毛主席的无限热爱，对阶级敌人的无比痛恨，在对他们认为是真正的敌人的斗争中表现激愤情绪并采取一些激烈行动完全是正义的。我作为一个共产党员，对此绝无怨言。现在发生的情况是：坏人乘机出笼，造谣欺骗，丑化党员，丑化学校党组织并利用革命群众的革命热情来实行阶级报复，破坏社会主义文化大革命运动。因此，这不只是个人的问题。作为一个共产党员，我有责任向党中央反映这个情况。

现在我的创伤仍未完全痊愈。听说学生在最近一两天内又要开会斗争我，我认为水已经被坏人搅浑了，如果不作必要的澄清，问题很难搞清楚。现在，我在学校里，已被作为一个反革命分子，一个敌人看待，因而处于绝对孤立的境地，任何人都不理我，或不敢理我，我有一肚子话也无人说，因此，我只好给您写这封信，恳请中央派人到女附中调查，了解真实情况，进行处理。至于我自己忠实执行前市委修正主义教育路线方面所犯的严重错误和其他缺点错误，我决心在党和革命群众的帮助、教育和监督之下，进行彻底清算，坚决改正，做一个永远听毛主席的话，跟毛主席走的好党员。为了这个目的，我愿意接受党给我的任何处分。

革命的敬礼！

卞仲耘

一九六六年七月三日

这次历时两个半天、针对党总支书记、副校长卞仲耘的批斗大会，是工作组驻校 50 多天里唯一的一次。我们尚可看到卞校长对恶意伤害和人身侮辱的反抗。当时还有地方“伸冤”，信息的传递也是畅通的。

40 天后，工作组撤离后的校园，更加无法无天，由高一（3）班学生发起对卞校长等 5 位校领导的游斗中，她再次被学生殴打折磨，最终死在学生手里。

三

时隔 48 年，在今年年初由刘进、宋彬彬公开道歉引起的舆论大战中，袁淑娥的名字再次被提起。年轻一代能否想象，以革命的名义，一桩普通离婚案能产生多么巨大的杀伤力？

今年早些时候，在母校“老三届学生和老师见面会”上我见到了袁淑娥的前夫D老师。早就听说D老师相貌英俊，像电影明星，果然，耄耋之年的老先生，身板笔直，五官清癯，颇有绅士风度。我们自然会说起文革，说起袁淑娥，D老师管前妻叫“袁氏”。D老师说，他和“袁氏”是大学(北京外国语大学前身)同学，D学英语袁学俄语。毕业后“袁氏”留校，D参加志愿军赴朝。1954年两人结婚。我想，当时的“袁氏”应该是优秀的，否则不会留校。当时的D更是青年才俊，志愿军中年轻的翻译。后来“袁氏”为何离京，选择去东北的大连工学院任教，而D却从朝鲜战场回到了北京？也许是年轻气盛，也许是两地分居，他们的婚姻积累了太多的怀疑、厌恶和憎恨，不到十年就瓦解了。用D老师的话说，他们的婚姻早已破裂。虽然离婚已半个世纪，说起袁氏的坏，D老师滔滔不绝，憎恨依旧。

袁淑娥与卞校长1958年同住西苑中医院而相识，后来彼此好感成为朋友，两个家庭也素有来往。于羚在帮助王晶垚先生整理卞校长日记时，看到她对袁的肯定：小袁这个人挺要求进步的。1959年1月31日卞校长住院期间给王晶垚的信里谈道：“我最近生活也极丰富，和王、袁（淑娥）同志经常谈学习、文学、外文，一般都很健康，她俩都是有一定水平的同志，有时也扯扯生活方面的问题。这些同伴对养病，对互相吸取文化知识，对政治帮助，都有一定的收获。”1963年女附中缺英语教师，正在北京空军某部的D也面临转业，于是经卞校长介绍，学校领导集体讨论通过，D于1963年初调入女附中任英语老师。做过D老师学生的校友都记得，那时候的D老师，年轻英俊，身材挺拔，真是一表人才。

按说，D老师转业到一所著名女中，事业、家庭都有了一个稳定的基础，他们修补感情缺损也有了条件保证。然而两人还是照常争吵，这段时间，袁淑娥和D老师常去卞校长家，各自说着对方的坏话，有时就在卞家吵闹。卞校长多次调解无效，渐渐也失去了信心。她在1966年7月5日写的一份材料中披露：8月初，D来，（王晶）垚训斥其为人不正派，要他从思想品质上严格要求自己，宣布以后断绝同其来往。王先生认为D不正派，决定断绝来往，可见已深恶痛绝。关于 D 老师和本校语文老师 Z 的婚外恋，当年在校的老师知之者大有人在。Z 老师是有夫之妇，也是两地分居。我的班主任赵老师曾经对我讲过，当时学校里有两对婚外恋，他是最早发现的。一对是外语组的老师某某和某某，他们在北海公园约会被他看见过。另一对就是 DZ 二位老师，那时教工宿舍夜里要关大门，他看见过 D 老师翻墙去 Z 家。Z 老师毕业于北师大历史系，1950 年来校，业务好，先后担任过语文和历史教师，性格热情活泼，喜欢唱歌、跳舞、打球。因这段婚外恋，被学校党支部取消了入党积极分子的培养资格。

D 老师已经不能回头，主动提出离婚，“袁氏”的态度是宁拖不离。D 起诉到法院，1964 年 8 月被判决离婚。袁向女附中领导提出要求，希望多扣 D 的工资（92 元/月）补贴她和孩子的家用，卞校长认为应该按照法院判决书执行，学校不能擅自更改。“袁氏”认为，卞明显地站在男方一边，因此一再被激怒。随后，D 老师被调出女附中，至此袁淑娥应该并不知晓 Z 才是她婚姻中的第三者。文革初起，袁开始向有关方面控告，无中生有、断章取义、上纲上线，上告信有两三万字之多，于 1966 年 5 月分别寄出。而 DZ 二位几年后结为夫妇，育有一女，白头偕老。

胡志涛校长对袁淑娥参加学校的批斗会十分不满，为此曾质问过工作组。她表示，卞仲耘可能有这样那样的问题，但生活上没有问题。反对工作组的老师和学生则认为，让校外身份不明、政治面目不清的袁淑娥几乎独占了女附中革命群众发言的讲台，而李黎黎等同学的发言则数次被强行制止，迫使李黎黎等退出会场。工作组迅速把斗争矛头转向卞仲耘是为了掩盖斗争群众的罪行，欺骗群众。

1979 年，袁淑娥被北京市公安局西城分局以挟嫌报复罪逮捕，后西城区检察院认为袁借文化大革命捏造事实、诽谤他人，已构成诽谤罪，但已过追诉时效，决定不予起诉。卞校长丈夫王晶垚先生不服，多方奔走申诉，同时也获得很多支持，但始终没有结果。1989 年全国最高检察院明确表态，支持西城区检察院的处理结论。

我听 D 老师说，袁淑娥还健在，那也是耄耋老人了，不知她在生命即将走到尽头的日子里，是否回忆往事，是否为自己年轻时的恶行忏悔。因为自己的婚姻破裂而导致卞校长家破人亡，毕竟是一根毒刺，永远嵌在她的生命里。在文革中，像她那样，以革命的名义泄私愤，行报复的人，不计其数。文革像“潘多拉盒子”，释放出了潜藏在人们心中的恶魔。扭曲的心理、偏狭的报复心，嫉妒和仇恨，统统披上革命的外衣，不知造成多少人间惨剧。文革浩劫的人性基础，至今依然雄厚。

2014 年 4 月 8 日

附：

1966年5月28日袁淑娥给毛主席的信

（手写原件在王晶垚先生处，于羚电脑录入）

敬爱的毛主席：

我是大连工学院的一个外语教师，因病现在北京母亲家中休养。病中通过对主席著作的学习，通过反帝反修和当前国内外存在的尖锐复杂的阶级斗争教育，使我认识到必须把无产阶级革命进行到底的重大意义，认识到任何时候都不能忘记阶级斗争。我深感到做一个真正的革命者必须不畏□□，敢于在任何情况下坚持真理，和一切对革命不利的现象进行坚决的斗争。为了对革命负责，对党和革命的接班人负责，我感到有必要将长期以来在我思想上始终存在的一个问题向党反映，我的问题是：

在无产阶级革命重要教育战线上，身居北京师大女附中领导——党总支书记、校长的卞仲耘，背着党在许多原则性问题上的所言所行，是香花，还是毒草？是真革命，还是假革命？是真党员，还是混藏在党内的资产阶级代理人？

这个问题的提出，是根据近八年来，从58年底在中医院认识她起，及以后她对我进行拉拢、愚弄、欺骗和陷害的过程中，我从她那儿亲眼所见、亲耳所闻的各方面许多事实产生的：卞仲耘在校外打着自己是毛主席、中央委员和许多高干子女所在的，师大女附中名牌学校的党总支书记兼校长的招牌，用关心、爱护青年，喜欢和青年人交朋友，帮助他们解决思想问题等等为借口，在外边无孔不入，不择手段地拉拢青年，大量散布毒素，歪曲党中央某些领导人的形象，其中对刘亚楼同志进行极端丑化；攻击和诬蔑党的中央组织；私自盗抄党内只许听，不许记录的陈毅总理报告，断章取义地在群众面前攻击党中央，攻击党的反右运动，挑拨、离间知识分子与党的关系，为苏修辩护；在党内进行宗派活动，争夺学校党代表权，排挤打击党内工农干部；散布外行不能领导内行（知识分子）的右派谬论；处处破坏党的政策；破坏国家对大学生的培养计划，破坏城市下放回乡政策，破坏部队转业指示，和部队组织的转业决定唱对台戏；利用职权，用开后门录取学生的手法在外到处拉关系，甚至和与她素不相识的军队高级人员拉关系，以扩张自己在军队中某些领导同志心中的权威名声；私生活作风不正派，趣味低级……；为用品质恶劣不配做革命军人而被罢官转业的人喊冤不平，用泄漏档案内容支持被罢了官的人去进行翻案……，等等。

为了把问题说明，现将我所知道的事实及其产生的年代，按先后分述如下：

一、1958 年底—1959 年初卞仲耘在西苑中医研究院附属医院期间的言行。

二、1959 年卞离开中医院后至 1961 年暑假前在家干了些什么？

三、61 年—62 年底卞仲耘在校外和家中说了什么？干了什么？

四、1963 年初—1964 年及至今一段时间卞背着党（在）校内外干了些什么？

一、1958 年底—1959 年初卞仲耘在西苑中医研究院附属医院期间的言行

1. 我是这样和卞仲耘认识的。

58 年底我是因肝炎在西苑中医院（简称）住院数月，后由于病情恶化而转住部队医院。我比卞先住中医院（以后简称卞）。最初我与卞不同屋，也无往来，仅在饭厅吃饭时，常见她和一些年青的男病号谈笑不停，当时给我的印象是，这个新来的病号很善交际，刚来就和别屋的病号搞得那么熟。我病重，没精神同别人攀谈，随后就同屋，除与同屋病号玩玩，业余时间都躺着看书。在饭厅卞曾主动找我

谈话，问我在什么地方工作，患什么病……等等。她告诉我，她在中学当党书记和校长。知道她也在学校工作，碰见时也就比最初多打打招呼，其他也没有什么好谈的。后来与我同屋的病号出院了，由于我住的屋向阳，空气好，卞便要求搬到我屋里来（我们共三人一屋，另一个是人大的学生）。由于后来早晚相处，对卞也就比先前熟悉和知道得多了。对卞的搬来同屋，我感到也好也不好。好的是此人看去平易近人，健谈、什么事都知道，听她聊聊解解病中愁也好；不好的是此人太好交际。口口声声宣扬她和她爱人王晶垚过去是领导学生运动的，他们如何关心青年人的思想生活，如何喜欢和青年人交朋友……等等，这样弄得我们原来很安静的病房后来白天、晚上都难得保持清静了。老有青年男病号来找她，一谈就没有完，弄得我们有时想看看书，都不成。最初由于她是个老党员、老革命，对她还是比较尊敬，但后来通过一些事使我对她另有看法，感到这人政治水平不高，特别爱吹嘘，没什么了不起。这些事例如下：

2. 卞仲耘和党在大学的教育工作唱对台戏，破坏国家的大学生培养计划，把青年引向不服从国家需要的错误道路。

常和卞仲耘谈个不休的有位北大哲学系三年级学生，名叫王承志（音同字也许不同），此人不安心自己的专业，整天想成名成家，做诗人，当作家，卞十分赏识他。王常把诗对卞朗读，听取卞的评价（对一个青年来讲，如想听听革命老同志的意见也是可以理解的），卞夸王承志，有才气，说他往文学方面发展很有前途，又说王如愿意去女附中教语文，将很受学生欢迎，又说她这个领导一向很器重人才……等等。王承志在卞仲耘书记、校长的夸赞下真是飘飘然，越来越不安心专业。他一天到晚写诗文，什么“我的心呀！你飞呀！你飞吧！……飞呀！”的等等。在旁边听他给卞读后，我的看法与卞不同。王走后，我曾对卞谈过自己的意见。我认为王写的东西空洞无物，缥缈无边，毫无革命内容，纯粹是为艺术而艺术，没意思。卞说：“青年人嘛。刚开始，慢慢来……。”也许因为自己是个教师的关系吧，我感到国家培养一个大学生不容易，从他一进校的第一天起，我们就在按党指示的去教育和帮助他们端正学习态度，安心专业，为祖国的需要而学。而王承志这个学生，念书念到三年级了，却竟然想退学干别的，为的是成名成家。我感到卞仲耘虽是个党员，又是书记校长，对王不批评帮助，反而对他赞赏和欢迎，很教人看不惯。所以以后王再来屋里找卞时，我就转身一边看书，不听他那一套，或是索性出去，等他们吹够了再回来。卞可能意识到我对王承志不欢迎，后来有时便和王到饭厅里去谈。后来在我离开中医院后，听说王承志这个学生终于半途离开北大，被卞仲耘欢迎到女附中教书去了。卞后来在医院看病碰见我时，还夸王课教得好，很受学生欢迎，说她对王不错，给了他安适的住屋以便他课外搞创作。后来隔很久后，卞见到我时，又骂王不听她的话，闹意见离开女附中转到别的学校去了等等……。

我始终认为，在王承志这个青年的问题上，卞仲耘的做法完全是错误的，她没有按党的指示办事，而是在和党唱对台戏，同党争夺青年，把他引向错误的道路。

3. 卞根据不同的对象，施展不同的拉拢青年手法。

卞看我病中一直坚持学习，夸我好学，说她也喜欢外文，说她是老燕大毕业的，说燕大是教会学校，外文水平高，她爱人老王英文不错，解放前在四川时，曾在美国新闻处工作过。卞又介绍，说在解放区时她和她爱人都在报社工作。解放后她原在新华社搞编辑，后由一个好朋友再三约她，她才离开新华社去女附中……，又说她爱人是个学者，研究历史，现在在党中央宣传部做领导工作……等等。经卞这么一介绍，我才知道这个同志不是一般普通行政领导，而原来是个会写文章的报社编辑人物，是个又会外语的多能的人，所以有时也向她请教请教了。但是我同她讲英语时，她却说她口语不行，一般看重阅读，所以在外语方面也没有什么好同卞谈的。卞劝我不要看外文，应多读读历史和古典文学，说这样能提高写作能力和长知识。她经常给我们读古诗、古词，其中她最喜欢和爱背的是一首名叫“长恨歌”的诗。

4. 卞用“女附中工资高，政治待遇高，领导器重人才”等花言巧语来迷惑、诱骗青年，企图使其不服从国家的统一安排而投奔靠她。

卞再三劝我将来上她们女附中教外语，说像我这样既懂俄语又懂英语的教师她们学校很需要，卞说女附中不同一般中学，条件好，政治待遇高，她这个书记很器重人才……等等；又问我哪年毕业？现在大学里工资多少？然后又十分感叹地说："像你们 54 年毕业的大学生，在我们女附中早已拿 90 多元了，而你们在大学教课的怎么才 69 元呢？……"卞仲耘这种纯金钱观点当即非常使我反感，因为我们是为革命而工作，而不是为找钱而工作，所以我回答她说："69 元已够多的了，革命不应该讲价钱，一元不拿还要干。"这样卞以后便不再同我谈什么钱不钱的事了。

对卞老喜欢劝别人上她那儿工作的事，我很奇怪，我只知道我们的工作是同学校与教育部统一分配安排的，调动工作除学校意见外，还得由教育部批准才行，但中学里怎么可以随校长（书记）在外边自己找教师，决定一切呢？我不明白。我始终没同意去卞那里，心想在大学里提高快，干吗要去你那里呢？金钱向来对我是不起作用的，卞这种用钱来雇人工作的做法简直是对革命干部莫大的侮辱，因此，对卞很反感。

5. 卞所谓的"女附中政治待遇高，不同一般学校"之内容。

卞告诉我说："女附中之所以不同一般学校，政治待遇高，是因为这里不是一般人能进来的，这里有不少中央领导同志和一般高干的女儿，毛主席和刘主席他们的女儿也都在我们学校上学……，因此，别的学校听不到的报告，我们能听到；别的学校请不来的人，我们能请来。有一次，我们去请刘宁一同志作报告，一般学校哪里能办到，刘宁一同志怪得很，但我们一请就请来了。我们去刘宁一同志家时，他不在，只见到他的爱人，他的爱人是个小脚，我们把来意告诉她后，她说一定转告，没问题，到时候准去。就这样，没费多大力气，刘宁一就来给我们做报告了……。"一听毛主席刘主席女儿都在女附中学习，我才明白难怪卞说她们学校不同一般中学了，这个学校一直办得不错；同时又联想到卞仲耘既当这样一个重要学校的党总支书记和校长，那么在政治上准很不错。难怪她可以在外边自己决定找教师呢！

6. 卞住院中利用校长和党书记身份熟知中央领导人的家事，来对群众作饭后闲谈，歪曲人民敬爱的领袖的形象。

卞告诉我说：“毛主席的两个女儿都在我们学校上学，刘主席的女儿也在，但她们穿得很讲究，不如毛主席的女儿朴素，毛主席的两个女儿，大的是另一个夫人生的，小的一个才是江青生的，两个女儿都是江青的姐姐管，管得很严，一般不和旁人往来……。”我问卞为什么呢？卞说：“主席的女儿嘛，一旦说错了什么话，那影响多不好！所以她们在女附中上学时从来不和人多说话。”当我羡慕地说：“她们多幸福，能天天见到毛主席！”时，卞仲耘却说：“你们这些年轻人把问题看得多简单，你们以为毛主席的女儿就能常见到自己的父亲？不是那么回事，她们不是随便可以去主席那里的，小孩子家，无论什么一旦说出去，泄露了机密，那影响多不好！……”

卞又说毛主席和江青同志上中宣部观看表演时，她和她爱人老是就坐在离主席不几排的后面，说中间休息时，主席如何招呼江青同志……，看完走时又如何挽着江青同志……等等。

卞的一番谈话当时曾使我产生许多错觉：我总感到做主席的女儿而不能常见到主席……等，从人之情理讲说不过去，另又使我想不通的是，为什么主席的女儿不可以和旁人接近？为什么她们□□□就怕泄露机密呢？我感到事情未必如卞所说的那样，我不相信我从各方面看见、听见的慈祥伟大的我们热爱的毛主席在家庭生活中和孩子们的关系是那样处理的，我感到卞身为书记，在住院中随便同我这么一个普通群众讲述领袖的家事，而且又用这种奇怪的角度来说，很不好，我感到卞的这种做法不怀好意，是在对我们敬爱的领袖形象进行歪曲。

7. 卞把国家灾害中遭遇的供应困难归罪于“大跃进”。

59 年由于灾荒给国家供应上带来困难，医院食堂在伙食上不能如需供给病人，有的同志因对情况不了解而对医院有意见，为此医院组织病员们开会讨论，以便取得共同的正确认识。会上我们许多同志都发言，认为国家的困难是暂时的，应该体谅，情况将会好转，伙食亦将随之得到改善……。卞仲耘会上不谈，会后回到屋里却对我说：

“你们说困难是暂时的，我看问题不太简单，必须有长期思想准备才行，大跃进后，农业没人关心了，要想供应上很快好转不容易！”

8. 卞所夸耀的她的革命经历。

卞常谈她的革命经历，说她是带着金首饰出来参加革命的，说她学生时如何美，如何受到当时许多进步作家的追求，王晶垚如何一见她就倾心；又说去解放区的路上，在遇到国民党把守的关口时天黑了走不成，同行的人怎样向国民党驻军要求借宿都不成，最后经她一出面去向驻军军官一谈，就马上答应了，该军官对她客气极了，还问她说：“小姐，你自己是否需单间呢？”……

当时听卞这么一谈，我想，原来她过去也是很善交际的，难怪刚来医院没多久便和这儿的年轻人搞得这么熟。

9. 卞仲耘是怎样认识丁德泗的？

住中医院时，常来看我的有一丁某（此人当时是空军某部军人，文化教员，正在参加军事博物馆筹建工作），卞见后对他十分欣赏，夸他年青、健康、英俊，有军人风姿……等等。因为卞和我大多同住一屋，彼此家里来看望的人不用怎样介绍也就认识了，但也不过普通打打招呼而已，根本谈不上什么交情。丁来看望我走后，卞曾多次问我们的家庭，问我与他的感情如何等等。我回答她说很好，孩子都两岁多了，还有什么感情如何好说的呢？！卞仲耘这样喜欢打听别人的私生活事很使人讨厌，心想对一个陌生人，特别是一个不过住院中认识的人怎能说自己的私事呢？这种事，除自己的组织和亲近好友外，根本不能随便说，所以当卞问我时，我总回答我们很好，卞见问不出什么，也就不再问我了。

二、1959 年卞离开中医院后至 1961 年暑假前在家干了些什么？

1. 1959—1961 年暑假前这两年多时间里，我与卞毫无往来。

59 年初，我因病情恶化而转院到 301 医院。走时匆匆，既未给卞留地址，也未来得及办出院手续，中医院的出院手续，是在我已转入 301 医院后，由丁某去补办的。自离开中医院至 61 年暑假前，这两年多时间里，我一直辗转在部队的一些医院里，或是在部队家中休养，门诊治疗，与卞仲耘根本无来往，也不想和她这人来往，因在中医院时对她我是有看法的，所以不愿同她交朋友。

2. 卞仲耘是怎样拉拢丁德泗（以后简称丁某），及背着我和他交上朋友的。

59 年—61 年夏，这段时间（2 年多），我与卞素无来往。但从丁某口中，却时而听见卞的一些消息。丁说他去中医院给我补办出院手续时碰见卞，卞向丁要了他的部队电话和地址，同时给丁写了她的家地址和电话。丁说卞很热情，一再让他以后去她家玩，说她和她爱人对丁印象很好，丁又说卞问到我的病情……等等。后又听丁说卞出院了，说卞给他打电话，让他进城时去她家玩。后又听丁说卞一再打电话让他去，他去了，卞家住沙滩中宣部宿舍，两个房间，卞又如何好客，如何热情招待他，请他吃回锅肉、宫保肉丁……等。丁说市面上供应很紧，卞这样招待他很不容易……。当时我不懂为什么卞仲耘这样热情老要同丁交朋友，为什么非得把一个不过是在住院中家属来访时普通点点头认识的人，拉请到家中吃饭，为什么非得记上别人的电话、地址老联系？心想又是她的所谓那套关心青年，喜欢和青年交朋友的理论在作怪吧！很久以后，又听丁说，卞打电话告诉他，她家搬到阜外大街科学院宿舍楼去了……等等。由于在中医院时我对卞仲耘就有看法，觉得这人特别爱吹嘘和显示自己，又特别爱打听人家私事，挺无聊，所以不喜欢她，以后当丁再讲到卞时，我就阻止他说，让他少和这种人打交道，丁某见我对卞印象不好，以后便不同我说了。但他和卞究竟还往来没有，我后来没问，因这段时间我病情很不好，常住医院，自己病都顾不过来，哪有心情管闲事呢？所以这两年多除听丁说到卞外，其他有关卞的情况一概不知。

三、61 年—62 年底卞仲耘在校外和家中说了什么？干了什么？

1. 卞仲耘对刘亚楼同志进行极端丑化。

61 年夏天，一次在宽街中医院门诊看病时，我碰见卞也在等关幼波医生看病，屋内人多，又热，我们便坐到屋外小院里等。卞对我很热情，向我问长问短，问我为啥不到她家玩玩，说这两年多来，她和丁比我熟，说丁常去她家做客，她和王晶垚都很喜欢这个青年人，每次都很好招待他。卞夸丁有才干，说我有这么个爱人真幸福……等等。听她如此这番夸丁，我心里不免好气又好笑，气的是这人真无聊，笑的是竟会有人把我内心私生活中的痛苦和不幸从表白去看作幸福，我真没想到竟会有人如此欣赏丁某这种人。对卞的一番热情和感叹我没有表示意见，只从丁的角度来谢谢她对丁的招待，对丁的关心，其他没有什么好谈的。

卞谈呀谈的，竟然转了话题。问我知道不知道空军中有个名叫刘亚楼的？我说知道，刘亚楼同志是空军司令员，在部队里威信很高。卞问："可你知道不知道他的风流事？"我奇怪卞怎么会问这样的问题，我说不知道。她说："那我告诉你，只是向外人别说啊！"于是她告诉我下面这么一段事，卞说："刘亚楼和我们女附中的一个青年女教师（上海人）不知怎么的偷偷有了关系，刘亚楼完全给那个女教师迷住了，他经常把自己的小汽车开到女附中附近地方一停，自己就往女附中宿舍那个老师的小屋一钻……，那个教师的小屋到处是香水味，……"卞又说什么"那个女教师浴后用奶液擦身呀……"什么"乳罩、丝袜一大堆，都是顶高级的。全是刘亚楼送给她的……，查出来的刘亚楼给她用俄文写的情书，一扎扎的。可热情啦！……"等等；卞后又说："刘亚楼经常带那个教师去参加中央高干的舞会，他们的关系中央的许多同志都知道，舞会上大家都请她跳舞，对她挺好，因都知道刘亚楼喜欢她，这倒不要紧，可是女附中的老师们意见可大啦！大字报贴得到处都是，把我这个书记难的没法，因为刘亚楼是个大干部、中央委员，谁惹得起？最后没法我只好找到彭真家里找到彭真同志，把事情告诉他。彭真同志知道后，这才立刻下命令要人把刘亚楼看起来，不准他去女附中，同时又让我们把那个女老师看住，不准她去找刘亚楼……。刘亚楼的爱人知道后要自杀，后来给住进医院去了……。刘亚楼虽被人看住，但一有机会还是溜到女附中来。没法我们只好把那个女教师弄走，随她要求什么条件都行，就是不能和刘再往来。她怎么也不答应，说她已和刘有了关系，非结婚不可……，刘亚楼对她说的许多话，她到处都说，没法上面只好派人把她弄走，换了个地方，使她见不到刘；这边中央对刘亚楼也施加了压力……这样才算了事。”

听卞这么一说，我奇怪极了，因为刘亚楼同志的形象在全军中，在听说过他的群众心目中从来也不是这样的。当时我心想，一个给全军下命令的人，怎么自己都不听从党的命令呢？还有翟云英同志是个党员，怎么能为这件事就要去自杀呢？中央高干舞会上的老同志们为什么既知道而不及早提意见帮助刘亚楼同志呢？这样的事怎么最后还是在女附中到处贴出大字报后，靠一个中学的党书记出面找到彭真市长，才把弄得满城风雨的事给解决呢？但由于我知道卞有吹嘘的习惯，所以对这件事究竟实情怎样，不能全信卞的。当时我感到卞在医院这么个地方来同我这么个普通人谈这种事，也未免太冒失，太警惕性不高了。

2. 卞仲耘利用职权，用开后门降低分数录取学生，和与她素不相识的空军部队高级人员拉关系。

61 年暑期招收新生时，卞曾用降低九分从后门录取了丁德泗所介绍的一个初一学生（名叫张鹿曼，为空军 004 部队首长张政委（大校）之女）。卞用开后门录取学生之办法，以丁某为媒介，和她原不认识的空军部队领导上拉关系，从而扩大她在部队某些高级人员中的影响和声望；此后又在地方大学解放军时把女附中的师生派往与她拉上了私人关系的空军 004 部队参观，使之受到该部队自上而下的热烈欢迎，这样，卞又从中在女附中师生干部中显示了自己远处的名声，从而提高自己的校内权威。（关于卞用开后门与部队拉关系所产生的一切后果与影响后边将继续谈到）。

3. 卞施展手腕，以关心青年人家庭关系作友好访问，拉拢青年，并以丁作媒介与丁所在部队的高级人员建立私人交往联系。

61年八月，中学招生结束后，一天在宽街中医院看病时又碰见卞（关幼波大夫同一天看的病人，下次预约时间，常有相同），卞说丁去找她帮过忙，这次她真够人情的，因通县有两个农村报考女附中的均是双百分，但由于考虑住宿问题，她没有同意取……。我只听她说而不表示任何意见，因这种不合理的勾当，她与丁是背着我做了后来让我知道的。卞是党员、书记、校长，张政委又是丁某的部队顶头上级领导，卞、丁要讨好和与部队首长拉关系，不声不响地已从后门降低九分录取了，事后让我知道反对也无用，所以我索性不管，当时我想我是个群众，说出的话对卞等有啥用？心想此事与我无关，对卞我无情可领，所以当卞对我热心谈这事时，我没感兴趣。

卞见我对她的所谈不感兴趣，便转问我病情如何，家里母亲、孩子都好不？说她认识我们这么久了，从未看过我们在部队的小家庭，说王晶垚也想哪一天一块去看看我们；又说丁常去她家，在她家吃饭等等。一听丁总在麻烦别人招待，所以不好不表示也欢迎卞和她爱人来我们家玩。卞立即说一定去，并说还将把她的孩子们一块带去，说她孩子们早已想出城到乡下看看……等等。见卞既如此热诚要来我们家玩，我只好决定以主妇身份作招待了。因此分手时让她和老王约好时间就通知丁，我好在家等。暑假中，一天，丁某告诉我说，卞一家来电话说他们全家将于××日一早来我们家，准备在这儿玩一天。为给丁过去常在卞家吃饭还礼，我不得不尽主妇之道作做准备。将家中喂的兔子和种的新鲜菜蔬作招待。丁某不知怎么把卞一家要来的消息告诉了张政委，张来找说晚饭由他请，说卞现已经是他女儿学校的校长了，从家长角度，他也应该招待招待才好……等等。我没同意。认为这样做法引起旁人误会不好。张见我始终不同意，于是说那么晚间卞走时请他们上他家坐坐喝杯茶，他要拜托卞帮助管教他的孩子（即刚从后门录取的初一学生张鹿曼），我没法只好答应了他。

卞、王一家按时来到我家，我尽了主人之礼。晚上张政委请卞、王一家去喝茶，对卞、王做了十分热情的接待，做了十分友好的交谈。最后张政委派出自己的小汽车将卞、王一家送回城里家中，卞仲耘与空军部队首长张政委之私人关系就是从这一天正式开始的。

4. 我是怎样打从卞一家来访这天起，同卞开始往来的。

卞那天一家来访时，正好我的两个朋友也在，他们是来看我的病的。他们可以见证，我对卞是以礼待客招待，而不是以熟悉之友招待。

那天午休后去看我母亲种的菜地时，途中卞私下对我说她与王晶垚此来不是别的，主要想同我谈谈我与丁之间的关系，了解一下我对丁的看法，好给我们这对青年进行帮助。卞的话令我十分惊讶，因我与丁之间的关系如何用不着她来管，从住中医院时，她就探问，现在又问起，心里很不高兴，所以回答她说我们关系很好，谢谢她关心。卞见我不谈，索性自己开口了，她说其实丁早都已对她和王晶垚谈了，说丁很苦恼，希望他们帮助我，说我看不起丁是因丁的官小等等……。卞为丁不平，说我患了这样的重病，丁不嫌厌就不错了……，卞夸丁坦率、热情，肯同他们谈思想……等等。说我应为有这么一个爱人而感幸福……等等。听，卞美其名曰关心，实际上是对我训诫，心里当时真火，心想早知你是这番来意，我何必请你上门呢？为了礼貌，我压住一肚子对丁的怒气，向卞解释说丁对他们谈的一切与事实不符。卞见我不高兴，马上向我婉言解说她之所以直率同我谈这事，全是出于她和老王爱护我们青年，希望我们青年夫妇幸福之一片诚意……。卞再三让我以后进城看病后，去她家坐坐，同她谈谈，丁不对的地方，她和老王一定批评他……等等。我想卞王毕竟是老同志老党员，丁既肯同他们暴露思想，那么把丁在政治思想和道德品质上的许多恶劣行为表现，找时间同他们谈谈，请他们给丁进行教育和帮助也好。

卞走时，再三嘱我一定要把她当老大姐看待，要我看病后去她那里歇歇，又说她和王晶垚朋友很多，他们为她带来许多治病偏方，让我去看看，说不定对我的病有用……等等。后在丁的带路下我才知道了卞家。就这样，为了请卞从政治上多给丁帮助，我后来进城看病后有时间时则常去她家坐坐，也正由于以后一段时间常去，我在卞家亲眼见到、亲耳听到许多不平常的事情，通过这许多事情，我对卞仲耘的情况和真面目有了进一步了解和新的认识，以后述及的便是。

5. 一场争夺党代表权的党内宗派斗争。

在卞家我曾多次见到卞夫妇与卞的军师们（其中有个是卞的老师、党员，住卞隔壁单元，据谈在科学院工作），紧张地在暗商出策，对付女附中的一个名孙岩（音同字许不同）的校长，当时为卞出谋划策的，在王晶垚的私房里还有一位人物，此人我在时始终未见他到卞屋里露面，只见王晶垚来回于卞的和他自己的西屋之间交换意见（卞、王各人有一间私屋，据卞讲他们这样是学欧美文明生活，夫妻各自有一间房，自己可按自己的兴趣和方式安排生活、接待各自的客人，互不打扰，增进夫妻间的感情）。

卞咬牙切齿地骂道："孙岩有什么了不起？她不过是靠打击右派起来的，反右前她在教育界根本是个无名小卒……她文化水平不过是初中，在解放区时不过是个幼儿园主任。反右中凭她那点毫无水平的对别人的批判，就一下子红起来，弄到女附中来当校长领导知识分子，其实女附中的教师们根本不服她，凭她那点水平也不配领导知识分子……。"

卞又说："孙岩的党代表权是靠做官的丈夫林默涵给她活动的，根本不是群众所选，不得人心！……；我姓卞的在女附中工作已十来年，平时对大家不错，每次提工资时都肯为群众讲话，大家都了解我，老师们下课都愿找我谈，说我最理解知识分子的思想感情，我的党代表权是大家选的，不是靠丈夫的地位得来的，姓孙的对我有意见，我不怕！……。"

一次，卞又骂："孙岩有什么了不起！春节上广东去疗养也是靠丈夫的关系，按她本人的职务级别，根本没有那种享受规定……。"

卞在下边和她的军师们策划后，曾去学校开了好几次会，回来她对区委很有意见。卞骂道："区委不过是个传声筒，完全是看上面脸色办事的。孙岩回去一同林默涵说，林默涵立刻给别的部长打个电话，然后上面给区委下个指示，区委还不就是当然照办！……，不管区委如何为孙岩出力，群众不拥护她，他们还是没法！……。"

卞的军师们在旁给卞打气说："对！群众，首先抓住群众！有群众的支持，他们就不好办！"

卞很气愤地骂会上不跟她一边倒的党员群众，卞说："区委来女附中主持开会谈，有的党员下边同我谈得好好的，但一到会上，见孙岩势力大就动摇了，不表示态度，个别人甚至倒向孙岩那边去，这些人根本没有立场。当然啰，得罪了林默涵的夫人还了得！不然将来还想在女附中工作？……"

又一次卞气愤愤地说："这个女附中校长我也不想当了，总之，有姓孙的在我就走，我们中无论如何也得走一个，她要留下来，我就请长期病假，不干了，在家好好学，然后上师大或旁的大学开政治课去，或是搞系里的党工作，王晶垚劝我与他合作搞历史，那也行！总之我决不和姓孙的在一起工作……"

卞在前几次会上似乎不顺利，后来又在下边做了不少工作，一边拉拢群众，一边又与其军师们（均是党员）在家商讨对策，卞把下次会上她要发言的话全用笔写在一个本子里，她说："下回，我就按这上面写的一个字一个字念，记录的人要有出入，我就和他查对。姓孙的讲的，就给她笔记下来，然后挑出矛盾来质问她，看她有什么好说的！"

卞感叹地说："胡志兆（涛）（音同字许不同）原是女附中的正校长，这个人很有水平，我们一块工作很多年，合作得很好，她就是被孙岩这种人毫无水平的批判划成右派的。党内进行徵（甄）别时，胡志兆（涛）可能给徵别回来就好了！她要一回来，孙岩就待不下去，不走才怪！……"

可能是最后一次开会回来，卞以得胜者的姿态傲慢地说："会上我全按我写的念，她任何矛盾也挑不出。我有手稿，她拿我没法。她发言后，我抓住我当时曾给她打电话的事，质问有没有这回事，我又指出打电话时旁边有谁在场作证，她没有想到这一手，这下就把她驳倒了，她气得哭，我也气哭了，群众见我有根据占上风，原向孙一边倒的党员这下便又倒向我这边来，原不发言的人，这下也敢说话了，整个局面才扭过来，区委见情况对他们不妙，这才装好人两面劝，说大家都是老同志嘛，算啦！别都动感情了……等等，这样才算完事。"

卞接着又说："孙岩在女附中是待不下去的，因为不得人心，知识分子不服她！"

后来，在一次谈话中，卞非常得意地讽刺说："孙岩给升到上面当官去了，但却又哪里有做女附中的书记兼校长来得神气和有实权呢？"（这话是在64年初，一次去西四的三路无轨车站时卞讲的）。

一次卞非常称心地说："胡志兆（涛）已被徵别回来了，这下可好了！今后女附中的事，内有她，外有我，学校办不好才怪呢！"卞又骂说："孙岩根本不能与胡志兆（涛）比，她懂什么？她事事都离不开政治、政治，办学校可不是这么回事，没有真材（才）实学，根本不受欢迎，女附中之所以出名，不就是教师业务质量高，学生考上大学的比其他中学都多吗？……孙岩懂得什么？我给女附中介绍一个在科学院工作的人来做教师，这人很有才学，但她看了对方档案后，硬说人家政治条件不好，不同意要，好像只有她才懂政治，懂办教育，哼，要让她一个人去领导女附中，学校会办好才怪呢！"

在一旁观看了卞等的宗派活动，听卞三番五次地大骂后，我当时感想很多，觉得党内问题很复杂、认为卞和其军师们相当厉害，觉得卞的话中有大量右派言论，有重业务轻政治的错误观点，她的所谓外行不能领导内行（知识分子）的论调都是57年反右中我们对右派狠狠批判了的，当时我十分奇怪为什么卞仲耘这种思想的人竟也会当上书记、校长？心想，如果她是在我们学校，不被当作右派才怪呢！我认为卞是个漏了网的右派。

6. 卞恼恨和打击党内工农干部党员。

卞不知为什么很恨女附中一个姓李的副校长，卞在家骂说："……学校的教师们经常来向我告李校长的状，该他管的事，他们谁也不找他，有什么办法呢？水平低，不受知识分子欢迎。"我在一旁听后感到奇怪，便问："既是水平低，那怎么能当校长呢？"卞说："他这个校长是上边硬塞下来的，"卞讽刺地说："工农出身的干部嘛，资格老，塞到女附中来当个副校长实际上什么也干不了，只好给他管总务，但连这也管不好，房子、家具问题上，教师们对他意见大得很，我这个书记又能拿他怎样？人家是工农干部，要照顾……。”

听卞这番话后，当时我感到卞仲耘这个书记对工农干部意见挺大，感到师大女附中党内问题不少。

7. 卞仲耘私下盗抄只许听不许记录的陈毅总理内部报告（卞说这报告学校党总书记发给一份作传达用，传达后就要立即交回去）报告中谈及有关反右和党内对知识分子政策，及关于鸣放等许多问题。卞把她偷抄的拿来断章取义地读给我们听（我和母亲及刚从医学院毕业回北京来的三妹妹那天进城买东西顺便去她家歇歇），卞说：“……陈毅总理这下可说了真话，但这些话也只能是陈毅总理说，如果是我们这种普通人说，那不给当上右派才怪呢！……”卞又说：“……陈毅总理让大家今后还是要说话、还是要鸣放，陈毅说党过去对大家鸣放采取的态度不对，他代表党中央向大家道歉。他让大家不要顾虑，有话还是要说出来，帮助党工作才好……”

卞又说：“话虽是这样讲，但谁敢说？总之，同样的话，出身好的人说出就没有事，出身不好的人说出就有问题，同样的话，陈毅同志说就可以，别人说就不可以……其实，陈毅同志现在讲的许多话还不是57年鸣放时我谈过的？但为了这个我却在反右中挨到批判，要不是当时转得快，那不给戴上右派这顶帽子才怪呢！……”卞说：“上面说不准记录，我做党书记的，手中既然有一份作传达，在没有交回去前，自己抄它一份留着今后做根据有啥关系？！以后如有谁再谈我的问题，我就有陈毅总理的话做凭据了……。”

听卞这么一说，那么一念，我当时可给弄糊涂了，心想如果陈毅总理真像卞仲耘所说的那样对鸣放中向党投毒箭的人道歉，那我可不服，因为那样岂不是我们这些反对右派、狠狠批判过右派的人错了？如果是这样，那么以后有运动来，我们该不该照党指示的方向走？总之我决不认为是我们反右的人错。又当时从卞的话中，我感到卞在为出身不好的人叫不平，我想定是她自己出身不好的关系。我认为出身不好只要自己好就行，马克思、恩格斯也出身不好，但他们是最伟大的无产阶级革命家，所以当时我认为卞政治水平并不高，她这样对党有意见大概是名利地位思想作怪吧！主要还是她对党有私心。

我认为她利用职权盗抄党不许记录的报告文件是一种欺骗党的行为。卞仲耘虽身为党员、书记，但仅从这件事给人的感觉是：此人并未真正从思想感情上背叛剥削阶级，并未把党的利益、革命的利益放在首要地位，我认为她不是一个真正的共产党员。

8. 卞为苏修的教育吹捧，挑拨离间知识分子与党的关系：

62 年当苏联修正主义在我国灾荒困难时期，从经济上对我们施压力，搬走专家，给许多工程建设带来损失等等罪恶行为已为全民所知时，卞却说："苏联在其他方面虽不好，但他们在教育上还是很成功的，值得我们采用……。"卞又说："苏联科学之所以发达，能造出人造卫星、宇宙飞船，是由于他们对待知识分子和科学人员十分重视，对他们的生活十分关心，为他们创造一切好的条件，使他们不致为生活和其他事分心，而全力从事学习和研究……"当我问她怎么得知苏联的教育不错时，她说："这是党内高级干部以上部分领导才能看见的文件上谈到的，你们一般普通干部不可能知道。"

卞曾多次埋怨党对从英美回来的知识分子朋友不器重，照顾不够，政治上不够信任，使他们不能发挥自己的才能……等等。

卞的这种论调纯粹是在帮助修正主义攻击我们党，我奇怪卞仲耘为什么处处对党不满，

9. 卞是如此将女附中学生分类和分别对待的。

卞说："女附中的学生分两类，一类是革命家庭出身的高干子女，另一类是普通一般家庭出身的，实际上前一类功课成绩和表现不如后一类好，因为她们有家庭的政治优越地位依靠，不用下苦功，美好的前程早就给她们安排好了。而后一类除了靠自己埋头努力外，没什么好依靠的，所以成绩比前者好。"

卞说："一个国家的科学技术文化的发达，光凭政治好而没有真才实学根本办不到。女附中之所以出名不就因为我们毕业生考上大学的比一般中学都多吗？如果不是我们狠抓业务，那哪能有这么多人考上呢？……"卞又说："大跃进中别的学校都停课去搞劳动、办工厂，当时显得他们挺好，我们也搞，但却不去赶时髦，学习上我这个书记始终不放松，为这我们还遭到别人批评，但后来事实证明还是

我们女附中的领导对、走得稳！”

10. 卞和她的老师（党员）的几段对话说明了什么？

一次卞对她的老师说：“老师（不清楚）说党内右派可以进行甄别，你听说了没有？你对这看法如何？”卞的老师回答说：“管他甄别不甄别，只要我（不清楚）右派就行了，与我无关的事，管他干啥？！……”

他们的一番对话当时使我感到他们这种老党员，对党竟分你我不相关，那他们要当党员究竟是为什么呢？像这样不关心党的事业的人怎么也算是党员，我不明白。

11. 卞破坏党的城市下放、回乡干部政策。

61 年（62 年初？）当党在城市下放干部，压缩城市人口、原从农村流入城市的劳动力有的必须动员回乡时，北京市某人民公社食堂决定下放回乡一名家在南方（江浙一带）的女炊事员。卞不知从哪里得知消息，两人在家商议、合计，把那人弄来做保姆对他们有以下好处：①此人有在食堂占公家便宜之短处拿在他们手里，来时事先提醒她，如不好好干便要把她户口迁出北京回南方乡下；②此人有一手做南方菜饭的好手艺，来了能很好地为他们服务，朋友、客人来也不用卞王去操心饭菜问题……③此人家境困难，又远在南方，北京无亲戚，这样她便无处可去，无假可休，长期忠心为他们干活……。这样卞王终于有计划、有步骤地把那个原被人民公社已宣布下放回乡的炊事员，违反公社的决定和国家的规定，把户口迁来，弄到卞家来伺候卞全家，做卞仲耘要她干啥就得干啥的奴仆……（详情限于篇幅，此不多谈）。

在旁边见到卞王夫妇对此问题的处理，我感到卞身为书记，在自己的学校里做报告，讲政策，下放学校里的干部，但另一面在外边却同党唱对台戏，千方百计为个人利益去要别单位下放的人，我感到在卞仲耘这个领导的心中根本就没有什么党的政策、党的原则，我要问问卞王他们的党性从什么地方才能看见呢？他们的作为哪里像个真正的共产党员呢？

12. 一个常去卞家与卞王密谈的人。

与卞王往来十分密切，常在王的私室里、与他们做长时间密谈的，有个在新华社工作的人，此人卞王始终没有把他的姓名给介绍过，但有时偶尔从听见的他们的谈话里，此人流露着对党的不满和敌对情绪。

13. 卞私生活作风不正派，趣味低级。

卞常劝我多读历史，读古诗词，说这样能长见识。卞病假在家，我不见她读革命书籍，而是津津有味地背读"长恨歌"之类的东西。紧闭门户兴趣百倍地在研究赞赏武则天、杨贵妃、慈禧太后等帝王将相妃后的荒淫无耻的私生活，自己欣赏不算，还向我谈。一次下午，我去卞家，出其不意地碰见她正在闭门读专谈武则天等私生活的古书。卞兴致勃勃地对我介绍书中所写的事，并问我有否听说过现在还有没有那种房事时，给男人吃的药卖？……。说到这儿，保姆（卞家称叫娘娘）端茶进来给我们，卞立即叫她出去，说我们自己会倒，叫她去厨房忙她的吧，别再进来打扰谈话。当时我真没想到这个平时道貌岸然的体面人，脑子里还有这么一大堆乱七八糟的东西，我回答她说："没听说过，你要不讲，我还不知道有这种事呢！"卞又问我听丁某说过没有？问我与丁某之间是否在夫妻生活上有矛盾……。我真为她说这种话、问这种事害羞，我说我连病都顾不过来，哪有精神去考虑这些事呵！我说这方面我和丁无共同语言。我批评丁假空军文化部的名，用公函在广州花三十元买对外不卖的禁书"金瓶梅"，被我发现后立即告诉了部队组织，组织上批评他，让他卖掉，为这他恨透我，我说一个人把宝贵的时间和精力用到这种无聊的事上，太无价值，太低级趣味，太没意思。卞听我这么一说，才没有对我往下追问。

那天从卞家回来，我为卞的话感到奇怪，卞问现今有否那种什么给男人吃的药卖，是不是她想买？卞是个党书记，竟会问出这种荒唐无聊的问题，简直不可理解。当时我感到卞仲耘这个人，别看表面正人君子，实际上思想深处却十分肮脏，这方面她与丁某是同类货色。

四、1963年初—1964年及至今一段时间卞背着党(在)校内外干了些什么?说了些什么?

1. 我为什么要和卞仲耘疏远?为什么不愿再继续与她往来?

自61年暑假卞一家来访，卞再三对我表示关心、友好，要我把她当老大姐看，同她谈谈对丁的意见，她和王好从思想上帮助丁等等后，我想丁既肯同卞暴露思想，卞王毕竟是老同志、老党员，为想得到他们在思想上对丁教育、帮助，我才开始和卞交往起来的。我曾在61年暑假后至62年间将丁某在政治思想、道德品质上的许多恶劣行为表现，陆续、如实、全部告诉了卞，希望能从她那里得到教益（丁的恶劣行为如：一贯对组织和家庭欺骗，灾荒三年中经不起考验，做投机买卖，偷盗国家财物，在部队违法乱纪，虐待孩子，经济上长期欺骗我——部队早在55年就已实行薪给制，而他一直到57年9月以前一直骗我是供给制，从我处骗取钱，不管孩子生活……等等）。卞最初是边听边问，在把丁的事差不多都知道后，她说等丁来她家，她一定好好帮助他。后当丁的恶劣行为又有新出现，我同卞谈及时，卞则认为丁的事不过都是生活小节，不同意我把他们提高到原则，卞劝我以后再发现丁的事时不要再去告诉丁的组织，卞说组织上事多，没工夫去管这些事，人家听了会不高兴的，于是劝我说："人生短短几十年，凡事都不要认真，也不宜太计较，否则除了不愉快，没有其他好处……。见卞口口声声所谓关心青年、关心我们家庭关系的态度原来是如此，再加上在她家我所见到、所听到的卞他们这种人在许多原则问题上所做的一切，我感到要让他们从政治思想上帮助青年、帮助丁改造，那完全是幻想。我所亲眼见到的一切，已足够向我证明，卞王根本不是我思想中的那种真正的共产党人，卞的所谓把我当小妹妹看待，纯粹是骗人的谎言。我认为卞仲耘表面虽是个党书记、校长，实际上却一点不像个党员，因为在她的心上根本没有党的利益存在。这时我感到卞的问题已不是我住中医院时认为的什么水平低，而是她究竟是真共产党员还是假党员?是真革命，还是假革命?是共产主义者，还是混藏在党内的资产阶级代理人的问题，所以我开始和她疏远起来，不经她三请四请，决不去她家，因为我已从心里不再想继续与此人来往。

2. 卞得知丁某被部队决定转业消息后的最初态度。

62 年丁某因政治思想不好，品质恶劣未被提升军衔，后又因其各方面之恶劣品质表现，不适宜留部队工作而被转业。部队决定将丁转至苏北某地搞商业，对这，部队曾征求过我的意见和看法。根据丁的思想和各方面表现，无论从国家利益、丁本人的真正前途，或家庭长远幸福着想，我们家庭都完全赞同部队组织的决定，因为丁的思想只有通过艰苦环境的锻炼，才能得到改变，也只有丁在思想上（不清楚）改变后，他才有好前途，家庭也才有幸福可言。这些，当卞从丁处得知他转业的消息，问我时，我都坦率直言告诉过卞，卞见我们家庭和部队的意见完全一致，则在我面前对这事不表示任何意见。

3. 卞瞒着我们家庭，利用职权，用欺骗手法干的一桩卑鄙勾当。

63 年春节初二，丁三番五次来代卞请我和妹妹去她家，说卞王早已作好准备给丁饯行，非请我们去吃饭不可，说卞全家都在等着我们，卞亦多次亲自来电话催，没法我们只好与丁同去。一进门卞便百般热情招呼、款待，谈一会后，卞突然向我宣布说：“为了工作的需要，我们已决定让阿丁到女附中教英文，女附中政治空气浓厚，把他放在我身边，我会从各方面帮助他，你有意见吗？”对这突如其来的宣告，我感到茫然，我万万没有想到卞竟会做出与我们愿望相反的事来。我十分生气地回答她说：“做一个人民教师是需要具备一定条件的，丁无论从德、才哪方面来衡量都不够……”接着我又把丁干的许多缺乏共产主义道德的恶劣行为一一再次揭露，最后我说：“你们既瞒着我把一切都弄妥了才告诉我，现在这么问我又有什么用？反正丁做教师我不同意，你硬要他去，那将来丁的一切由你全部负责，与我无关！”说完我和妹妹（党员）立即起身就走，离开了卞家，卞虽跟在后面挽留吃饭，我们却一点不理。回家的路上，我为卞、丁的欺骗行为十分气恼，我想我的坚决不同意许会使卞重新考虑问题吗？但初四在丁给我一信上却这么写道：“……初二在别人家大吵一架，‘揭发’一顿，使得留京教书更为‘悬’了，因为人家会害怕的，然现在仍有留京教书的可能。工作上我决不会辜负卞大姐的……等等”（此信现仍在我处保存）。看了丁的信后，我不知道卞又在卖什么药，耍什么花招，反正我从开始就表明态度的，卞硬要丁去，我又有什么办法？！我认为卞把丁弄去做教师，而且放在女附中这样一个重要学校，是对党、对革命接班人完全不负责的态度，其中心无善意。

4. 卞利用职权破坏军队的转业命令，和党唱对台戏。

丁某所在部队单位广大官兵群众，对丁不服从组织决定，暗下在外走私路找工作很有意见，部队组织坚持要丁搞商业，不同意丁做教师，提出师大女附中一定要丁，部队则不给丁户口，不解决丁的北京户口问题，部队组织曾以为这样能拒绝女附中的要丁，然即使这样，卞仲耘亦不尊重部队意见，丁无户口她也要。卞无视党的干部政策，违背军队组织的决定，无视我们家庭的幸福，终于把没有户口的丁某弄进女附中，然后再千方百计、费尽心机、历经数月，最后解决了丁的北京户口问题。

5. 卞仲耘与丁某同声说丁某的户口是中宣部林默涵同志解决的。

63 年丁转业时，正是北京户口控制很紧、城市压缩人口之时，部队和我们家庭都奇怪丁的户口为何能给解决，为这，部队的王寒处长等同志和我们家庭都问过丁，丁回答说是女附中通过林默涵的夫人孙岩校长的关系，由中央宣传部部长林默涵同志给解决的。我不相信，曾为这个问题特去质问过卞仲耘，卞回答我说，丁的户口问题确实是通过孙岩的关系由林默涵同志给解决的。给一个不配做革命军人、也不配做人民教师的人去解决北京户口问题，深为部队同志和群众所不满，熟知丁的品德的部队有些同志曾打算向中央写信告林默涵，我们家庭亦曾对中宣部林部长不遵守党的原则，同部队唱对台戏有意见。不过丁的户口究竟是否是林默涵同志给解决的，我表示怀疑。

卞用涂脂抹粉、蒙混过关办法把资产阶级分子从后门拉入教师队伍。

6. 为她不可告人的目的服务。

按规定，非外语师资转外语教师，必须通过教育部师资处考试审核，而卞却不按党的原则办事。她利用职权叫一个本校外语教师稍稍听听丁某读读，自己在一旁为丁的不够处解说解说，一切当然由卞书记兼校长说了算，叫人来听听不过是形式而已。这样就马马虎虎、轻松地避开了教育部师资处这一关口，欺上瞒下，把丁从后门拉了进来。（其实按丁某当时英语水平，根本不能做教师，他的国际音标还是在决定转业后，骗说将来到商业工作中要自学外语，趁旁边有人帮助，从部队俱乐部借来唱机，通过放唱片和我教、现学的，而且当时发音根本不好，他骗人说为了以后自学，而却背地与卞干出违反党的干部政策、师资政策的勾当。）卞把当时根本不合格的丁某弄进女附中后，一面让他先旁听别人的课，对他进行培养，一面在下边教师中为他作掩护工作，甚至骗哄别的教研组老师，说丁英、汉语都很“棒”！这样为丁某周密布置一番后，丁才最后走上初中一、二年级的课堂。一个不配做革命军人的丑恶分子，就这样在卞仲耘的领路掩护下，混入了培养革命接班人的重要的教师队伍。

7. 卞把她忠实的爪牙丁某放在邓小平同志的女儿所在的班教课目的何在？

卞仲耘把她所欣赏，但为群众所唾弃的丁某放在邓小平的女儿班上教课，听任丁在外到处宣扬邓小平的女儿是他的学生，这个学生人长得如何如何……学习上又如何……，以此来抬高自己的身价，打出女附中不同于一般中学的招牌，从而使他口口声声歌颂的卞书记、卞校长的威名更加远扬。凡认识丁某听他如此宣扬的人，都认为把丁去做教师纯粹是误人子弟，大家都说如果邓小平同志的女儿知道她的这个所谓老师原来是在部队中一贯偷盗、趣味低级、品质恶劣，不配做革命军人的人，那才不答应呢！对丁某在这件事上的做法，我曾向卞仲耘多次提过意见，但卞对我的意见根本不理睬。

8. 卞处处为其亲信丁某鸣锣开道。

女附中校庆时，卞特把丁某介绍给邓颖超同志握手，说丁是才从部队下来的转业军人，是她学校的外语教师。当外宾去女附中参观时，卞也把丁某向外宾介绍（这些都是丁回来神气十足地宣扬的）。

9. 卞为丁无所不为，关怀备至。

转业时，部队曾发给丁安家费二百元，这是应用来搬家安置家庭用的。卞身为书记、校长，却不让丁按规定做安家用，而让他去买高级手表，卞说如钱不够她还可以支援丁（丁原有表的，他拿到武汉自由市场投机赚钱卖了，这我都曾告诉过卞的）。由于卞对丁的支持，乃使我们从部队搬家到地方时，陷入重重债务中。卞对丁的个人需要关怀备至，无所不为，对我们家庭的困难处境却不闻不问，身为党书记、校长，这种做法怎合情理？

10. 卞用泄漏档案内容支持被部队罢了官的丁某去翻案。

一次，在部队家中，谈到有关房子和搬家的事时，丁对我说："……人家女附中是不会给你房子住的，坦白地告诉你，卞大姐对你不欢迎，卞大姐他们说袁淑娥是颗'定时炸弹'，放在女附中到时候惹她不高兴了就会什么都给炸出来，那样她这个书记、校长还要不要工作呢？……总之人家怕你，对你不敢欢迎！"我问丁："干吗要怕我？你们有什么见不得人的东西怕炸呢？"

63 年，又一次，暑假中的一天，进城托朋友找房子，在德胜门 27 路汽车站等车时，丁某对我说："……要想在外边找房子看来不容易，最好的办法还是你同我合作。我要到空军政治部去告王寒，我的转业一定是他搞的鬼，我的党（档）案上写有社会关系复杂一条，其实根本没有那么回事。我告后，上面来查时，只要你不捅娄子，包准翻案重新会部队，而且还会升军衔……其实我回部队对你只有好处，钱拿得多，房子又好，孩子又有子弟小学上……"我问他："你凭什么去翻案呢？难道你在部队中干的那些不体面的事档案上不都写得有？"丁说："那不过是生活小节，档案上根本没有写。"一听丁的档案上没有把他那许多危害国家利益的恶劣行为写上，我十分奇怪，因为丁下放连队锻炼时表现也很不好，据认识的战士讲，大家给他做的鉴定上提的意见可不少。丁的品质恶劣之事绝非生活小节，怎么能不写在档案上呢？我问丁："你怎么知道人家没写上呢？"丁说："卞大姐看过我的档案材料，她说上面根本没有写上这些事。"我想原来卞把丁档案上有啥没啥都告诉丁了，所以他才有胆量来告人翻案呢！我奇怪部队干部工作会这样处理丁的问题，无论从哪方面讲，丁的所作所为绝非小节，如国家灾荒困难三年中，丁身为军人，却违法乱纪，在北京武汉间做投机买卖，星期天常进城去排队抢购东西，占公家便宜，偷公家财物如空军司令部的公用信封信笺数百份等，或展览，或由组织收回，或登记待其自觉归还，这都是众所周知的，困难时期偷家里的粮票数十斤，盗窃别人的劳动力（割草交饲料任务），贪污公家 100 元的事至今未了案，这些怎么能说是生活小节呢？空军 004 部队没有把丁的品质问题写入档案，说明部队组织工作上亦有问题，这样给卞为自己的不合法勾当找借口，给丁这种人做翻案的资本。这中间是否因卞和张政委私人打过招呼讲私人情也难说，因为卞从后门录取了张的女儿给张不小情面，现对丁的问题是否也要还私人情呢？那对卞这种狡猾人来讲，她到处拉关系，不是没有目的的。当时我的态度是，不管丁如何有卞给他撑腰，不管卞如何与部队张政委交换意见，拉私人关系，我都不怕，过去连国民党我都不怕，今天有毛主席党中央在，我还怕到卞丁这种人来才怪！于是我说："你爱怎么翻案就怎么翻吧！要想用住房子来让我出卖原则办不到！反正你就是当了将军对我也没有好处，我所希望你的是做一个诚实的人！"

12. 卞仲耘处处为资产阶级分子堵漏洞。（原文没有 11 项目，此处依原文）

丁某在女附中订有牛奶，自己打破奶瓶不赔偿，却偷偷地把它放进传达室前奶瓶堆中，被传达室老大爷发现后告诉卞书记，卞立刻为丁私下交给老大爷两角钱做赔，并让老大爷以后别再谈此事了；对丁呢，却不批评教育。又当丁贪污教研组的教案纸、洗澡不交费……等行为被群众揭发要求通报批评丁时；卞书记却以"以后再和他算总账"一语来塘（搪）塞群愤，从而不了了之。

13. 卞书记为女附中工会坚持原则，而骂工会是"国民党作风"。

丁某在女附中不愿参加互助会，因他说他无困难不需要交什么互助金；但到 64 年春节前，我向他再三催要他从我母亲处骗走的钱时（我向同学和朋友处借来作搬家买家具用的，因我们原住地方的家具全是部队的公物。），他不肯还出，而要花招去向工会互助金借。互助会拒绝借给丁，卞知道后则打电话给女附中工会以她书记的个人名义向工会代丁借，工会仍不答应，卞放下电话回来气愤地骂道："工会太不关心干部生活，干部有困难为何不借？简直是国民党作风！"

我认为工会互助会不借给丁是正确的，因为他平时认为自己不困难，所以不需要去互助别人，交什么互助金，而现在为拒绝还出他从我母亲处骗去的钱、故意来要个花招，使我拿他无法。我们为这曾和卞多次谈过，卞不仅不批评丁，反用打电话当我母亲面来骂工会、把责任推在工会组织的身上、为丁卸责任。做法之卑鄙、令人实在看不过去，（这笔账还是后来经法院主持正义判丁还的）。

14. 卞用"地方党与部队党不一样"之谬论来抵制"……思想政治工作、各个部门都要负责任"的毛泽东思想。

丁某自到女附中有卞撑腰后，对家庭的态度十分恶劣。特别在他户口解决后，他便不按部队时之规定给孩子生活费，当丁的行为严重地违犯了婚姻法第八条、第十三条时，我曾多次找过卞出证，请她教育丁。然卞不但不对丁教育，反以"家务事，组织管不了，自己协商吧"等话来回绝。当我问他（她）为何部队组织也管时，卞则大声说："地方党与部队党不一样，地方党不管这种事！"以此来再次拒绝我的要求。卞后来感到我不服，则又要了个花招，假惺惺地装作要帮我和儿子解决问题的样子来到我家，让我书面给女附中党总支负责同志写封信，卞授意内容勿用（不清楚），只谈请组织帮助将丁每月应给家庭的生活费留由我自己去领就行了。她说这样她便有根据去同会计科谈。我第二天按卞嘱的去了信，但到发薪派人去领时，会计科却说，他们根本不知这回事，说党总支根本没有同他们谈过（会计科的回条现仍在我处保存）。事后，我收到一封女附中党总支组织表示拒绝给我和孩子以帮助的信，值得注意的是，这封代表党组织写的信上却没有组织的公章。事情很明显，卞仲耘不过在对我搞圈套。目的在从组织方面正式书面表示拒绝，使我休想到女附中去谈丁的行为，从而卞的一系列不合党政策的欺骗行为便（得）不到随之暴露。此外卞这一做法不过是又为再次向我证实她的"地方党与部队党不一样，地方党不管这种事（思想政治工作）!”之谬论罢了。卞仲耘话中之意似乎中国有两个党——地方党、部队党。但我只知道我们马列主义的中国只有一个共产党，那就是毛主席领导的党，这个党的原则在地方和部队都是一样，对我来说，我只承认毛主席领导的党，按毛主席指示办事的党。卞仲耘在这件事上的态度和谬论，十分令人不理解。她的所言所行使我产生一个她究竟是否是个党员、是个毛主席领导的党的党员的问题。我感到她的反对党的原则的胆量很大，无论从哪个角度讲，她在我的心目中一点不像个真正的共产党员。（女附中在这个问题上以党总支名义写的回信现仍留我处，请党来查）

15. 一桩由卞仲耘主使、编导的“拔定时炸弹”的离婚告状案件。

64 年春节期间，卞仲耘为要把我这个不受她欢迎，为她既恨又怕的所谓“定时炸弹”彻底拔掉，暗中与丁某精心设计、布陷坑，企图趁我重病中，回部队搬家到地方居民住区之际，对我搞突然袭击，把我告到法院，打我措手不及，这样，一能加重我的肝病，二能使我在师大女附中党书记、校长之权威下奈何他们不得，屈服于他们的强力，在上下周围同志对事情真相都不知不觉的情况下，由原告丁某和原告的单位负责人卞仲耘党书记（告状表上丁填写的）包办一切，把我这个当时重病在身，又无权威人士为我说话的人直接逼到法院离了婚，除掉卞他们心目中的这颗“定时炸弹”那样，卞仲耘的无法无天的反党、反社会主义真面目，便不致被丁某的问题而全给揭发出来——记卞丁所谓的给炸出来。

卞、丁合谋选择我刚从部队搬到地方这个时候，不是没有道理的，因为这个时间对他们最有利：①我搬到地方后，部队组织已无责任，也不便过问我们的事；②我自己单位组织又远离北京，情况不明，法院来查时无从去大连了解；③刚搬来新邻居对我们情况一点不知，法院从他们无法了解；④我当时正在发烧，病情不好，从朋友处借来的钱被丁从母亲手中骗走不给，我们老小正在新居处为没有必需的起码生活家具——床、柜、桌子发愁，困难重重。卞仲耘出谋的这个计当时对我的处境讲是相当恶毒的。卞丁选择这一时间不算，还采用了许多狡猾手法，有计划、有步骤地来两人一先一后，先装善样，后现恶相，不择手段地用党的名义来逼压我、威胁我。现将他们从除夕——初七，短短八天中所演的戏，干的勾当简述如下：

除夕——丁寄给我一封表悔改前非、希望幸福相处的拜年信，对我先布置了一个迷魂阵，消除我对他们的提防。

初一——丁回部队家中过年，走时约好初三搬家，并说初三他由于有部队同志送，他不来郊外接，但将在城里收拾屋子等。

初三——下午，部队派车和同志送我们搬到城里，屋子空空，只有一张原先有的单人床，连窗也未糊，室内外温度一般高，各处找丁不见，天黑找到卞家，才知丁当天从早到晚全天在卞家欢度新年，晚上又带卞的孩子去看电影了。直至夜十点多回女附中宿舍时才顺路来看看。

初四——丁来逼我交出孩子户口，说女附中党组织考虑他工作忙，不易管孩子，让孩子从女附中宿舍搬出和转学。我说："孩子转学是家长的事，女附中党组织无权干涉。"我问丁："谁代表党组织这样告诉你的？"丁说："卞书记。"一听说是卞，我说："什么卞书记，我不认识她！"丁吓唬我说："她是书记，代表党，你不相信她就是不相信党！"我气极，大声回答丁："我相信的只是毛主席领导的党，你去告诉姓卞的，我不认识她是谁！"丁最后无可奈何，才走了。

初五——丁又继续来逼，说女附中工会为孩子必须转学的事，找我去谈话，要不就要为我开会。丁说："你是工会会员，总不能不听工会意见。"丁的这种做法只能骗三岁小孩，我回答他："行，去，不过你说的不能算，得让女附中工会开张通知条，还得盖上工会的章才行，不然还是不去。"丁说："你不相信，可以去问卞大姐，看是否有这回事？"我回答说："管你什么卞大姐、卞二姐，我不认识她，没有工会的字，就是不去！"丁没法只好走了。丁卞这样一而再地，要把我叫出家去，居心何在，不能不使我怀疑，因我当时正发烧睡在床上，丁他们什么党组织、工会的，为啥不派别人来，专派丁来，而且开口卞书记，闭口卞书记，我不明白。

初六——晚上，我为要质问卞、和让卞叫丁还出我借来买家具的钱而去卞家。卞家大门没关严，我推门进入后，听见卞仲耘正在与丁在王晶垚的私屋里谈我，卞说："……不能让她到女附中去，直接上法院去离了算……。"听见他们正在谋划对付我，我如凭一时气愤进去，除了气上加气外，说不定还会遭他们毒害，那才无人为我申冤，卞的假革命者、假党员面目便也就少一个见证人揭露，那对党和革命事业都将不利。卞丁狼狈为奸的阴险面目，这天晚上在我面前已暴露无遗。当听见保姆从厨房走出的脚步声时，为不让她瞧见，我赶紧退出大门，快快离开，由于心情紧张，下楼时身感沉重，脚软无力，好不容易才下完卞家三层楼梯……。回到家里我隐忍了一切，没有让母亲知道，怕她伤心。当晚心情十分不平静，千头万绪怎么也睡不着，于是我起来灯，拿出毛主席的书，重读"丢掉幻想、准备斗争"和"愚公移山"等文章。此时此刻毛主席的话句句深入我心，段段给我斗争的力量。心想，不怕这师大女附中的书记权威有多大，不管她用开后门拉上的上下关系有多多，不管她有多少权威人物对她坦（袒）护，真理在我这边，一定要和他们斗争，一定要把她背着党所干的丑恶勾当揭发出来。（丁按卞指示第二天——初七就向法院交了告状）

初七——我又去到卞家。初六晚上的事我装不知，只字未提，这次我去主要是质问卞关于丁初四、初五逼我之事，另外让卞叫丁还出我借来买家具的钱。卞说让孩子转学，不住女附中确实是党组织的意见，说党组织考虑丁工作忙……等等，钱的事则说将与丁商量。我说丁工作忙，我去女附中照管孩子，不碍他的事，卞则赶紧说丁要下乡劳动，说我一人和孩子住女附中不方便，这种借口根本不成理由，卞自知无理服我，赶紧借说她有个会要参加而快快脱身离开家，让她的丈夫王晶垚来对付我、劝说我，（这事当时还有一个同志在旁，可以做证）。但不管王晶垚如何假以中间人姿态来劝说、为卞丁辩解，结果还是无理服人，而不过更加暴露他们的真面目罢了。

卞见硬压我不怕，劝说我不服，于是改变了方针，采用了软手法：不几天后，卞带上食油两瓶、果酱一瓶，偕同她丈夫王晶垚和第四个小女孩（名四宝）三人来到我家。卞美其名来看望我的新居，实际却利用这个机会来命令我，不许我去女附中，卞说如果我不听劝硬要去，那就是破坏女附中的教学正常进行，因丁要上课等等。卞用"破坏教学正常进行”之罪名来威胁我，使我不去，这种做法真够狡猾。我想有理哪儿不能说，干吗非得去你权力控制的地方呢？为了对革命负责，对革命的接班人负责，我决定把丁的问题，卞与丁的问题有关部分向有关的组织反映，用摆事实、讲道理提了三个问题（关于卞仲耘的许多问题当时考虑到党的影响，不便在一般场合说，所以都没有写上，而是准备向上级党谈或四清中谈），问题内容：

（1）丁某是否配做人民教师？

（2）卞仲耘使用的干部政策是否符合党的干部政策？

（3）卞丁之间究竟是什么关系？

我把情况书面向师大党委等组织的负责同志写了信反映，我又多次去找过师大党委书记陈今吾同志，但始（终）未找到，留言和一再去信找他约时间面谈（因我还有重要事反映），都不被他理睬，至今快两年了，都不见他对此事过问，听听这个群众的意见。卞仲耘这个名牌学校的党书记和校长的权威的确使我首先就在她的直接领导师大党委书记陈今吾门前碰了壁。无法之下，我只有等待法院开庭时，以被告身份进行申诉了。

解放前我曾经因为反对国民党的黑暗统治，被暗探、特务逮捕入狱拉进敌人的法庭，为此我被开除学籍，因为对敌人来讲，我是反对他们的政治罪犯，后来是靠党的搭救我才获得自由，党从那个时候起就是我的恩人；解放后伟大的党和毛主席恢复了我的学籍，使我重新有了学习机会，党和毛主席用无产阶级的革命理论来教育我，帮助我用正确的观点来认识世界、来改造思想、建立革命的人生观和世界观，是党的苦心培养，我才能成为一个外语教师，是党的无微不至的关怀，我才能从病危中救转过来，是党和毛主席的书的帮助，我才能克服长期疾病中所遭遇的重重困难，经受住各种打击，坚强地活到现在；是党和毛主席的教导，我才能在各种复杂的情况下辨清是非、认识牛鬼蛇神，不怕他们，敢于斗争。卞仲耘及其一伙想用丁某作他们工具来在病中逼害我，企图将我置于死地，以无心无证，使他们长期来的反党言行不被揭发是办不到的！

16. 坚持了无产阶级专政原则的人民法庭宣判我被告无罪。

由于当时考虑到党的影响和利益，有关卞的许多问题不便在一般场合谈，所以开庭时，我仅针对丁的问题作了部分揭露，对卞在处理丁我之间的一些事也附带稍稍提了提。法院先后开庭三次，后两次庭上女附中的李校长被请出席旁听。历经近半年的审核查对，法院当时的该案负责同志王长禄审判员，在工作中主持正义，坚持了党的原则，庭上当众对丁进行了严肃批判，对卞在许多问题上支持丁胡作非为之事，亦提出了与卞不同的正确意见（如安家费、搬家、工会互助会、孩子生活费、经济欺骗、不服从部队转业决定、不做人民教师等等）。

该案当时负责同志王长禄审判员，在第二次开庭时批判丁缺德，缺共产主义道德；第三庭上对丁将《金瓶梅》一书贱买贵卖、获取百分之百的利润之恶劣行为，批判说，丁此种做法，不用说与一个革命干部不相称，连一个守法的公民都不配，更不要说做人民教师了……。王审判员还批评丁作为一个干部，根本不应花钱去买“金瓶梅”这种对思想有害的书，而应该去买革命书籍，买毛主席的书……。

法庭最后宣判我被告无罪！我由于丁品质十分恶劣，缺乏最起码的共产主义道德，而亦提出与他离婚，法院最后给予了批准。

当丁的问题已得到证实时，我曾向西城区党的监委和法院，就卞对丁和我之间问题所做的不合党的原则、缺乏党性之事，对卞仲耘提出控诉。我希望能在党面前同卞面对面谈问题，我认为卞与我之间的问题，不是什么私人问题，而是尖锐复杂的阶级斗争问题，是卞仲耘究竟是不是个真党员的问题，我要在党的面前和卞仲耘摆事实、讲道理，同她的一切违反党的利益的言行展开斗争。但我的控诉并未引起监委他们的应有重视，他们并没有认真地来找我谈，听取我的尚未书面写出的、不便在一般场合谈的意见，他们说卞是党员、领导干部，她的问题得由内部解决。结果是我许多要向党说的话都没机会说，关于卞长期来的反党言行也就无人来听我揭发了。

卞仲耘的权威处处对我显示威力，但在毛主席的书中，我都找到不同的答案，毛主席说：“凡是错误的思想，凡是毒草，凡是牛鬼蛇神，都应该进行批判，决不让它们自由泛滥。”毛主席又说：“在拿枪的敌人被消灭以后，不拿枪的敌人依然存在，他们必然要和我们做拼死的斗争，我们决不可以轻视这些敌人。如果我们现在不是这样地提出问题和认识问题，我们就要犯极大的错误。”

因此不管卞仲耘的权威如何使我到处碰壁，我始终相信，只要有毛主席和党中央在，卞仲耘的错误言行和真面目终（究）久会暴露的。

17. 卞仲耘不甘心她编导的告状的失败，继续与丁配合捣乱。

卞在法庭开庭期间和判决后，始终在下边与丁一唱一和。开庭期间，卞在认识我的同志面前诽谤我，说我如何不好，如何只要男人尽义务（给孩子和家生活费），而不要男人享受权利（睡觉）；又如何这不是、那不是，把我丑化得不成样子。判决后卞又在外边造谣说我如何不好，男的同我离了婚，神经受到刺激后已“疯”了……等等。好心的同志听卞说我“疯了”，便关心地来看我，才知卞是撒谎。卞捏造说我“疯了”的药不灵后，便又向人恐吓我说：“如果袁淑娥再要谈我的事，那我就要通知有关方面对她采取措施了！”等等。卞用她将“通知有关方面”对我“采取措施”，不准我再谈她的事来向我发出警告，其意是值得深思的。我不知道卞的所谓“有关方面”就（究）竟是谁？“采取措施”又指的是什么？真金不怕火烧，卞心中无鬼又为何怕人谈？何况她的问题我是向党谈，而且由于处处碰她权威影响之壁，始终没有机会把卞的重要问题谈出来。不管卞的所谓有关方面权力有多大，采取的“措施”又有多阴毒、狡猾，只要有毛主席和党中央在，我什么都不怕，是真理就要坚持，是鬼怪就要和它斗！卞仲耘休想用阴谋毒计把我吓倒！当卞在我离婚之后，在外造谣说我已“疯了”，后又对我发出恐吓警告后，丁某则配合她到处造谣，对我进行毫无事实根据的攻击和诽谤；甚至还无赖地向法院新接案的同志取闹（原审判员王长禄同志已调走了），说什么我应回大连养病，而不应在北京家中养……等等谬论，其目的不外是，我如远离北京，他们便可在即将到来的四清运动中逃避面对面的有凭有据的两条道（路）的阶级斗争。我曾向法院对丁作了驳斥，因我在何处养病为宜，是属我单位组织范围所管之事，丁无权过问，至于丁的造谣诽谤，是经不起客观事实之验证的。我不懂丁在受到法庭多次严厉批判后竟还敢如此猖狂、胡闹，其胆量从何处来？此番一举之目的又是何在？丁无后台支持是不可能的，不然为何丁与卞仲耘一先一后，唱得如此合拍节呢？！

毛主席教导我们说："我认为，对我们来说……（此处的内容可能没有抄写完整，因为毛主席语录随处可查。）而且证明我们的工作是很有成绩的了。"

卞仲耘身为党员、书记，但却如此恨我不死、恨我不疯，恨我不远离北京，如此同其爪牙把我说得一塌糊涂，一无是处，不是没有道理的，因为她清楚地知道，我和她之间不是什么私人问题，而是一场"你死我活"的尖锐复杂的阶级斗争，是一场要不要站在无产阶级立场、要不要站在党的立场、站在党性和党的政策的立场的斗争！

我是党搭救和培养出来的人，我决不忘记过去国民党黑暗统治对我青年的迫害，决不忘记革命的胜利果实是千百万革命先烈流血牺牲换来的！头可抛，血可流，社会主义的江山不可丢！在这场重要的文化大革命斗争中，我要向党表示决心，我坚决跟着党走，跟着毛主席走！坚决高举毛泽东思想红旗向一切黑线狠狠开火！倒（捣）毁黑线，烧毁黑线！不获全胜，决不收兵！我的嗅觉清楚地告诉我：卞仲耘是无产阶级教育阵地上的一棵毒草，一根毒蛇，一定要抓住她，决不可让她溜掉！

此致

崇高的革命敬礼！

袁淑娥

1966.5.28 于北京

谁把校长推向深渊

题记：无论是工作组，还是老师学生，无论是左派，还是右派，我们大家都错了！看看我们都揭发了什么？难道不是集体参与了背叛、诬陷和落井下石吗？我们的是非观何在？是谁把我们变成不讲理、不懂事、没廉耻、没脑子的白痴？

站在今天看文革初期的工作组，我不禁时时为他们捏一把汗。他们都很年轻，顶头上司胡启立年龄稍长，也才 37 岁。文化大革命突如其来，究竟怎样搞？没有规矩、没有经验，毛主席揭开大幕，却甩手去了外地。担任一线指挥的国家主席刘少奇、中共中央总书记邓小平也拿不准，只好以他们各自女儿所在中学做试点。于是，高一学生刘平平就读的师大一附中成为刘少奇的“点儿”，同是高一学生邓榕就读的师大女附中成为邓小平的“点儿”。

工作组尽管有点丈二和尚摸不着头脑，不过心里也清楚，过激的搞法肯定是要犯错误的，太温吞了显然更不行。反工作组的学生调门越来越高，工作组的任何一项选择，都背负着风险。

召开了全校揭批卞仲耘大会以后，工作组总算是松了一口气。接下来是组织人力梳理卞仲耘反党反社会主义的罪状，为最后的组织处理做准备。但是，反对工作组的部分教师、学生不吃这一套，他们认准了工作组对待当权派卞仲耘的态度是假批判真包庇。高三（4）班 13 人贴大字报揭工作组保皇，她们认为 6 月 22 日全校大会是假斗卞仲耘，空洞无内容，未触及一根毫毛。后来以反工作组的教员为主体成立的战斗队“星火燎原”在当年晚些时候编的“大事记”中，用这样的文字形容工作组：“张世栋让各班对卞仲耘的问题编辫子，工作组的用意昭然若揭，卞的问题可以作总结了，不必再深入揭发了。”

6月25日，工作组组长张世栋布置了关于批判斗争卞仲耘的“十天计划”，被反对派讥讽为闭门造出的“功课表”。她们认为，在分析学校当前的任务时，工作组不强调党的群众路线，而是说什么“要集中力量打歼灭战，利用矛盾各个击破，欢迎问题性质严重的人起义。”这直接违背了毛主席的人民战争思想。她们还认为，工作组一进校就收集了卞仲耘等人的材料，在14日已归纳为七大罪状。既然工作组已归纳好卞的问题是七大罪状，是“心中有数”了，又怎能发动群众打人民战争？只能是运动群众，工作组所说的“发动群众”根本就是假话！

以高三（3）班梁二同为首的18位高中学生当天贴出大字报，题目是《坚决把无产阶级文化大革命进行到底》，瞧这题目，显然比就事论事地反工作组更高一筹。大字报直指工作组部署的斗卞“十天计划”，是反毛泽东思想的，“我们之间的矛盾，是无产阶级革命派与资产阶级保皇派之间争夺无产阶级文化大革命领导权的斗争，是关系到无产阶级文化大革命能否进行到底的大事。”梁的父亲是空军首长，她们的大字报都在梁家讨论、定稿，有时梁的父亲还亲自修改，这给了她们很大的鼓舞和自信。与梁二同住一间宿舍的三位同班同学，也都力挺她。其中范锐出身知识分子家庭，因被批判不问政治、走白专道路，在班里受到孤立，但是梁二同没有歧视她，愿意带着她一起革命。于是，她选择了跟着梁反工作组。范锐觉得有梁二同父亲这样的老革命帮助她们，她们一定不会犯错误。

6月27日上午，工作组向全校公布了“卞仲耘反党反社会主义罪行”的八大罪状。让我们看看她的同事、下属、学生们揭发了些什么吧。

这些罪名如果放在今天，何错之有？而在1966年6月，它们却足以将一个人推向深渊。

第一条罪状是“顽固地推行修正主义教育路线”。卞校长认为：

学习是主要任务。学习不好就是政治不好。

教学不能受任何干扰。女附中之所以出名，就是升学率高，这是抓业务的结果。

不要讲空头的政治，不要当空头政治家。不抓业务，就要在政治上被人推翻。政治活动多了，轻视教学，同样政治不对头。

对革命干部子女说："革命热情要落实在学习上，书必须读。一个国家的干部，成分再好，连一个专家也没有，革命就没有希望了。团员有当专家的愿望是好的，我们需要这样的专家。"

譬如在"抗拒教学改革，反对半工半读"的条目下，卞校长说："我对教改就是稳。"要求语文组"要稳，要狠抓学生的基本功。""语文课讲毛主席著作，只能讲篇章结构，不能讲成政治课。"要求数学组"教改要实事求是，不搞花样。""要培养出几个像华罗庚那样的数学家。"对于当时学校半天学习半天劳动的所谓教育改革，她说："我校是以半工半读精神进行教育革命，而不是向半工半读过渡。"她认为学校一没有生产资料，二没有产品销路，"要实现半工半读，还要一百年。""全成了劳动者那工人农民干什么去？"要学生学习"居里夫人"。对响应党的上山下乡号召的学生说："几十年后，别人都成了什么'家'，而你们还是个普通农民，可别后悔！"

譬如在"阻挠知识分子与工农群众相结合"的条目下，她说：

"女附中培养一个学生不容易，还是考大学吧！""女孩子上山下乡不方便。""政治挂帅，健康第一，学习为主。""苏联虽然修了，教育方法还可以采用。""苏联之所以科学发达，还能造出人造卫星，……是因为对知识分子重视，对他们生活关心，给他们创造好条件……。""一个国家想要科学发达，光想政治好，而不突出业务，根本办不到。"

她还"多次埋怨党对英、美回来的知识分子不重视，不信任，使他们不能充分发挥作用。"

她在校外选教师"要高才生，大多数都是出身不好，划不清界限。"

第五条罪状是"反对学习毛泽东思想，污蔑党的路线、方针和政策"。列举了卞校长大骂工农兵学毛选是庸俗化，简单化，实用主义，婆婆骂街。辽源煤矿家属介绍经验，她说让主席语录进课堂是“花样翻新”，贴政治标签，形式主义。不读革命书，专读古书古诗，进行研究等等，都是“罪状”。

总之，所谓八大罪状，恰恰证明了卞校长政治修养高、文化素养好，实事求是、客观理性。

写到这里，我必须打住，向卞仲耘校长致以崇高的敬礼。

遥想当年，我作为一个 13 岁的小女孩儿，走进师大女附中的课堂，以后三年里从来没有和校长说过一句话。我对她一无所知，她也不会知道有我这样一个不起眼的学生。看到这些将校长置于死地的所谓罪状，我心潮难平，忍不住流下眼泪。穿越时空，我在这里认识了校长，一个抗战时期秘密加入中共的理想主义者，一个辗转敌后坚持读完大学的知识分子，她的真实、坦率、实事求是，她的思想、智慧、价值观，穿越 48 年的时空，仍然闪耀着人性的光芒。

卞校长，在此请接受一个学生迟到 48 年的歉意、敬佩和怀念。

无论是工作组，还是老师学生，无论是支持工作组，还是反对工作组，我们大家都错了！看看我们都揭发了什么？难道不是集体参与了背叛、诬陷和落井下石吗？我们的是非观何在？是谁把我们变成不讲理、不懂事、没廉耻、没脑子的白痴？这些还不够，反工作组的学生、教员还要求更狠更猛地向她开火，她怎能有活路呢？

2014 年 4 月 12 日

附：

卞仲耘八大罪状

——卞仲耘反党反社会主义罪行

（1966 年 6 月 27 日上午工作组向全校宣布的书面材料）

一、顽固地推行修正主义教育路线

（一）宣扬智育第一，反对突出无产阶级政治

她说："学习是主要任务。学习不好就是政治不好。不抓学习，就是犯政治性问题。""教学不能受任何干扰。女附中之所以出名，就是升学率高，这是抓业务的结果。" 62 年团课上说："不要讲空头的政治，不要当空头政治家。不抓业务，就要在政治上被人推翻。""抓业务要从政治出发，把思想落实在业务中。政治活动多了，轻视教学，同样政治不对头。"

对革命干部子女说："革命热情要落实在学习上，书必须读。一个国家的干部，成分再好，连一个专家也没有，革命就没有希望了。团员有当专家的愿望是好的，我们需要这样的专家。"对中五的同学说："第一届实验班考上大学的人数若太少，我们的实验班就失败了。"有人白专成份不好送到师大，为了不影响升学率，不准毕业班实验班劳动。

（二）抗拒教学改革，反对半工半读

她说："我对教改就是稳。""别人说我保守派，别的学校乱了，我们稳。市委某部长（前）表扬了我们。现在看得有我们这些稳的年岁大的人，如果要让青年人管，不知乱成什么样子。"对语文组说：

“要稳，要狠抓学生的基本功。”对数学组说：“教改要实事求是，不搞花样。”污蔑积极教改的老师花样翻新派“我校是以半工半读精神进行教育革命，而不是向半工半读过渡。”“要实现半工半读，还要一百年。”（大意）理由是没有生产资料，产品没有销路。“全成了劳动者那工人农民干什么去？”对老师说你们教得了吗？

（三）阻挠知识分子与工农群众相结合

她说：“女附中培养一个学生不容易，还是考大学吧！”“女孩子上山下乡不方便。”“市委说，不抓学习，就要犯政治性错误。”培养尖子，千方百计不让与工农结合。下乡时说，只要不出事，就是最大的成绩。

（四）篡改毛主席七三指示的精神，断章取义

她说：“政治挂帅，健康第一，学习为主。”苏联修的时候，挑拨知识分子和党的关系说：“苏联虽然修了，教育方法还可以采用。”“苏联之所以科学发达，还能造出人造卫星，……是因为对知识分子重视，对他们生活关心，给他们创造好条件……”好多话外边不知道的，问她，她说，从文件上看的。

多次埋怨党对英、美回来的知识分子不重视，不信任，使他们不能充分发挥作用。“一个国家想要科学发达，光想政治好，而不突出业务，根本办不到。”说：“生动活泼，主动学习。”她让同学钻图书馆，那么学习。

二、实行资产阶级干部路线，为资本主义复辟做组织准备

（一）收罗、重用、包庇有严重问题、反党反社会主义杂家如右派陈洪涛、蒋瑞轩，分别安在资料室、总务处等重要地方，向青年教师吹捧陈和唐初他们业务好。说他俩在语文组时，是语文组的黄金时代。陈在外劳动改造，以卞为首的校领导千方百计地把他调回来安插在资料室，并补发五个月的工资，派党员送去。有的右派极不老实，经常放毒，她为他们辩护。把右派分子安在伙房，把许多有严重问题

的人安排在党内、行政、工会等重要位置上。

不仅在校内把坏人安排在内，还千方百计从外收罗，四处活动，收集杂家，拉进女附中。如丁德泗，通过孙岩，破坏党的师资政策，丁不会英语，让他边教边学，使他在女附中站住脚跟，名声臭，对有男女关系的人，作为生活小事不进行教育，并对犯错误的人许愿："只要你不提出离开学校，我就要你。你好好干吧，以后叫你当组长。"

（二）把资产阶级知识分子捧上天。对剥削家庭出身的人，本人至今还收房租，划不清界限不但不加反对，还到处吹捧，说她是教研组第一把交椅，"×××连教你们三年，真是你们的福气。"对工会××说："哪校缺校长，我一定保你去。"有人就是因为业务好，被捧为特级教师、三八红旗手、市人民代表，还参加三八群英会。卞亲自介绍她入党，解放前就被捧为权威，还替她们雇保姆，冬天给他们换皮椅，夏天换藤椅，花了好几十块钱。群众说，那两人是党内民主人士，可是她却给青年教师树立一个"政治上过得去，业务上过得硬，生活上过得好"的榜样。有个人爱人为右派，那人表现不好，划不清界限，还把她树为青年的榜样，离开学校时，还召开发展会，强硬通过，介绍人都不同意，不同意的给开了三个多小时会。朱经兰爱人是右派，一贯崇拜美国的人，卞亲自介绍入党，并让她当教研组长。

三、精心培养修正主义苗子

有的教师家庭出身不好，只专不红，在学生中宣扬白专。有人问他："怎样对待做居里夫人？"他说："看怎样说了，如坐在床上想入非非，那是空想，没用。但如刻苦学习她，是正当的。"卞对他说："你能培养出华罗庚这样的专家，对社会主义事业是个贡献。"那人精心培养，对只专不红的人的学习百般照顾，并派专人辅导。有人家庭问题多，本人划不清界限，让她从高一跳到高三，她政治不合格，学习特别用功，就保送到师大并大肆向同学宣扬。并号召向她学习。在招生上不贯彻教育方针、路线，只看分数，排挤打击工农子女，如有人因功课深一两门不及格就停发助学金。

在校外选教师要高才生，大多数都是出身不好，划不清界限。不加强教育，反而吹捧，把他们安排在师大进修，教育他们用十年或更短时间走个人奋斗的路。

四、搞宗派活动，培养个人势力

(一)对反对他们的人实行打击报复如陈宝琳（烈士子女），共产党员，敢于斗争，卞就把她看作眼中钉，开了三四次斗争会，进行无情的突然袭击，给她扣上了不服从领导的帽子，把她排挤出学校。陈云兰气疯了，她说是她丈夫气的。

(二)武断专行，实行家长制统治。以卞为首的师大女附中总支，不听任何批评只要人一提意见，就说人发泄私愤。搞五十年校庆时，有人不同意，会上说统一，她用少数服从多数强行通过建立“校庆委员会”具体筹备。有人不够入党条件，强行抓进来，如个人觉得患失严重，和地主公公划不清界限，接受拜年和拜年金，卞说她不是立场问题，压着群众不许说，介绍人不同意，她非让人同意，说是市委同意的。召开支部会，个别谈话，说服不同意的人，让其参加半个月四清后强行通过，立刻转党的关系。

五、反对学习毛泽东思想，污蔑党的路线、方针和政策

(一)大骂工农兵学毛选是庸俗化，简单化，实用主义，婆婆骂街，如辽源煤矿家属介绍经验，她说把主席语录进课堂是“花样翻新”贴政治标签，形式主义。创造性发展活学要敢于以毛主席为榜样，毛主席怎么说的就怎么做是低标准，解散了毛著学习小组，把三人以上的会是（叫）黑会。

(二)污蔑人民公社、大跃进。成立人民公社后要吃大锅饭，夫妻分开，每星期天拿小包袱旅馆团聚，共产主义夫妻界限可能没有了。在困难时期对病友说，你们说困难只是暂时的，我看并不（止）两年，要做好长期的准备。那时她会上不说，会下到处放毒。

(三)歪曲党的阶级路线。她说，学校的阶级路线就是党团员能

否团结和帮助出身不好的同学参加社会主义建设，对于出身不好的同学在政治上要划清界限，感情上要爱护他们。

六、贪生怕死，一味追求低级趣味

特别是在三年困难时期，到处托人买东西，营养补助。她说，李仁是无畏（为）牺牲，我们不提倡这种精神。下乡时说："身体是革命的本钱，不到特殊情况，不能拼。""一棵树不如一个人重要，不能因树累坏人。"使劲让下乡吃得特别好，和工农搞差别，干部不参加劳动没关系。

不读革命书，专读古书古诗，进行研究，不但自己欣赏，还向别人讲："我是带着金首饰参加革命的，学生的时候如何如何美，大讲低级趣味，国民党见她说好话，是因为她美。

七、抵制社会主义文化大革命

党员大会上说："从理论上驳倒反党反社会主义黑帮，要讲道理，不要骂人。"66 年 5 月 12 日，不让党员讨论文化大革命，在运动前，大肆压制群众运动。开了两次党课，讲民主集中制，怎样入党，3 月份党团课民主集中制学习，断章取义刘少奇同志的话，说上级有错也要服从，"57 年反右就是反的基层组织"，向外寄的稿件要通过审查，许多被扣压。不让开师生大会，五月底在教研组说："到五月底，初中不搞文化大革命了。"大肆宣传，制造混乱。

八、与黑帮分子勾勾搭搭，关系极密切

与黑帮分子张文松，关系极密切。吹××是反修能手，是活的马列主义。"在张文松手下工作是最幸福的。"刘仁、张文松两次来校与她密谈。师大校长程今吾和她建立关系。

左派和右派

题记：左派和右派，是我们这一代人刚刚懂事就知其含义的两个名词。左就是好，右就是坏。文革让它们的内涵外延充分扩张，今天是右派，明天也许就是左派。反之也一样。

6 月 28 日，邓榕向工作组传达了父亲邓小平的意见，主要精神是尊重工作组的领导，对反工作组的少数“顽固分子”可以展开“辩论”，如果她们要坚持就让她们“放”，就让她们“暴露”，要恢复党团生活，团的组织可以改组。

邓小平在关键时刻给工作组指明了方向，增添了力量。他们也痛感到，必须暂缓对卞仲耘的下一步批斗计划，而把与反工作组学生的斗争放到当务之急。

有一条原则永远适用，那就是，反对现任领导没有好下场。刘进、宋彬彬、马德秀 6 月 2 日一早，给校领导贴了第一张大字报，她们立即被隔离，被轮番地警告和拯救，如果她们坚持下去，就有滑入右派泥坑的危险。反对学校党组织，就是右派分子，这是从 1957 年反右运动开始的划界。团中央派来的工作组，代表的是党中央，支持刘进等的革命行动，她们随即成为工作组的依靠力量，学生骨干，自动回归正统。而当初支持她们的一些同学，两周后就与她们分道扬镳，又投入反对工作组的斗争中，成为新一轮右派学生。

其实，胡启立在 1966 年 6 月 8 日的一次报告中，已经有言在先。他说，工作组属于新市委领导，中学工作组是由团中央派下来的。团中央干部属新市委中学工作组，工作要向新市委汇报。如有缺点，可提出批评，但工作组的布置、制度、决定要执行。

校领导执行的是旧北京市委反革命修正主义集团的路线、方针、政策，而团中央派出的工作组执行的是新北京市委的路线、方针和政策。所以，反对校领导是革命行动，反对工作组就是危险的右派行为。

批斗卞校长大会后，李黎黎、梁二同等学生还去广播电台告工作组的状，她们送去揭发材料，要求反映给党中央毛主席，要求康生、江青、王光美接见。她们的材料，转到团中央书记胡克实手里，胡克实转交胡启立处理。胡启立了解到，反对工作组的学生虽然基本上都是革命干部子女，但也有例外，譬如李黎黎的父亲在反右倾中自杀，高滨滨是高岗之女、俞慧声是前北京市副市长范瑾之女、杨团是前北京市委常委、中科院哲学社会科学部领导杨述之女。黑帮子女混入其中，他觉得问题很严重。必须对反工作组的学生认真过细地做工作，整体上去分化瓦解，团结教育大多数，孤立极少数。

胡启立亲自组织反击，部署左派力量分头出击。毕竟，大多数人都站在当权者一边。工作组几位干部每天分别找反工作组的学生谈心，以关心、爱护的态度，启发他们具体谈一谈写大字报的过程。如果是革命干部或者军队干部子女，就通过组织找家长，让家长做女儿的工作。他们认为带头的学生，主要是高三年级的梁二同、李黎黎、王南芬三位，分化的结果，就是把她们三人孤立起来。

四个月后，工作组早已撤走，“星火燎原”联队编的“大事记”还用这样的文字记载着，“经过十多天的威逼利诱、分化瓦解，反工作组的许多同学都被迫放弃原来的观点。”

虽然大家都认为工作组袒护校领导，把运动搞得冷冷清清，但是背景却有很大不同。首先是高三（4）班 13 位干部子女集体认错，她们反对工作组，完全出于共同的认识，与外界无关，也不曾受到海淀区中学的影响。

梁二同等，因为背后有军界支持，她们更加坚定，不怕被孤立，觉得很光荣。她们对工作组的劝告置若罔闻，干脆就不到学校了，把更多的时间用在自己干革命，经常聚在一起讨论形势，或者去海淀区清华附中、北大附中等中学活动、交流。7 月初，受北大附中红旗战斗小组的影响，她们成立了女附中最早的学生组织“红旗”。清华附中卜大华记得，在 7 月 23 日军训前，女附中“红旗”去过他们学校多次。

有两个反工作组的高一学生，常去清华大学看大字报，那里反对工作组的声浪很高。她们去找蒯大富，他表示支持她们的革命行动。后来，蒯大富还给她们写了信，信上要她们“踢开工作组，自己闹革命”。1967 届清华大学工程化学系学生蒯大富，因率先炮轰工作组，号召“夺权”而被驻清华大学工作组定为“假左派、真右派”。身处逆境的蒯大富，志存胸内跃红日，乐在天涯战恶风。他在信中激昂慷慨地说：

什么是真正的革命左派？真正的革命左派应该是把世界利益放在第一位，心里始终想着正在战斗、正在流血、正在受苦的世界上三分之二的人民，始终想着中国人民，想着党中央、毛主席，他不怕天，不怕地，个人生死置之度外，他们以毛泽东思想为最高指示，他们最懂得策略，善于团结群众。这样的人才是真正的革命左派。

革命左派的主要任务是什么？毛主席教导我们，革命的主要任务是夺权斗争。所以，真正的革命左派，脑子里想的是夺权，但绝不是搞个人野心，当“大官”。你们学校的权在学校领导手里，你们和他们斗，把他们冲垮了，今天，工作组接管了你们的全部权利。那么，每个真正的革命者都应考虑，工作组能不能代表我们，能不能执行党中央、毛主席的指示。如果代表我们，则我们热烈地拥护，如果不代表我们，必须再夺权。这是头等重要的大事，且不能等闲视之，糊里糊涂。

工作组是否可侵犯？工作组是帮助搞文化大革命的，如果他坚决执行中央精神，以毛泽东思想为最高指示，处处为革命群众撑腰，处处打击黑帮分子、保皇派的气焰，放手发动群众，放手让群众写大字报，这样的工作组就该拥护。反之，工作组像小脚女人，不敢放手发动群众，处处压制放，不为左派撑腰，反长右派气焰，这种工作组不能领导，应该赶走。“无限信赖工作组”的口号是反动的，“不许贴工作组的大字报”是反动的。毛泽东思想，具体的，毛主席的书、《人民日报》最近期社论，是我们文化大革命的唯一的最高指示。符合这个，我们就照办。违反这个，我们就反。根本违反，我们就要斗。不管他是什么人，不管他是哪个人派来的工作组，一定要和他们斗。把他们斗臭、斗垮、斗烂，再赶走！

蒯大富大义凛然地说：党中央和毛主席为我们撑腰，我们还有什么可怕的呢？大不了豁出一条命。

老蒯还对“保皇派”的本质做了概括：打着红旗反红旗，压和拉相结合，分化瓦解左派力量。具体来说有五条大棒：1.“放”，实际上压制左派放。2.反动右派学阀过分强调政策，准备细致，主张合二而一，改良主义。3.先立后破。4.纯学术讨论(回避要害问题，引向枝节问题)。5.真理面前人人平等，错误言论人人有份，混战一场，抓住左派不放。

胡启立闻讯亲自到其中一个学生家，说服家长动员孩子交出蒯大富的亲笔信。后来那个学生把蒯大富写的信拿给工作组看，天真地说晚饭后一定要把信再还给她。得到这封信后，工作组认为揪出了幕后的反动分子，立即抄送胡启立和胡克实，胡启立奉命亲自把信送交邓小平办公室。胡克实说：“你们工作组没有组织批判反工作组的同学，而是通过政治工作让他们起义，这是平津战役中的北京打法，经验值得好好总结。”

左派和右派，是我们这一代人刚刚懂事就知道其含义的两个名词。左就是好，右就是坏。文革让它们的内涵外延充分扩张，今天是右派，明天也许就是左派。反之也一样。到了当下，左派和右派的概念，再次发生了根本性的颠覆。

左派，还是右派？永远是个纠结的问题。

2014年4月15日

邓小平的“文革”

题记：邓小平反问：“如果这次运动把共产党、共青团都打垮，那是胜利吗？”

自从工作组一个月前进驻师大女附中以来，中共中央总书记邓小平一直通过小女儿邓榕和工作组保持沟通，对学校的运动进展了然于心，不过，他仍旧需要当面和他们谈谈。

1966 年 7 月 5 日上午 10 点左右，一辆团中央的小车开进中南海，车里坐着胡启立、张世栋和学生代表刘进、宋彬彬。后两人是邓小平点名邀请的，他虽然不认识她们，可是和她们的父亲很熟。解放初期，邓小平主持西南局工作时，刘进的父亲刘仰峤是西南局副秘书长（秘书长空缺），宋彬彬的父亲宋任穷是云南省委书记。

到邓家当面汇报工作，让张世栋真有点紧张，因为那是他第一次见到地位这么高的中央领导同志。好在有上级胡启立同行，他若有遗漏，胡可以兜底。当时室内只有 6 个人，邓小平卓琳夫妇和 4 位客人。卓琳给大家倒水让座，一一自我介绍。

刘进记得，那天邓小平一听介绍，就对她说：“刘仰峤是个好同志。”她心头一热都不知说什么了。6 月初高教部部长蒋南翔停职后，由她的父亲主持工作，仅仅一周后的 6 月 15 日，父亲也成为黑帮被停职。学校和家只一路之隔，可工作组来后，刘进跟着他们天天忙得团团转，根本不回家。有一天，有个同学告诉她，你爸爸出问题了，赶快回去看看吧。她回家一看，高教部大院小院里铺天盖地都是打倒刘仰峤的大字报，她大吃一惊，不明白父亲怎么转眼成了黑帮。几个认识她的造反派立即揪住她，要她当即表态。她说，我相信组织，父亲的问题由组织审查、做结论，他是他，我是我，我还要革命呢。现在，邓小平都说父亲是好人了，刘进怎能不激动？胡启立、张世栋是怎样开始汇报的，她都没有听进去。

汇报由张世栋为主，胡启立补充。邓小平详细询问了工作组在校开展工作的情况，张世栋一一作答。当他讲到在批卞仲耘的会上，有一个人（袁淑娥）上台控诉了很长时间时，邓小平问："这是什么人？"张说："她不是学校的人，她是过去在疗养时认识卞仲耘的。她的控诉很有煽动性，当时就引起同学们很大的愤怒。"邓小平听后说："这是个坏人。"

听完汇报，邓小平讲了三条，第一条是不允许在学生中成立党团以外的组织。那会儿海淀区中学已经有了红卫兵这种学生组织，处于地下状态。邓强调一定要由党、团组织来取代类似红卫兵这样的非法学生组织，要把学校里学习好、思想好，有威望和组织能力强的学生，吸引到团委或学生会里面，让他们（非法学生组织）没有领头人，没有市场，他们就闹不起来。第二条是要尽快恢复党组织的正常工作，要依靠学校的党组织，不能离开党组织。第三条讲的是女附中的教师情况，说老师是有真本事的，要尽快解放他们，让他们出来工作。还说到王明夏、张玉寿（均为特级数学教员）这些老师非常优秀。

2006 年 2 月，刘进和宋彬彬家访张世栋时，张说："胡启立做了这次谈话的记录。我的注意力都放在如何回答小平同志的问题上了，没有做记录。当时我看你们两个人一点也不紧张，两人还说话，我想这两个孩子还真随便。"

网上流传着一份内容翔实的《邓小平 7 月 5 日接见讲话》，如果属实，出处应该只有一个，就是胡启立。胡启立在 1967 年初的大字报《邓小平是镇压师大女附中革命学生的黑司令》里，"揭发"了邓的部分谈话内容：

7 月 5 日，邓亲自找了我和工作组长张世栋同志及两位学生代表到中南海开会。他又一次当面指示组织辩论会。当时，一位同学代表说反对工作组的人都不愿意参加辩论了，怎么办？邓竟指示说："她们不来，缺席辩论也可以嘛！"邓又问：多少人反对工作组？同学答：

还有二十来人。邓问：你们全校多少人？答：一千六百多人。邓说：一千六百多人对二十人没关系嘛！

请看，这个资产阶级反动路线的提出者的丑恶面目。邓小平是以什么标准来判断真理和是非的？革命小将打在工作组身上，疼在邓小平心里，邓是多么恶毒地决心把革命小将打下去。

强调恢复党团组织，妄图控制革命群众运动。邓小平谈话中几次强调要把党、团组织恢复起来。他不是要在毛泽东思想、革命造反精神的旗帜下恢复，而是要恢复到彭真黑帮控制下的党、团组织的老样子。恢复党团组织是假，妄图控制革命群众，纳入资产阶级反动路线是真。

邓小平唯恐他的资产阶级反动路线控制下的党团组织被冲垮，竟恶毒地说："如果这次运动把共产党、共青团都打垮，那是胜利吗？"这是邓小平这个资产阶级代表人物射向中央文革小组和直接射向我们最最敬爱的伟大领袖毛主席的一支毒箭。

邓榕在 1967 年 4 月写了一张大字报《彻底清算邓小平在无产阶级文化大革命中的滔天罪行》，也"揭发"了她的父亲——

6 月 1 日，毛主席亲自指示发表了第一张马列主义的大字报，我校的运动就轰轰烈烈地起来了，那时，群众都起来了，形势大好。这时，我们因为对运动中一些问题不知怎么办，就去找邓小平，当时，我们要求派工作队，邓小平告诉我们工作队不久就要派下去了，并让卓琳打电话给李雪峰（是其秘书），让他们商量一下怎么办。不久，邓小平派的中学第一个工作组进驻我校，工作组到了我校后，把轰轰烈烈的群众运动镇压了下去。

运动开始不久，邓小平特地把我叫回家，对我说："你们一定要相信工作队，一定要听工作队的话，现在你们和工作队的意见一致，你们当然听，以后你们的意见和工作队的意见不一致的时候，你们也要听。"我们当时对邓小平是非常信任的，我把这些黑指示告诉了革委会的同学，使得他们也在这种思想控制下，死保工作组。后来当一些革命同学起来造工作组的反时，我们就本着"一定要相信工作队"

这一黑指示，打击群众，把反工作队的人说成是野心家……。

他原想叫秘书来搞一次，后大概又觉得自己找工作组更好些，后来他亲自找了一次工作队，这样更便于他控制工作组，控制运动。在谈话中，他大力支持学生斗学生，他也曾对我说过开两次辩论会不算转移目标，不算学生斗学生。邓的黑指示起了关键性的作用，他坚定了工作组斗同学的决心，也控制了群众。

邓一方面布置了我校的斗争会，另一方面他叫秘书打电话给刘志坚，意思是让他专整那些同学的家长，给他们施加多方面的压力，企图使他们投降。

邓小平极端仇视和害怕文化大革命，他想用恢复党团活动来控制运动，使文化大革命夭折。在邓小平的黑指示下，我校工作组匆匆恢复了党团队活动，组成了临时党委、临时团委，临时大队委员会。从此我校运动便变得更加冷冷清清了。

看着上述“揭发”，不禁心生寒气。那是一个什么时代？为了紧跟毛主席干革命，人人都是翻脸不认人，时刻准备着！

刘进记得，张世栋汇报 17 日、25 日两次学生贴大字报反工作组的情况时，邓说应该组织辩论。“我和宋彬彬很不解，说同学们对这个已经不感兴趣了，反正那些同学也不常来学校，待在学校的都是拥护工作组的学生。邓说辩论是有意义的，可以让大家懂得道理，受到教育，缺席辩论也可以。邓还讲了在学生中间是分左、中、右的，运动后期都要排队。”

宋彬彬记得，邓小平还说了一条，对于学校的走资派批一两个就可以了，不要牵扯的面太广，要不然欠下的债太多，我们还不起。由于张世栋他们汇报了卞仲耘、胡志涛等有些什么问题，所以他就说一、两个为首的批一批就可以了，其他的就不要再批了。他还说老师们都是好的，哪里有那么多修正主义呀？若有那么多，我们十七年的人才是如何培养出来的？！毛主席的女儿不也是女附中培养的嘛！难道都是坏老师教的？

宋彬彬原来听说文化大革命半年就要结束，听了邓的讲话觉得他想尽快结束。

邓小平的“文革”理念，具体到女附中代表的北京中学，即：运动要在党的领导下自上而下进行。尽快恢复党团组织的正常工作。对于学校的走资派批一两个就可以，不要牵扯的面太广。老师们都是好的，要尽早解放她们，属于“资产阶级世界观”的，只是教育问题。禁止成立红卫兵一类非法学生组织，要说服教育反对工作组的学生，对极个别“右派”学生运动后期做处理。

邓小平怎么能想到，毛主席的“文革”很快就要把他打翻在地，开始他跌宕起伏的后半生？

2014 年 4 月 22 日

反夺权，学生斗学生

题记：在反夺权斗争中，各班都有被整的同学，我们成为这个夏天里，女附中的第一批“贱民”。

7 月 5 日下午，工作组召开全校大会，遵照邓小平上午的指示，动员和部署“在师生中开展要不要争夺工作组的领导权”的大辩论。

高二(2)班罗治的笔记详细记录了工作组长张世栋的动员讲话：

为什么要开展这场大辩论？我校存在着和工作组争夺领导权的矛盾和斗争；这个矛盾和斗争是社会上阶级斗争在我校的反映。这个矛盾和斗争不解决，我们的运动就不能很好地开展。我校工作组有缺点，大家批评，我们热烈欢迎。但我校有些同学已经超出提意见的范围了。他们把和我们的矛盾说成是敌我矛盾，是资产阶级保皇派和无产阶级革命派的斗争，把和卞仲耘的斗争说成是大阴谋，把我们运动计划说成是反毛泽东思想的，甚至有人说：反党我也要干到底。由此看来，这些已经超出提意见的范畴，因此有必要进行一场大辩论。我们为了帮助争取他们的转变，做了必要的等待，也做了各种工作，经过大家的帮助和她们自己的学习，已经有些同学转变了，做了检查。但仍然有少数同学坚持自己的意见。工作组是不是革命的，要不要赶，是不是敌我矛盾，这些都要辩论。对她们我们要做工作。应该指出，她们过去帮了敌人的忙，犯了立场性的错误。辩论的目的就是要帮助她们转变过来，和大家团结起来，共同对敌。她们应该赶快悬崖勒马。我校这种矛盾不是孤立的，是和社会上的阶级斗争有联系的。

他还讲了大辩论的目的是弄清是非，教育群众，加强团结，巩固领导——

有的同学以为辩论是要开斗争会，要把有些同学打成反革命，我在这里郑重宣布，不是要开斗争会，不是要把同学打成反革命。辩论的宗旨是增强团结，李黎黎、王南芬、梁二同她们有问题，但和我们还是人民内部矛盾，对她们要团结——批评——团结，对其他人更要这样。到现在为止，李黎黎表示要检查错误，只要你好好检查，揭发有关人的问题，这样你就是好同学，希望你见诸行动。现在王南芬也表示自己有错，我们表示欢迎，也希望你见诸行动。对你们来讲，就是检查错误，改正错误。我们主要看你的行动。到现在为止，拒绝参加辩论，没有一点表示检查的只有梁二同一人。我们希望你接受党的教育，转变过来。因此，我们重点的重点是梁二同，对梁我们希望她检查改错，对她也是从团结的愿望出发的。要做到"不戴帽子，不要打人、骂人，不要侮辱人，不要围攻。希望她参加辩论，但参加不参加，由她决定。"

辩论会的安排，先讨论她们的大字报，然后就可以写大字报反击。具体讨论：（1）问题是由谁引起的？（2）她们的矛头指向谁？（3）梁二同等人是不是偶然孤立的？（4）工作组是保皇派还是革命派？应不应该夺工作组的权？

辩论对象高三 4 班李黎黎（代表 13 个同班同学）、高三 1 班王南芬（代表 9 个不同班级的高中生）、高三 3 班梁二同（代表 18 个高中生）。7 月 6 日，在工作组的布置下，校园内贴满了全校师生批判、指责梁二同三人的大字报。7—9 日三个半天开辩论会，约 80 人现场参加，全校则以听广播为主。

三人中，唯梁二同不到学校，拒绝参加辩论。据高三年级一位校友回忆，梁二同在空军大院因反工作组而赫赫有名。她反工作组的行为在空军大院发生争论，空军机关分为两派，内部一开会就说到师大女附中反工作组的这件事，这些中层的，并非最高级别的干部开会，居然讨论该不该支持她。邓榕在大字报里也提到，父亲邓小平听到梁二同坚决反工作组时，曾经要秘书打电话让刘志坚（时任总政治部副主任）转告军界有关领导，不要插手女附中的运动。梁二同是我们姐姐班的同学，她给我的印象朴素、低调，总穿着褪色的旧军装。她的气场很大，由她发起组建的毛泽东主义红卫兵吸引了很多同学参加，一直坚持到 1967 年夏天，还在我的日记里出现过，那时，一哄而起的师大女附中“红卫兵”却早已烟消云散。

人的记忆虽不可靠，却常常以画面出现。我记得有一次从高三（3）班教室门前经过，恰巧看见一群同学面朝里围在一起，叽叽喳喳地指责着谁。我也挤进去看热闹，发现被围在中间的是范锐，她是梁二同团队里为数极少的非干部子弟，因“白专”被讥为想做居里夫人。范锐坐在中间的椅子上，白皙的脸涨得通红，头发被汗水黏在前额，目光冷傲，说话口气毫不示弱。坚持以强硬态度对抗工作组的梁二同可以不来，但是范锐没有梁二同的“资本”，她躲不开“大辩论”。

受到围攻最严重的当数李黎黎，6 月 17 日以高三（4）班 13 人为主的第一波反对工作组的大字报第一个签名者。她们 13 人最终都承认了错误，回到“正轨”上来，但是李黎黎被彻底压垮了。我至今还记得她的娃娃脸和娇小身材。辩论会后不久，她成为哭笑无常的精神分裂症患者，两年后大病初愈的李黎黎下乡到北大荒农场，又确诊患上红斑狼疮。1969 年夏，她回京探亲，返回农场的次日因服药过量，不幸去世，年仅 22 岁。写这些字的时候，李黎黎仿佛就坐在我的桌旁，她会感觉到我的心痛吗？

王南芬曾经是学校学生会主席，学生党员，有很高威信。我那时虽不认识她，却一直敬仰她具有的学生领袖范儿。我也记得王南芬只身战群雄的场面。我没有机会和王南芬谈起往事，但是我懂得，只有经历过，才知道成为众矢之的的滋味；只有被伤害，才知道那个伤疤一触就会流血，不管时光流逝了多少年。

三天辩论过后，召开了总结大会。当时有清华大学同学来作报告，说蒯大富是“假左派、真右派”，是“反革命”。工作组一位副组长讲话，说我校反工作组的幕后人物是“反革命分子”蒯大富。张世栋做总结，认为“辩论会”是成功的，达到了“预期的目的”。辩论壮大、教育了左派队伍，进一步巩固了党在女附中的领导。与此同时，恢复党团组织。成立新的党总支和临时团委。7 月 12 日，由学生代表会主席刘进宣布成立革命委员会。刘进在讲话中强调：革委会要把学习毛著当作第一件大事，最大的政治。我们要怀着对毛主席的无限热爱，对毛泽东思想的无限崇拜、无限敬仰来学习、宣传、运用。在斗争中活学活用毛泽东思想，团结绝大多数，向一切牛鬼蛇神开火。她还就学毛选问题做了具体安排。每天 8—9 点进行“毛泽东思想万万岁”的广播，9—12 点学毛选，9—11 点自学，11—12 点可以相互交流，等等。

革命委员会设委员 15 人，其中初中生 3 人，高中生 9 人，教师 2 人，职工 1 人。反工作组的教师组织“星火燎原”联队当年十月张贴的《大事记》对“革委会”表示了不屑，称：工作组违背巴黎公社的选举原则，而是一切包办代替。匆匆恢复基层党组织，以便进一步推行资产阶级反动路线，镇压群众运动。

接着，各班级也展开“反夺权”的斗争，并让老师回到各班级参加运动。

这时，我所在的班发生了一件事。L 同学要“火线入团”了（我在《谁主沉浮》中写道，我班核心小组“5 个人有四个是团员，唯一一个非团员 L 也有过硬之处，她的伯父是开国上将，一个月后她‘火线’入了团。”我想她应该是核心小组里的二号人物吧），以前不同意她入团的干部子女们，鉴于她运动中的积极表现，现在必须热情欢迎她入团。我所在的小组有两个团员，一个是干部子女，另一个出身平民。她俩说，L 要火线入团了。我们几个都觉得运动开始没几天，平时入不了团，现在凭什么就能入团？颇不以为然。我说，不同意就别举手呗。我班干部子女文革前基本都已发展入团，L 却被挡在外面，现在要火线入团，这是莫大的光荣和骄傲。我对她的不敬传到她的耳朵里，惹恼了她。

七月中旬，我们班也像别的班一样，落实邓的指示精神，抓了“夺权分子”，就是我。说实话，年深日久，我对当时发生的事情早已释怀、淡忘，也不记恨任何同学。之所以要说出来，只是为了告诉后人，文革的荒唐，让鸡毛蒜皮也能变成投枪和匕首。

1967 年初解放军进驻学校后，首先开展了“批判资产阶级反动路线”的活动，我在一篇日记里回忆了几个月前的事情，如下：

7 月 14 日，我还高高兴兴的，到了 7 月 15 日就一下子翻了个，掉入地狱里去了。我们战斗组当时是 6 个人，对核心小组挺不满的，觉得她们高高在上，尽是老虎屁股摸不得的人。还没斗我之前，核心小组就有人告诉我们小组的一个同学，说我们发展下去是危险的，要夺权。7 月 14 日，在如何对待班主任的问题我们和核心小组的主要负责人发生了分歧，我们就学毛主席那段语录："共产党员对待落后人们的态度，不是轻视他们，看不起他们，而是亲近他们，团结她们，说服他们，鼓励他们前进。"她们就特强调斗争，当时一个同学就叉着腰（L 同学）气哼哼地说："毛主席说的，就是应该团结、斗争、团结！"毛主席所说的斗争，才不是把××斗一通让他低头认罪、教课怎么放毒等等。后来她们又批判温情主义，当时核心组给我们一种无形的压力，联想到以前提意见的情况，我就觉得干部要整同学，而且干部和同学之间有很大的矛盾，后来我就说了。

于是，7 月 15 日午饭前，核心小组 A 同学走到讲台前，先念了毛主席语录，我至今还记得那句话：在背后击一猛掌！然后她宣布，下午我们要给冯敬兰开一个会，你已经到了悬崖边，非常危险了！我们的目的就是拯救你。

下午的会大约开了两个钟头，我被揭发的严重问题有三，一是说核心小组不是选出来的，是自封的；二是对核心小组 L 同学火线入团，鼓动团员不举手；三是平时我还说过某个干部子弟娇气、劳动不出力。这些被上纲到要夺权，仇视干部子弟，仇视党的阶级路线。余下的揭发全是鸡毛蒜皮。一个同学站起来表示现在才认清我的丑恶嘴脸，很痛心。一个同学很胆小，站起来迟疑了一下，说我偷看《参考消息》。还有的揭发我特别想看《红楼梦》；说过小说《艳阳天》里地主马小辫、富农六指马斋、富裕中农弯弯绕、马大炮写得最好。有个同学鄙夷地说，沙柯莱（语文老师）就喜欢她这样的人（因为老师有历史问题，被坏人看重，故证明我也不是好东西）！说话尖酸刻薄，清高孤傲，你有什么了不起？等等。L 同学仿佛受到我的迫害已久，几次愤怒地跳到我面前，粉面含威，叉腰指斥，将揭批推向高潮。我心里不服，觉得是小 L 泄私愤，可是任你有 10 张嘴，又能奈何？还得低眉顺眼地忍受她。

我们真是冤家对头啊！从初一开始，我俩就在一个小组，L 时常找碴欺负我，我也不喜欢她，一是看不上她老撒娇，二是反感她总把“我伯伯（读 bai）”挂在嘴上。有一次劳动课，我俩抬一付筐，她说，你知道我为什么恨你吗？我小学特恨我们班一个女生，因为你长得特像她，所以我第一次看见你，就恨你了。当时她的坦诚感动了我，觉得她也挺可爱的。没想到以后还是老样子，她照旧恨我，眼神话语照旧不友善。忆苦思甜课后，她会指着我鼻子质问，你为什么不哭？我的作文《驳突尼斯总统布尔吉巴的反华言论》被老师在课堂上当范文讲解后，一下课她就跳到我眼前，扬着下巴眨着眼睛说：“好哇！你敢称毛主席同志？你算老几？！”类似的事情防不胜防，我特别怵她。文革开始后，她作为上将的侄女，地位陡升，耍笑我更是小菜。因为我又高又瘦，她在班会上说：“瞧你那德行，两条大长腿，偷越国境倒容易，长腿一撩，就迈过了界桩！”1967 年初军训开始，她还不改对我的歧视。有一阵只要她看见我，四周又没人，就会小声叫我：“小偷！小偷！”我偷你什么了？她说，军毯，你还我军毯！虽然我已经不怕她了，但是让同学们知道了也是说不清的事情，我只对好友小六说过。过了一阵，小六告诉我，L 的姐姐去外地串联拿走了她的军毯，给她送回来了。到此为止，我顶替 L 最恨的小学同学，忍受她的欺负才告结束。

从那天以后，我就被孤立了。平时要好的同学，眼睛不会和我对视，几个人正在说笑，我一出现，立即冷场。只有平时和我要好的同学小六，悄悄对我说：“你也不用背包袱，自己是什么人自己最清楚。”小六，你不知这句话给了我多少温暖，让我记忆至今！

又过了几天，有人叫我去楼梯旁的一间小库房去，一进门就看见她们坐在一圈课桌上，正等着我呢。我被围在中间，你一言我一语又挨了一顿训斥，大意是说我们明天就要去军训了，你别以为没人管你了，你的一言一行我们都知道。

哦，她们要去军训了！我心里有一种解放了的窃喜。7月23日，大队伍开拔去了河北南部的邢台，听说要去军训一个月。我和二三十个同学坐卡车去了郊区农村。原来，我并不孤立。在反夺权斗争中，各班都有被整的同学，我们成为这个夏天里，女附中的第一批“贱民”。

邓榕对她17岁那年春天给父亲邓小平贴大字报的行为，或许会追悔一生。不过，大字报说出了邓小平的“文革”，就是反右运动的延续。大字报提到，邓小平说：要不断地分类排队，划分左中右等等，目的就是要“选准打击目标。”这个目标就是革命群众，她做大队工作的时候，忠实地执行了这些指示。在初一、初二各班中，让各班辅导员首先分类排队，划分左中右，实际上就是排“黑名单”，找出依靠对象和打击对象。有的班共分七八类之多，开几次辅导员会也都说各班谁是左派，谁是右派……。当时，一些班里的领导小组成员出身不怎么好，由于受反动血统论之毒害，邓榕说自己满脑子都是唯出身论，想的是“夺权”，在排黑名单之后，就大搞夺权斗争，想把各班都换上自己信任的人，发现家庭有问题就改选。为了开一个改选会，商量半天，估计各种情况。恶毒地是先把一些同学在班上搞臭，激起民愤，然后再改选、换掉，各班都换上了自己信任的人，大大打击了广大革命群众的革命积极性，被打击的群众抬不起头，丧失进步的信心，觉得没出路，由于沉重的精神枷锁，广大群众只好俯首听令，奴隶主义十分严重。邓榕承认这一阵夺权活动，扼杀了革命群众的革命积极性，是在为资产阶级反动路线大夺权，为更深一步推行刘邓路线提供了良好的条件，以及给后来的对联辩论提供了思想基础。同一时期高年级的学生斗学生也是由于忠实执行了邓小平的黑指示的原因。在这里她向反动路线的受害者赔礼道歉。很多事情不能怪各班辅导员，责任主要应由她负。

邓榕详细写了她如何遵照父亲的指示，整治同学的经过，并致以真诚的道歉。邓榕的道歉，应该是高干子弟为文革中的激烈伤害行为，最早的道歉吧！

2014年4月15日

附：

邓榕对邓小平的揭发

邓小平一手操纵了我校的文化大革命，他通过我给工作组一些黑指示，并控制了我的思想，使我犯了严重的错误。

6月1日，毛主席亲自指示发表了第一张马列主义的大字报，我校的运动就轰轰烈烈地起来了，那时，群众都起来了，形势大好。这时，我们因为对运动中一些问题不知怎么办，就去找邓小平，当时，我们要求派工作队，邓小平告诉我们工作队不久就要派下去了，并让卓琳打电话给李雪峰（或者是其秘书），让他们商量一下怎么办。不久，邓小平派的中学第一个工作组进驻我校，工作组到了我校后，把轰轰烈烈的群众运动镇压了下去。

运动开始不久，邓小平特地把我叫回家，对我说："你们一定要相信工作队，一定要听工作队的话，现在你们和工作队的意见一致，你们当然听，以后你们的意见和工作队的意见不一致的时候，你们也要听。"我们当时对邓小平是非常信任的，我把这些黑指示告诉了革委会的同学，使得他们也在这种思想控制下，死保工作组。后来当一些革命同学起来造工作组的反时，我们就本着"一定要相信工作队"这一黑指示，打击群众，把反工作队的人说成是野心家……。以后，运动的大方向变了，矛头转向了革命群众，在学校里不仅把反工作队的同学斗了，而且把一些出身不好的同学也拉出来斗争。邓小平通过我们之手，实现了他镇压群众保护牛鬼蛇神的恶毒计划。我是邓小平的女儿，所以对他的指示更是积极执行，由于非常听他们的话，所以对同学斗同学更加积极。毛主席说："……如果把同志当成敌人来对待，就是使自己站在敌人的立场上去了。"我正是这样，我做这些事的根本原因就是因为我的立场错了，我不是站在毛主席的革命路线一边，而是站在资产阶级反动路线一边，站在邓小平一边。

邓小平积极支持我校的同学斗同学，因为他是党内最大的走资本主义道路的当权派，所以他害怕革命群众起来夺他的权，他为了更好地推行其反动路线，借口要了解情况，解剖一只麻雀为名，把我校当成了他的试验田。他原想叫秘书来搞一次，后大概又觉得自己找工作组更好些，所见他亲自找了一次工作队，这样更便于他控制工作组，控制运动。在谈话中，他大力支持学生斗学生，他也曾对我说过开两次辩论会不算转移目标，不算学生斗学生。邓的黑指示起了关键性的作用，他坚定了工作组斗同学的决心，也控制了群众。那次谈话后的一切行动都是围绕斗群众。有一天晚上，胡启立把革委会的人都找了去，发了许多黑指示，并确定了斗同学计划：暂停斗同学，转向斗黑帮，肯定革命群众还会贴工作组的大字报，那就有借口再转回矛头斗同学了。胡启立的理由是："我们斗黑帮，你们他妈的在后面开黑枪！"因此，后来连开几次斗争会。（这也是邓小平批准的）

邓一方面布置了我校的斗争会，另一方面他叫秘书打电话给刘志坚，意思是让他专整那些同学的家长，给他们施加多方面的压力，企图使他们投降。

邓小平极端仇视和害怕文化大革命，他想用恢复党团活动来控制运动，使文化大革命夭折。在邓小平的黑指示下，我校工作组恢复了党团队活动，组成了临时党委、临时团委，临时大队委员会。从此，我校运动便变得更加冷冷清清了。

邓小平多次和我说：要不断地分类排队，划分左中右等等，目的就是要"选准打击目标。"这个目标就是革命群众，这成了我的指导思想。在我做大队工作的时候，忠实地执行了这些指示。在初一、初二各班中，让各班辅导员首先分类排队，划分左中右，实际上就是排"黑名单"，找出依靠对象和打击对象。有的班共分七、八类之多，开几次辅导员会也都说各班谁是左派，谁是右派……。当时，一些班里的领导小组成员出身不怎么好，由于受反动血统论之毒害，我极端的唯出身论，满脑子想得都是"夺权"，在排黑名单之后，就大搞夺权斗争，想把各班都换上我们信任的人，热衷于调查家庭问题，今天你是领导小组的，明天一调查出你家有问题，就换掉。为了开一个改选会，商量半天，估计各种情况。恶毒地是先把一些同学在班上搞臭，激起民愤，然后再改选、换掉，完全是运动群众。这样做了一个时期，基本上各班都换上了我们信任的人，大大打击了广大革命群众的革命积极性，被打击的群众抬不起头，丧失进步的信心，觉得没出路，由于沉重的精神枷锁，广大群众只好俯首听令，奴隶主义十分严重。我们这一阵夺权活动，扼杀了革命群众的革命积极性，我们是在为资产阶级反动路线大夺权，为更深一步推行刘邓路线提供了良好的条件，以及给后来的对联辩论提供了思想基础。这同一时期，高年级的学生斗学生也是由于忠实执行了邓小平的黑指示的原因。在这里我向反动路线的受害者赔礼道歉。很多事情不能怪各班辅导员，责任主要应由我负。

在斗学生的同时，邓还多次指示要做教师工作，其目的是把矛头对向教师，这和斗同学是同一性质同一目的的。

运动以来，邓从未叫我要好好学习毛主席著作，因为他知道广大群众一旦被毛泽东思想武装起来，他的阴谋就包不住了。完全被他纳入资产阶级反动路线的我校运动，在这上面也是按照他的意愿发展的。原来，根本没有什么学习毛主席著作的时间，工作组自己也不学，革委会的同学也不学。后来才在广大群众的强烈要求下，制定了所谓一天两小时雷打不动的“天天读”，工作组员也才在同学们的批评下开始了“天天读”。可是，工作组借此把同学锁在校园内，不许乱说乱动，束缚了群众的手脚。我们对邓小平的指示百依百从，而对毛泽东思想则不学不用，这说明了我们的立场完全是站在资产阶级反动路线一边的，站到刘邓一边，干的事完全是违反毛泽东思想的。

运动以来，工作组在邓小平的控制下，把许多人打成了反革命，个人野心家，为了贯彻毛主席的革命路线，给这些人平反是完全必要的。要做到真正平反，必须依靠群众自己解放自己，打人民战争。现在还有许多同学由于受反动路线的迫害，不敢说话，我希望这些同学起来，造我的反，造资产阶级反动路线的反，我在前一阶段犯了严重的错误，但我相信我能在同志们的帮助下得到改正。对我的错误，我的认识是非常不够的，希望同志们给我提出严厉的批评，我一定跟毛主席干一辈子革命。

（新北大公社 02621 支队编《彻底清算邓小平在无产阶级文化大革命中的滔天罪行》，1967.4）

形势惊天逆转

题记：北京新市委在人民大会堂召开撤工作组的万人大会，女附中以刘进为首的、工作组依靠的“正统派”学生骨干参加了大会，其中也有邓榕。她们记得，毛主席一出来，掌声雷动。毛主席说工作组是消防队，压制了群众起来革命，派工作组是方向路线的错误。

连续三天的全校反夺权辩论会和各年级的反夺权斗争告一段落，学生中的左中右界限分明。

7 月 18 日，工作组根据上级指示，分别进行集训、军训的动员，除初中一二年级学生放暑假外，全校师生兵分三路，各司其职。少数骨干学生参加在马神庙小学对教师的集训，少数“有问题”不符合军训条件的学生去郊区农村劳动，大部分学生去邢台某部队接受军训。时间一个月。然后就准备新学年开学，正式复课。从工作组到老师学生，大家都以为文革即将结束了！

7 月 23 日，集训、军训、下乡劳动人员全部离校。因为小学已经放暑假，工作组遵照上级安排，借用了阜成门外白堆子的马神庙小学，作为女附中老师们的集训场所。张世栋在集训动员中，希望教师放下包袱，自觉革命，珍视机会，利用形势。他说，这一关如果过好的话，至少可以保几年、甚至保一辈子永不变质，革命到底。他的话后来被反工作组的老师组织（即后来的星火燎原战斗队）指控为“公然大反毛泽东思想，和毛主席唱反调”。

集训严格按照“四清”的做法，从校领导到普通教员，全部“上楼”，再分头自我检讨，逐一过关“下楼”。所谓“上楼”，即先定你是有问题的人，通过挨个检讨（即洗手洗澡）、过筛子（甄别），确认你是好人、比较好的人、有问题但是“人民内部矛盾”、黑帮，共分四类。过关解放，称“下楼”。出身好，历史单纯的年轻老师很快就下楼了。有历史问题、出身不好、资历长的老师，下楼肯定费点劲，最终也会过关。党的总书记邓小平已经说过，女附中的老师都是好的、有水平的，批一两个即可。最后卡住的，即四类干部，一定是党总支书记卞仲耘和主持日常工作的副校长胡志涛，这没有办法，运动就是要整她们。

四清运动是指 1963 年至 1966 年，中共中央在全国城乡开展的社会主义教育运动。运动的内容，一开始在农村中是“清工分，清账目，清仓库和清财物”，后期在城乡中表现为“清思想，清政治，清组织和清经济”。

胡志涛校长在文革后写的《“八五”祭》中概略写了集训的情况，“工作组把校领导和全体教职员弄到白堆子马神庙小学集中学习，不许回家。由学生代表主持会议，让每人准备‘洗澡、下楼’，实际是人人过关。”

卞仲耘校长在集训开始前，给工作组写信要求澄清两个问题，一是袁淑娥对她的造谣诬陷，二是关于“武装政变”的问题。她特别强调了袁淑娥破坏女附中运动的情况，她此前送给工作组、团中央的材料里已详尽写了，并请求调查处理，不知调查的结果如何？怎样处理？卞校长在信中悲愤地说：袁在我们宿舍区捏造谣言，继续发生影响：附近的孩子们见到我就按照袁的大字报上的话辱骂我是“反革命”“大右派”，骂、打我的孩子。袁布置邻居监视我家进出的活动。袁过去在我校大量散布谣言，在学生中影响很大。现在就要放假，希望工作组加以澄清。另外，她还希望能够有看大字报的自由。

1966 年 7 月 24 日，卞仲耘再次致信工作组，表示坚决拥护党中央和毛主席关于文化大革命的集训指示。“我一定按照报告中所说的去做。在党和革命师生的帮助下，不顾一切，投身到这一场文化大革命斗争中去。有什么错，就检查改正。有什么资产阶级、修正主义、封建主义思想，就批判，把它斗臭、斗倒。作一个永远听毛主席话跟毛主席走的好党员，决不半截革命。不论党和革命师生给我怎样揭发、批判、斗争，我都接受。”她希望工作队、党组织帮助她一把。

“我决不辜负党这些年来对我的教育和培养，不论在什么情况下，我是革命到底的。”

可是，谁都不知道，毛主席在 7 月 18 日从南方回到了北京，7 月 24 日决定撤工作组，一切都推倒重来。不仅各级领导干部丈二和尚摸不着头脑，就连国家主席刘少奇和党的总书记邓小平也自叹“老革命遇到了新问题”。邓小平从中央开会回来，告诉了家人撤工作组的事，说：“大学撤，我同意，中学我不同意。”据说邓榕在集训期间两次被母亲叫去谈话，邓榕也说过：“大学可撤工作组，中学不能，因大学是十八岁以上的，中学是十八岁以下的，还要辅导。”邓小平对中学即将“群龙无首”的严重后果忧心忡忡，可是伟大领袖并不在意，他及时发现了刘邓推行资产阶级反动路线，派工作组镇压革命和群众运动，极为震怒。真正的厮杀即将开始。

“星火燎原联队”[1] 当年十月张贴的《大事记》如此回溯：

7 月 26 日：我们伟大的舵手接见中央文革小组全体成员时，作出了“撤走工作组”的英明指示，指出全国的工作组几乎百分之九十以上犯了普遍的方向性路线性错误。是我们伟大的领袖毛主席又一次拨正了航向。

7 月 28 日：下午原定的洗手洗澡中止进行。晚上一部分师生进城到音乐堂开大会。会上中央文革小组参加，肯定北京四中的倡议（关于要不要保姆<工作组>问题），给广大革命师生以莫大鼓舞。在马神庙传出了北京四中革命委员会的倡议信，要点是：Δ 革命的路自己走，任何人不能包办代替，辩论革命师生要不要工作组。Δ 罢胡启立的官。Δ 军训、集训暂停，回校参加文化大革命。此时，有些同志冲出集训的“牢门”到北师大，大抄中央文革首长讲话。工作组在集训期间使教员同志不能及时看到报纸、不能及时听到广播、不能听到毛主席的声音的阴谋宣告破产。工作组不得不支持参加辩论会，但又提出文化大革命由工作组指定的革委会领导，工作组当参谋，企图幕

1　星火燎原联队是以星火燎原战斗队为主体、 与相同观点小组合并的老师造反派组织。

后指挥，贯彻没有工作组的工作组路线。

7 月 29 日：上午十一点从马神庙返校，集训的大阴谋彻底破产。

同一天，北京新市委在人民大会堂召开撤工作组的万人大会，女附中以刘进为首的、工作组依靠的“正统派”学生骨干参加了大会，其中也有邓榕。她们记得，毛主席一出来，掌声雷动。毛主席说工作组是消防队，压制了群众起来革命，派工作组是方向路线的错误。刘邓公开承认“老革命遇到了新问题”。

7 月 30 日下午，工作组召开全校大会（实际上只有参加集训的老师学生参加），先放了 7 月 29 日人大会堂领导讲话，接着宣读了中央关于撤销大专学校、中学工作组的决定，随后宣布，工作组撤出师大女附中。今后，学生要自己解放自己，自己起来干革命。从进驻到撤离，工作组工作了 50 多天，但是张世栋和主要成员为此却被批判了五个多月。

而在邢台军训的大队人马还蒙在鼓里。军训是突然结束的，为庆祝八一建军节开的联欢会临时改成了欢送会。军训期间受的是“正面教育”，班长关心学生，学生之间没有隔阂，没有人因为出身问题受歧视。军训中止，说走就走，同学们都很惊讶，有的人还哭了。军训原计划一个月，谁也没想到一个礼拜就撤了。

带队军训的工作组副组长王润芝也很惊讶，不知道发生了什么事。学生代表会副主席尹斐（高二（4）班学生）是学生的头儿，在回北京的火车上，她想不出北京到底发生了什么事，心里惴惴不安。军训的大队伍 8 月 1 日回到北京，没有车来接他们，王润芝率领着数百学生走回学校。一看校门口、校园里，到处贴着对联（老子英雄儿好汉 / 老子反动儿混蛋 / 基本如此），王老师完全懵了，满脸错愕的表情，给初三（3）班学生叶维丽留下了难忘印象，她记得大家是从永定门火车站走回学校的，到了学校一看，整个校园面目皆非。大字报主要是鼓吹对联的，“老子英雄儿好汉”，给人的冲击太大了。和工作组有关的大字报似乎并不多。一回到学校，就有人向我们宣布工作组撤销的消息，真把人给震懵了。

我属于那拨下乡劳动的“有问题”的学生。对于去了郊区哪个村，同去的有多少人，已经基本想不起来了。多年来脑子里只留存了一个场面。大概是到达村里的第一夜，我们集体睡在小学校的一间教室里。半夜我被惊醒，听到房顶上有脚步声，院子里也有人大声说话，屋里的灯明晃晃地亮着。睡在我旁边的同班同学小童正和衣靠墙坐着，似乎还没睡呢。我问发生什么事了？你干吗不睡觉？她一脸正气地说：我是负责监视你的。我觉得很好笑，你自以为高人一等呢，还监视我？看她冷冷的表情，我不怀疑她事先接受了监视我的任务。她们歧视小童，不让她军训又给不出理由，就以让她监视我为由，去乡下劳动。小童自己还真拿鸡毛当令箭了！我心里颇瞧不起小童，翻身不搭理她，继续睡觉。

小童来自单亲家庭，自幼和母亲相依为命，过着艰苦的生活。她聪明、善良，单纯，学习刻苦、上进心强、积极要求入团，当过学习班长和外语课代表，但有一样不好，就是一根筋，凡事咬死理，总爱弄明白“意义”。她自视甚高，却常遭同学耍笑，自己还不明白。有一次早晨轮到我做值日，我擦干净黑板，就顺手画了一副小童的漫画，小辫子梳的乱糟糟，衣服长的在里短的在外，裤腿吊着，斜背一个玻璃丝编的网兜，里面的书本、铅笔盒历历在目。这时她走进了教室，同学们哄堂大笑，只有她绷着小脸，径直走到座位上。当她看见黑板上的“自己”时也笑了。想到这件事，在此我要为恶作剧向小童道歉。文革初期她并没被斗争过，却同样遭到侮辱和践踏，但她自己好像总是不明白就里似的。对联出来后，她的课桌和我的一起被摆在教室后面的一个角落。她的家庭出身不是班里最不好，本人很激进又没挨斗，怎么老和我捆绑在一起呢？我悄声问她怎么啦？得到的是严厉的斥责：“我和你的本质不一样！”文革后，我曾经和她说起她的“革命”行为，她自己也觉得好笑。我在 20 年前写过长散文《同窗的你》（发表在《中国作家》杂志），写的就是小童的文革遭遇和她艰苦的少年时代，后来她一直是我的朋友。

我们“坏学生”下乡劳动比军训的大队人马早回来一天。学校里虽然看不见几个学生，却能感到不寻常的气氛。宿舍楼大门两旁贴的对联（老子英雄儿好汉 / 老子反动儿混蛋 / 横批：历来如此）特别醒目，看一眼就心跳半天。大字报以“自来红们站起来”“狗崽子不许乱说乱动”之类为多，也有零星批判工作组的。我是狗崽子吗？不，我坚决否认，可是内心的惶恐难以言说。在大食堂旁边的布告栏，新贴出的大字报十分夺目，红纸黑字，字写得很好，原来是毛泽东主义红卫兵的成立宣言，反工作组的梁二同那一派终于正式跻身学校的运动主流。我记得是两张红纸，关于加入条件，宣言郑重承诺：执行党的“有成分论、不唯成分、重在阶级表现”的阶级路线。这些字让我心头一热，她们不歧视“狗崽子”，的确是真正的左派。

我往家走的一路，心情都很紧张慌乱。

八月即将到来。我十六岁这一年的八月，将以狂热混乱、暴力血腥和恐怖惊悚留在我的终生记忆里。

2014 年 5 月 5 日

学生斗学生，再掀狂澜

题记：所有的学生，在对联面前，立即分成两个阶级，不论你是同意或是反对，没有第三种选择。自来红或自来黑，成为整人和挨整的唯一标签。

工作组走了。作为“镇压学生运动的消防队”，那些血气方刚的年轻人，一头雾水地被派到学校领导史无前例的文化大革命，又灰头土脸地突然撤出了校园。随后，他们的主要成员成为文革初期第二波被批斗的对象。

工作组驻校期间受压挨整的老师学生，从此可以获得解放了吧？不，只有反对工作组的学生从右派转身成为左派，扬眉吐气、挥斥方遒。更多人因对联的横空出世，将陷入新一轮伤害之中。老子英雄儿好汉 / 老子反动儿混蛋，成为一道鸿沟，划分出中国式的雅利安人和犹太人；成为一道魔咒，嫉妒心、报复心、虚荣心、虐待狂等等人性的毒素，将以革命的名义继续发酵。

校园里完全乱了套。军训的同学回来后，学校也没有人召集开个会或者广播一下，下一步到底怎么办。反正再也不用坐在教室里学习报纸社论、揭发校领导了。许多人都跑到大学看大字报去了，我因“有案在身”，格外小心，每天上午都去学校转一圈，看不到以往的热闹，班里也不见有什么动静。校园里大字报不多，记忆里有少量批判工作组的大字报，贴在宿舍楼前，长篇大论，四平八稳，字体工整，一看就是老师们写的，可是没人爱看，大家的兴奋中心是对联。关于诠释对联的大字报，有本校学生写的，也有从外校抄来的，譬如最早成立的红卫兵组织、北大附中红旗战斗小组的名篇《自来红们站起来》，开篇就是“我们是顶天立地的革命后代，我们是天生的造反者，我们到这个世界上来就是为了造资产阶级的反，接无产阶级的革命大旗。老子拿下了政权，儿子就要接过来，这叫一代一代往下传。”铿锵有力，掷地有声。“对联”不仅贴在校园里各种建筑的门楣上，也登堂入室。“老子英雄儿好汉”“老子反动儿混蛋”，横批由原版“基本如此”迅速变成“历来如此”“就是如此”“完全如此”“永远如此”等等。所有的学生，在对联面前，立即分成两个阶级，不论你是同意或是反对，没有第三种选择。自来红或自来黑，成为整人和挨整的唯一标签。

教师组织“星火燎原联队”的《大事记》简单描述了 8 月 1 日的校园。“在极少数坚持资产阶级反动路线的人别有用心的煽动下，今天校内贴出了‘老子英雄儿好汉　老子反动儿混蛋’的反动对联，宣扬剥削阶级的反动血统论与无产阶级革命路线相对抗。随之，校内‘混蛋’‘狗崽子’骂声不绝，一些出身不好的同学受到极大的压力。造成群众间的分裂和严重对立。”这段文字用的是 8 月 1 日当天的口气，从认识上看显然是后来补写的。

高年级学生以辩论对联为借口在班里公开羞辱“黑五类”的集体活动，基本上没有。我询问了不同年级的一些高中校友，她们都否认自己班里在 8 月初的几天斗争了同学。我猜想主要的原因是高中各班在工作组期间，已经整过反工作组的同学，班集体或干部子弟早已分裂成两派。次要的原因是高中生稍微年长，“红五类”多少还保持着高傲和克制。例外的原因是高二高三有的班干部子弟数量少，不成气候。（女附中招收的干部子弟以初一、初二、高一的数量最多，说明 1964 年以后，招生政策是有倾斜的。）尽管没有集中斗争“黑五类”，不过肃杀的气氛、歧视的目光、有针对性的羞辱并不见得少。只有受到伤害的人知道什么叫作冷暴力，心灵的疮疤会被几十年的历史尘埃掩埋，可是它没有消失，一碰就会出血。受害人不堪回首、不能原谅，加害者不以为然、不愿面对，双方至今回避在班级的聚会碰面，就是现实。

初中生的表现，则更直接、更公开、更狂热。由于年纪小，工作组期间，初中生普遍处于运动的外围，也没有反工作组一说。现在，终于轮到她们登场了。出身不好是硬杠，如果你长得好看、学习成绩拔尖、最先入团、多才多艺、人缘好、老师偏爱、与某个干部子弟有过节等等，同样会招来祸端。每个年级都有对“非红五类”出身的同学进行公开羞辱、恫吓、谩骂、体罚，甚至暴力的集体性活动。

1966 年冬天，我认识了初一（3）班的原少先队中队长仉乃华，一个长睫毛、大眼睛、高鼻梁的漂亮小姑娘，她说起 8 月的遭遇，我至今未忘。仉乃华的父亲因当过“资方代理人”被关了起来，身为中学教师的母亲跳龙潭湖自杀，每天中午她被初一的几个高干子弟罚站在火辣辣的太阳底下。她们坐在阴凉处，一边吃冰棍一边辱骂她，不时有人骑车围着她打转，看她东躲西闪的狼狈样子，她们哈哈大笑，极为开心。那年，她们都是 14 岁。

初二（3）班学生罗玉平有这样的回忆：有一天晚上，我接到了电话，我们班团支部的一位干部在电话里没头没脑地说：“我们给你念一副对联：老子英雄儿好汉，老子反动儿混蛋。横批是：基本如此。”说完这些，她很得意且坚决果断地放下了电话。我如堕五里雾中。……第二天我到了学校，满校园的墙上都刷上了这些字样。（罗点点著《红色家族档案》，南海出版社，1999 年 1 月，第 221 页）由于父亲罗瑞卿大将政治上已被判了死刑，罗玉平（点点）在文革一开始就被打入另册。比她更倒霉的还有初三（2）班黄梅，受父亲黄克诚大将的牵累，她从上初一就遭到了歧视，对联出来后班里学生分成三六九等，黄梅和另一同学成为最低一等，受到的欺辱加了倍。我记忆中的黄梅，小小年纪就是“少白头”，厚厚的近视眼镜，不知遮挡了她心中的多少屈辱和苦闷。

暴力，是从 8 月 4 日开始的。

1967 届初中生、初二（4）班张鸿敏曾经著文写到，1966 年 8 月 3 日晚，天已全黑，闷热，大约九点多，突然有三四个“红五类”同学找到她家，非常严厉地说：“你明天早晨必须到学校，如果不去，格杀勿论！”说完转身离去。8 月 4 日上午，她心怀恐惧走进教室。课桌靠边，当中摆着几排椅子，全班四十多个同学，被分成三类，“红五类”坐在椅子上，“黑五类”站在黑板前，面对大家站成一排，十几个出身一般家庭的同学坐在地上，张鸿敏是“黑五类”之一。批斗会开始，教室门被砰然推开。董××被几个“红五类”推搡着进来，被呵斥“你什么出身？”“革军”。“革军？骗人！你生父是反革命！”董的母亲是俄语教授，父亲是解放军军医，原来那不是她的生父。董站进了“黑五类”行列。这时，20 个正牌“红五类”围上来，扯下她们的红领巾，警告“永远不许再戴！”接着，“殴打开始，同班女生打女生，拳打脚踢，刷大字报的浆糊、墨汁从头上浇下来，要我们揭发父母的反动言行，承认自己是狗崽子。”

一个初二女孩，被同学押着从二楼楼梯手脚着地向下爬，脖子上还挂着一个马扎。红五类对黑五类令人发指的折磨，四十多年后让我的一个同班同学说起来还唏嘘不已。无论这个同学今在何方，她 15 岁那年受到的伤害都是终生不能抹去的记忆。侮辱她折磨她的同学，你会忘在脑后吗？

初二（5）班一位学生保存的日记，记有 8 月 4 日班里的批斗会，五位家庭出身不好的同学被当场摘了红领巾和毛主席像章，连她们手中的《毛主席语录》也被抢去。她还记得，班里一个出身不好的同学路过初二（4）班门口，被这个班叫“扫敌”的干部子弟叫住，当众扇了耳光。“扫敌”的骄狂、冷酷，留在不同年级同学的记忆里，她对卞校长的侮辱，也以亲笔字迹保存在王晶垚先生那里。如果那年的 8 月，借对联之威欺负过同学的“扫敌”们能够读到这段文字，我希望你们勇敢地走出心灵的困境，去向曾经被你们伤害过的同学、老师登门道歉。道歉，是对自己精神的洗涤和解脱，无关乎受害者。因为她们没有你的道歉，也有自己的成长、自己的人生。不要用“那时我只是个孩子，文革干吗让我负责”来开脱，道理很浅显，你是孩子，同学也是孩子，为什么人家要受你的欺辱、挨你的耳光？豁出去，道歉吧！哪怕要忍受谩骂也不要退缩，不要把自己应受的惩罚留给下一代。

我所在的初三年级，也是伤痕累累，同学之间的分裂至今不能弥合。每班都有骄狂蛮横、恣意践踏和侮辱同学人格的人，被大家永久记住。听说初三（4）班很例外，我曾问过一个同学，为什么你们班没有整“黑五类”？她说：“马秋莎不许同学斗同学。个别干部子弟欺负同学的事可能有，但是我们班没有集体斗过任何同学。”我印象中的马秋莎唇红齿白，人很漂亮，性格开朗、阳光，课间十分钟，有时都会听见隔壁教室里她说话的大嗓门。

在叶维丽、马笑冬的口述成长史《动荡的青春》（新华出版社 2008 年版）一书中，马笑冬说：“一个班集体里会不会发生暴力和学生斗学生的事，常常取决于这个班上的干部。我很感激我们班的头头，她是文革前我们年级第一个加入共青团的，后来又是年级团支部书记。她人很成熟，文革中很讲政策。”马笑冬所在的女八中是文革初以暴力出名的女校，她的班开批判会，一上来那个当“头头”的同学就约法三章，不许打人骂人武斗。一个同学的父亲是国军军官，参加过江西的五次“围剿红军”，“这在当年可谓罪大恶极，如果我们班换一个头头，说不定她会挨打，她的父亲也早就没命了。”这个讲政策的干部子弟叫佟芮，我后来认识了她，心里对她非常敬重。

遗憾的是，像马秋莎、佟芮这样小小年纪却头脑清醒、又有勇气，在狂热暴力的大潮流中，特立独行，坚守着人性大善的女孩，实在太少了。

8 月 4 日下午，还发生了打老师的事件，胡志涛校长在文革后写的《“八五”祭》一文里写道：当时几个校领导正集中在办公室“学习”，突然闯进来七八个学生，骂骂咧咧，有的拿棍，有的拿皮带，狠狠地抽打我们……。晚上，我爱人看到我身上被抽打的伤痕说：“你们学校怎么这样乱？！”我说：“工作组走了，没有人管，有什么办法？！”“明天你暂时不去学校。”“我是校长，不去学校怎么行？”

我做了一个粗略的统计，师大女附中当年在校生有 1600 多人，其中干部子弟（父母职位在司局长以上，或 1945 年以前参加革命）约 560 人左右，加上人数很少的工人、贫下中农、革命烈士子弟，大约 600 人。当时，身处文化界、教育界的干部首当其冲，大部分已经靠边站，“红五类”的队伍正在缩水，最响当当的唯有军界干部子弟了。她们腰系皮带、一身褪色旧军装的打扮，引领了那个夏天的时尚，后来也成为暴力的象征。

卞仲耘校长的丈夫王晶垚先生，一直把师大女附中称为“皇家女校”。已故知名教育家、28岁就成为女附中教导主任的刘秀莹老师，生前接受网刊《记忆》的编辑戴为伟女士访谈时，有过这样一段话：

政治局委员、常委、部长、副部长，国务院总理、副总理，只要有女儿的，几乎90%在我们学校。她们之中，有的很优秀，有的不怎么优秀，有的很不优秀，或者说，表现很不好。我们做老师的，不能因为学生不好，就歧视学生。家庭出身不好的，不能歧视；表现不好的，也不能歧视。卞校长、胡校长教育我们，都要一视同仁，教育和帮助她们成长。卞校长是很热爱干部子弟的。干部子弟在学校什么都说呀，什么从家里听来的都说。上课，老师讲完课，她举手，她说：“老师你讲得不对，我爸那个文件说的，跟你说的就不一样。”老师说：“你爸那个文件我看不着，我只能按照我知道的讲。”你说这课堂还怎么讲下去了？卞校长看到了，就给中央写信，把这个情况都跟中央汇报，说在家里说话小心一点，有些事不要当着孩子的面讲；或者再嘱咐一下孩子。像刘少奇，他的女儿在我们学校上学的时候，他就跟孩子说，中南海里的事，你们要讲出去，我就打断你们腿，你们从此别回中南海。教育还是很严的。林彪，他自己的错误咱们单说，林彪对林豆豆，要求非常严的。我给你举个例子，林豆豆在我们学校上了三年，班主任都不知道她是林彪的女儿。她填父亲的姓名一直用林育容，到初三要毕业了，林豆豆说：“杨老师，我爸爸想请你去我们家吃顿饭”，班主任想，家长要请吃饭了，就去一下吧。去了，吓一跳，敢情是林彪。像刘伯承同志，用核桃那么大的字写的信（给我们），他眼睛瞎了呀。他的女儿在我们学校4门不及格，校长要保送她去哈军工（哈尔滨军事工程学院）。刘伯承写一封信来说，该留级（就）留级，不要因为是刘伯承的女儿就特殊。这封信在学校一传开，大家都服气了。上世纪50年代、60年代，一些老共产党员，不像今天，他们对孩子的要求还是很严格的。像李讷填家庭地址，从来都是中南海大伙房，根本就不敢写别的。（《记忆》112期，2014年4月30日）

时过境迁。1966 年 8 月，在“皇家女校”对老师同学首开暴力先河的，也是来自革命家庭的女儿们。她们虽然只是干部子弟中的少数人，却以残忍、冷酷和不可一世给母校留下了永远的耻辱。

8 月 4 日，我在教室的黑板上看到一则通知，大意是明天上午召开班会，请互相转告，按时到校。我暗想，可能又要整我了吧？心里打定主意，明天不来学校！

事后多少年里，只要想起 8 月 5 日，我就会奇怪，当年怎有那么大的胆子，居然敢“逃学”？！

2014 年 5 月 12 日

我的“八五”

题记：1966 年 8 月 5 日下午，校园里发生了游斗卞仲耘等五位校领导的暴力活动。当时我被罚在教室里擦玻璃，对外面的喧嚣竟浑然不知。

8 月 5 日上午，我斗胆“逃学”了，可是躲在家里的半天，如坐针毡。吃完午饭，我妈让我睡觉，可哪里睡得着？忽然，我听见院里有人喊我的名字，出门一看，是我的两个同学。她俩从来没有来过我家，竟一下子就找到了。她们问我为什么上午没去学校？我说头疼。她们说，现在你跟我们去学校吧。就像逃犯突然被抓住，我从昨天决定逃避班会开始的不安和焦虑，反而消失了。

我家离学校有三站地，步行半小时。我们一路闷不作声，她俩不理睬我，互相也不说话。走进学校大门口，也没见异常。我们初三年级的教室在南楼二层，她俩走进教室，核心小组一个同学在门口截住了我，问我为什么逃学？我说头疼。她说：“红军叔叔爬雪山过草地，都不怕，你头疼就逃学？”我无言以对。

走进教室，我不禁吃了一惊。教室中央横拉了一根绳子，悬垂着一幅长对联几乎拖地，上联是“老子打天下如何如何”，下联是“儿子镇妖崽如何如何”，粉色纸，隶体字，一看就是核心小组的 A 同学写的，她的家教中有艺术教育，她那时就画很棒的工笔画，仕女的发髻细致到根根发丝。那副对联原文曾经被我写入 1983 年发表的小说《路，这样走过》（河北省文联《长城》季刊 1983-2），30 年后的今天，我已经无法找到完整记忆，连那期刊物也丢失了。

教室被绳子一分为二。讲台前大约十张课桌拼成一个长方形，是“红五类”同学的，她们坐在桌子上，俯瞰着同学。与长方阵斜对着、靠近前门有几张桌子拼在一起，是“红外围”。绳子另一侧，三十张课桌分成几堆挤放着，最小的一堆是三张桌子，被置于教室后面靠窗户的墙角。这是四个不同的等级。

刚刚做完扫除，地上还有水迹。有的同学回家了，大部分还在。她们都原地站着，表情木然。核心小组的 A 同学不在，L 同学站在讲台前说了几句话，大意是冯敬兰上午躲过去了，明天下午两点给她补课。她指了一下教室阳面的几扇大玻璃窗，对我说你今天就把那些玻璃都擦干净，以后做值日（指打扫教室卫生）就由你们三个人负责。说完，几个“红五类”就相跟着走了。这时，叶维丽忽然又回来了，她站在教室前门，大声说：“以后做值日还是按小组轮流做，不能光让她们三人做。我们也应该做。”说话时她的脸涨得通红。我非常感激她鼓足勇气，让“我们”和“她们”在做值日的问题上完全平等。多年以后，她已经不记得自己说过的话，往事对我却历历在目。

我的书桌和另两张书桌摆在教室靠窗户的角落，不知道另两位落难的是谁。这时小童走过来，我立即知道她是其中之一，小声问：你怎么啦？她义正词严地答：“我和你的本质不一样。”我也知道她和我不一样，我因言论获罪，而她一点逾规之处也找不到，非常无辜。这个伤害在以后多年里严重毁坏了她的健康也改变了她的人生。另一位同学是杨，她回家了，那个下午我也没见她回来。原来上午的“辩论会”上——最近我才知道，同学们管那个会叫“点名会”，坐在桌子上的红五类同学挨个点名，强迫挤坐在教室另一半的同学说是否同意“对联”。杨是公开表示反对“对联”的两个同学之一，她的父亲是右派，她是“黑五类”，居然不知道马王爷有几只眼，敢不承认“老子反动儿混蛋”！核心小组 L 同学当众扇了她耳光，把她的眼镜打到了地上。杨同学是蒙族姑娘，身强力壮，是学校舢板队的主力。假如她有资格打人，又下得去手，她准能一巴掌将 L 扇出一丈远。那时动手打人是要有资格的，光有资格不行，还要心狠敢下手。多少年过去，性格豁达、为人宽厚的杨，原谅了打她的同学，却没有遗忘那份侮辱。公开反对“对联”的另一同学，是原团支书张新华，她是第一个被点名的，如果不是父亲提早被批判，她也应该是坐在桌子上的“红五类”。如果她是核心小组的负责人，我绝不会挨整，也不会有侮辱同学的“点名会”。同学们记得，新华站起来，因为激动有些口吃，她说，我我我反对！气氛立即紧张起来。她反对的理由是，许多无产阶级领袖都出身于剥削阶级家庭，恩格斯本人还是大工厂主。坐在桌子上的同学和她争吵起来，她毫不示弱，表示即便是干部子弟，父辈出身不好的也很多，用对联怎么解释？新华历来善辩，又站在理上，谁拿她也没辙。

我搬动桌椅，摞起来去擦高处的玻璃窗。我们教室的阳面全部是大玻璃窗，上中下三层，每层三大块玻璃，不是对开而是上下推拉式的大玻璃窗。现在看来，那时的校舍设计真是周到地为学生的安全着想。如果当今的学校建筑也这样安装窗户，绝不会有学生“纵身一跃”，坠下楼去。别说探身出去，就连伸出脑袋也不容易，这就给我擦玻璃带来了不小的麻烦。给我留的是中上两层的 6 扇脏玻璃，我必须用湿抹布先擦去尘土和污渍，再用报纸细擦干净。同学们陆续都走了，教室里没剩几个人，她们出出进进都默不作声，我爬上爬下，干自己的活。我们初三年级的教室在走廊南面，与校园隔着走廊北面高二年级的教室，完全不知道校园里已经闹翻了天。

初二（2）班学生张鸿敏在《追究卞仲耘惨案真凶》（《开放杂志》2010 年 8 月号）一文中说：

1966 年 8 月 5 日，我和许多“黑五类”同学一起被押到操场上看校领导挨批斗，说是“斗黑帮”。八月烈日下的那一幅画面，永远定格在我记忆中。锅炉房高台（常常是批斗会主持者和发言人站的地方）北侧的大操场边上，尘土飞扬。卞仲耘校长被同学团团围住，你推我搡，拳脚相加，棍棒挥动。一向倔强的胡志涛副校长（女）头发被揪乱，有同学往她头上浇墨汁、扣字纸篓，她嘟囔着什么，哭丧的脸上仍透着不服。我们这些被押着来看的，因拥挤推攘，渐渐乱了队。只见有同学抡着带钉子的破旧桌椅腿，打在卞校长身上。我离她最近时，大约两米。看到铁钉刮破她的衣服，她穿着象牙白（不是漂白色，有称象牙黄）色柞蚕丝短袖衫，铁钉扎进皮肉，再拔出来，留下一个紫黑点，不是想象中的鲜血淋漓。……大操场上批斗殴打校领导之后，她被带到另外的地方，人群渐渐散去，原来押着我们“黑五类”的“红五类”们也不见了。我和同班“黑五类”同学魏××、崔××和孙××赶快像往常一样，躲到后院堆放生物课用的动物和人体骨骼模型的小屋，捧着《毛选》“避难”去了。

张鸿敏的记忆，证实了她所在班积极参加了游斗校领导的活动。后来我们在调查校长之死时，多位目击者提到，殴打校领导的学生，以高一和初二年级为多。我为初三年级庆幸，至今没听到有当年在校的老师同学指认，8 月 5 日下午有初三某班某某打了校领导。

我的同学小六那个下午出去看了好几次。第一次看到是在北楼附近（高一初一的教学楼），学生不多，就是高一的，穿着军装，她们把五位校领导押出来，往操场走。有人从楼里出来，给他们头上套上纸篓，也有高帽子（纸糊的，电影里斗地主恶霸时常有的镜头—作者注）。后来操场上跟着看的人多了起来，她就回教室了。第二次出去，校领导正在东楼后的小操场挑土。梅（树民）主任身体好、年纪轻，能挑着两筐沙土沿小操场走一圈，又倒回原处。卞校长和胡校长连腰都挺不起来，卞身体不好，比较胖，年纪最大，实在干不了，胡校长态度强硬，于是她俩就挨打。刘（致平）副校长谢顶了，头上被贴一块用墨汁浸过的纸，墨汁流的哪儿都是。她们用带着钉子的椅子枨打人，打一下，一拉，衣服就破了，血就流下来。第三次下楼，小六在小操场看到胡校长在刷茅坑盖，周围没有学生，她已不成样子，黑裙子后面撕开了叉。那个下午校园里的暴力，让她的心无法放下。最后一次，她在小操场看见卞校长被放在手推车上，头朝下控着，她想怎么能这样？就用脚抬着手推车的扶手，把车正了过来。卞校长终于头朝上了，可是屎尿却顺势流到地上。小六想，这下（卞）可完了。

另一同学许容记得，1966 年 8 月 5 日的天气格外闷热。那天下午，教室里的同学并不多，因为刚开过“对联”会议，在教室的中间拉了一根行李绳，把“红五类”和“非红五类”人为地分开，同学们的心情都很复杂，气氛也很沉闷。下午两点多，许容走到南楼门口，正赶上五位校领导被押着走过来，他们头上戴着白纸糊的高帽子，边走边喊着打倒自己的口号，走走停停。她直起鸡皮疙瘩，接受不了，又在心里批判自己是不是“右”了？等到第二圈转过来，老远看到胡校长原先的白衣黑裙，变成了一身黑，心想怎么还换了衣服？走到眼前才看见，她身上的墨汁直往下淌。后来在小操场，看见卞校长倒躺在手推车上，身上盖着大扫帚，塑料鞋底很白。旁边有高一学生说，装死！她还看见高一某同学让刘（致平）校长跪着，举手做投降状，给他照了相。有人还用厕所的脏屎笤帚往刘身上抹。工作组长张世栋也被揪到现场，有人威胁他说：“你不老实交待，也是这个下场！”

我班还有一个同学记得，8 月 5 日下午在宿舍楼，被强迫打扫卫生的卞校长正在洗墩布，一个初二学生把她的头按到脏水池里，灌她喝脏水。后来又推搡她，她站立不住，从楼梯上滚了下去。

可是，8 月 5 日那天下午，小六、许容等同学出出进进，我却一点儿也不记得谁有什么异常。印象中教室里很安静（多年后许容告诉我，因为上午大家都被整得灰头土脸，谁也不想和别人说话）。我因全神贯注地站在高处的椅子上（下边是两层课桌摞在一起）擦玻璃，或许还想着自己明天会被怎样“补课”，竟什么也没察觉。不然依我的个性，一定会跑出去看。等我把高处的六面玻璃窗都擦干净，桌椅摆回原处，教室里已经没人了。楼道里很安静，路过别班教室，也看不到几个人。校园里也很安静，完全没有刚刚发生过暴力活动的迹象。我下楼沿着大字报“墙”一路浏览下去。大字报写得更长更多贴得更高了，校领导的名字被划了大红叉子，有的前面还冠上了“叛徒”“特务”“伪保长”等等，使人感到了大革命的惊心动魄，那些激烈狂暴的语言让我头皮一阵阵发紧。

8 月 5 日是中伏最后一天，那年的中伏是 20 天。四五点钟的日头仍旧灼人，转到东楼后面，大字报就很稀少了。小操场空无一人，我想去女厕所方便，没走到地方，就看见一辆手推车占住了路，车上躺着一个人，身上覆盖着大扫帚和茅坑盖，她的两只脚从杂物下面露出来。我蹑手蹑脚地走上前，一眼看见了黄的稀便顺着车厢板流淌到地上。原来是卞校长，她没有知觉地瘫在车上，衣衫不整，五官肿胀，眼镜也不见了。她怎么啦？为什么被曝晒在这里？谁往她身上扔了大扫帚和茅坑盖子？我的心狂跳，充满了厌恶和恐惧，立即转身，逃之夭夭。

别说是一个昏迷的伤者，就是一个正常人，置于烈日下暴晒半个下午，说不定也会中暑、脱水，危及生命。可是，直到傍晚卞校长才被一些老师同学送到医院。因为是“黑帮”，没有学校革委会证明，医院不予抢救。双方争执起来，最后李松文老师征得在场的几个高年级学生同意，大家签名担保，医院才予以施救。一切为时已晚，卞校长于当晚九点被宣布不治身亡。

反工作组的教师组织“星火燎原”当年十月贴出的“大事记”，对 8 月 5 日那天仅有一句话的记载：“一部分学生在资产阶级反动路线的毒害、操纵、利用之下，武斗黑帮卞、胡、刘、梅、汪。白色恐怖笼罩校园。”卞校长被学生殴打、折磨致死，胡校长腰椎骨折身受重伤，汪玉冰主任住院多日，“大事记”竟只字未提。

那天回到家里，我也一个字没对家人提起。除了恐惧，我不记得心里有对校长的同情和怜悯，后来就忘了这件事。直到中年以后，我才想起校长之死，原来这件事已经成为我心灵的疮疤，到了不能忍受的时候。1996 年三八节，我写了散文《记忆的疮疤》（见《那个年代中的我们》下册 P471，者永平主编，远方出版社 1998 年版），第一次回溯 8 月 5 日那天校园里的暴力，第一次发出自己的追问。

我在文章中说：“可以把什么都归咎于文革，因此而原谅自己。可以说当年幼稚无知，因此而漠视过去。但是夜深人静的时候，想起当年的情景，你真的能够心安理得？作为那所中学的学生，我永远感觉到的是一份耻辱——我们的女校长死于我们这些女学生手下。参与暴力行为的那些同学，是否也会想起从前？是否也会有一种疤痕在心的感觉呢？我不怀疑，她们会有更深的痛楚更长的悔恨。”

施暴者有她们洗刷不掉的耻辱。我为自己没有心肝的冷漠和遗忘同样感到耻辱。那个下午围观游斗校领导的同学们，在楼上躲在窗户后面一边偷看一边瑟瑟发抖的老师们，对狂热和暴力的集体屈服，对生命的广泛漠视，不也是全校师生永远洗不掉的耻辱吗？

2014 年 5 月 19 日

校领导的“八五”

题记：高一（3）班发起游斗校领导，酿成大祸。对于她们来说，沉默，也许是唯一的选择。对于那天参与暴力殴打和折磨侮辱校领导的所有学生来说，遗忘，也许是最好的心灵慰藉。

我因逃避了5日上午班里的“点名会”，8月6日下午两点准时被“补课”。关于这个会我不想说什么了，无非是把以前对我的揭发批判，又重演一回。这天早晨，我们从教室的广播里知道卞校长死了。你受的委屈再大，你还活着，可是校长却死了！这是8月4日校园里狂热斗同学、打老师的升级版，8月5日下午，部分学生对五位校领导的游街示众、高台批斗、体罚劳动，终于酿出了大祸。

中共中央总书记邓小平在失势之前的7月24日，当毛主席决定立即撤走大中学校工作组时，他对撤销中学工作组的忧虑，立即被验证。中学生一旦没有成年人管理，无政府状态下的校园有多么可怕，看一眼这所著名女中就知道了！

学校里对此混乱局势深为担忧的是主持日常工作的常务副校长胡志涛，尽管她已经被工作组革职，面对校园形势的失控，她仍旧心急如焚。8月4日下午胡校长去西城区委反应情况，请求支援，未果。8月5日一早，她又去北京市委“上访”，可以说是碰了一鼻子灰，上级组织的无所适从和不作为让这位抗战初期就投身革命的老共产党员满腔悲愤。

进入8月，许多高中学生都游离于学校和海淀之间。那时的海淀虽是乡下，却是北大、清华和八大学院的集中地，是校园文革的发祥地和中心，是中央首长不分昼夜经常出没发表最新谈话的地方，是革命小将神速成长的大熔炉，也是各种小道消息、流言蜚语满天飞的地方。出了西直门或北太平庄就是农村了，公交车的牌子都是红底白字，和城里的白底红字正相反。马路很窄，两个车道，两边的钻天杨密密匝匝，马路边就是庄稼地。去大学看大字报，如同郊游，再被各种消息激动着，头昏脑涨又兴奋不已的感觉堪比初恋。

工作组时期的依靠对象学生代表会自动瓦解了，5 位“代表”再也没有聚在一起“共商革命”。7 月中旬成立的“革委会”，在高二（2）班学生罗治的文革笔记里只记有刘进说的“现在革委会成立了”一句话。教师组织“星火燎原”的《大事记》也是一句话：“通过学生代表宣布我校成立革委会，委员 15 人，其中教师二人，职工一人。”“革委会”还没展开手脚就黄了摊儿，以至于几十年后没人记起有这样一个机构。刘进和她的伙伴们想从社论里找到方向，而毛主席一回北京，报纸的社论也少多了。他的精神，都在中央文革小组成员到处讲话中得到传达，总而言之，刘邓推行了错误路线，只有毛主席才是无比英明伟大的。这一切，都让刘进她们感到了莫大的压力，自己满腔热情干革命，却跟着刘邓犯了方向、路线的错误，成为工作组镇压群众运动的帮凶，这让她们想不通、不理解、难接受。于是，工作组曾经的办公室——如今空置的史地政教研室，成了她们反省和清谈的地方，每天都有各年级的学生进进出出，想讨个主意，下一步怎么办？她们又去问谁？迷茫苦闷，不知所措，让她们完全失去了自信。

从前我一直想当然地认为，“辩论对联”斗争同学是刘进、宋彬彬等以学生代表会名义做的统一部署，最近为了写我的文革纪事，我通过电话和 Email 向不同年级（初一年级除外）的多位校友提问：你所在班是否因“辩论对联”而斗争了“黑五类”出身的同学？多数作出回复，有的自己忘了就打电话询问同班同学。高一（2）班一校友正在美国参加女儿婚礼，及时用微信告诉我，她的班没有斗争过“黑五类”同学，因为她就出身不好。还有一位学者，他的小学同学是我校初二（1）班学生，他向她了解情况后立即转告了我。事实是：高中各班基本没有以辩论为名、斗争同学的集体活动。初三年级 6 个班，至少有 3 个班斗了同学。初二年级 6 个班，有 5 个斗了同学。全校共有 37 个班，因对联挑起的学生斗学生，既然是少数，可以认为是各班的红五类率性而为。

同样，8 月 5 日校园里的暴力事件，也只是部分学生的狂热举动。

8 月 6 日的北京市委《每日快报》，记录了 5 日全市有两个人非正常死亡，其中一个是师大女附中党总支书记、副校长卞仲耘，“8 月 5 日下午，高一（3）班和其他班一些干部子弟，斗争党总支书记卞仲耘等 5 名有问题的领导干部，5 人被学生殴打，有的学生还用缠铁丝的木棒打，卞仲耘受伤较重，送医院抢救无效已死。”（见《南方周末》2014 年 3 月 13 日 D27）不足百字，对事件的发生时间、人物、情节、结果记录在案。

高一（3）班起头的学生都是保工作组一派的，她们要用行动表现革命，那就是，把工作组时期“包庇”的黑帮校领导，揪出来示众。伟大领袖毛主席教导我们：“农会权力无上，不许地主说话，把地主的威风扫光。这等于将地主打翻在地，再踏上一只脚。”在头脑热昏的中学生眼里，“黑帮”和地主没两样。从前我们的老子干革命，把脑袋别在裤腰带上，如今我们红后代也要敢打敢杀。毛主席在《湖南农民运动考察报告》里历数的农民造反行动，譬如抄家、动不动捉人戴高帽子游街，为所欲为，一切反常，造成一种恐怖现象的事，今天都要试一试。“革命不是请客吃饭，不是做文章，不是绘画绣花，不能那样雅致，那样从容不迫，文质彬彬，那样温良恭俭让。革命是暴动，是一个阶级推翻一个阶级的暴烈的行动。”

于是，尽管当天下午很多学生不在校，高一部分学生的“革命”行动还是得到了不小的响应，最狂热拥戴她们的是初二年级的一些红五类，加上围观者，游斗现场据说人多时有数百之众。为什么是这两个年级里的学生参与最多？至今未见学界从心理学层面去研究。我也写过多篇关于母校文革问题的文章，以往我和别人一样，把目光集中在已逝的卞校长，现在让我们看看 8 月 5 日当天同样遭受殴打折磨幸存的教导处主任汪玉冰老师的回忆：

八月四日下午，几个学生把我推到办公室，让我写东西。一进办公室，看见卞（仲耘）、胡（志涛）、刘（致平）、梅（树民）都在写呢，我也坐下去写。是让我们写工作组是怎样包庇我们的，可是怎么写得出来呢？如果说让我写工作组是怎么迫害我们的还可以，也是写得出来的，但是却写工作组包庇我们。学生在后面骂着，用大粗木棒打下来，只好胡乱写，后来学生把我桌子上的玻璃都打碎了。木棒打在身上，我的心都裂开了。胡志涛被打得直喊毛主席，可是学生说，"好，你还顽抗。"因此，打得更凶。我们就这样写，一直到六点，在牛鬼蛇神登记簿上签了字，才许出校门。晚上我回到家里，心里想啊，想啊，老睡不着。

没想到，八月五日更大规模的武斗来了。大约下午三点钟的样子，我被学生赶到操场的时候，看到卞、刘、梅已经不像人样了。我就想，我也会变成那样的，果然马上就给我剪了头发，背上写了牛鬼蛇神，墨水从头上撒下来，流到脖子里面，戴上字纸篓，手里拿着簸箕，敲着游街。后来又让我们几个到高台子上下跪，嘴里喊着我是黑帮，我是牛鬼蛇神，带钉子的粗木棒一下下地打在头上、背上、屁股上。后来又罚我们去劳动，挑土，两个很大的筐，装满了土，还用脚踩实，又加（土），有一、两百斤重。我身体又不好，根本挑不起来，倒下去，又一阵乱棒。后来又罚我去打扫宿舍楼厕所，我头晕眼黑，腰又被打坏了，身体又有病，根本支持不住，我就喝了许多带厕所味儿的水，用水盆子一盆一盆地打水冲刷厕所，我几次站不住了，可是心里明白千万不能倒下去。厕所打扫完了，走出宿舍楼的时候，看见卞仲耘已仰面朝天地躺在门口，已经不行了。学生又让我去倒垃圾，让我把垃圾筐顶在头上，走下台阶去倒，眼前一片黑，可是我还在想，一定不能倒下去，最后还是一头晕倒在垃圾台上了。醒来时，我什么都不知道，不知道自己在什么地方，也不知道发生了什么事，只是看着天。后来听到有学生在讲话，才想起今天下午的事情，又听到电报大楼的钟声，知道已经六点了，后来我自己一步步地爬回了家。

到了家里以后，家里的人才帮我把脸上的泥土、浆糊，身上的墨水洗掉。躺在床上，头上、身上就往外流血，把床单子都浸了血，一躺下去，就动也不能动了，脑子昏昏沉沉，一直在流泪。第二天，家里人扶着我到医院去，就住院了。到了医院以后，学生还把大字报、骂人的话往医院里送，医生和护士对我还进行了一些保护。我的脑子昏昏沉沉，什么也想不起来。八月十日，护士给我念十六条，当时我只有一个想法，这回可好了，不会武斗了。十五日，我还看见学校里同学老师敲锣打鼓，就想要能和同学们一起去多好啊！（汪玉冰主任应该是住在与学校一路之隔的邮电医院，所以能从楼上看到校园里——作者注）八月二十一日我出院了，才听到卞仲耘死了。（摘自汪玉冰 1967 年 1 月批判工作组的发言）

另一位幸存者、副教导主任梅树民老师记得，游斗是 8 月 5 日下午 2 点多开始的，让他们拿着清扫用具到大操场集合。当时他以为是到操场上扫地，只有胡志涛和卞仲耘觉得不对头。然后游街就开始了，当时头上被扣了纸篓，看不清楚是谁打他们，后来知道高一（3）班的很多人参加了。主要是高一和初二的学生。那天梅老师穿了一件新衬衫，学生用带钉子的桌子腿打在背上，钉子扎进肉里，后来新衬衫血迹斑斑。当天特别闷热，游斗告一段落，就让五位老师去挑沙子。梅老师第一个挑起来，（副校长）刘致平第二个，梅感到特别费劲，心想那三个女老师肯定很难挑起来。她们挑不起来就挨打，卞仲耘被打得最厉害，胡志涛因态度强硬，也挨打很重。梅老师的衣服被汗水湿透了，人也快晕倒了，于是他走到东楼前低声对高一（3）班某某学生说自己不行了，某某说你到楼里扫厕所去吧。他赶快到厕所去，先用凉水冲洗了一下，然后一直在打扫厕所。他和刘致平一直在学校待到七八点钟都不敢离开，等到学校一点动静都没有时才敢回家。梅树民老师对高一（3）班某某同学网开一面，一直心怀好感，认为是她救了他。而胡志涛副校长却对那个同学的蛮横粗暴，留下了不好的记忆。

就像文革前在班里毫不起眼的学生，文革爆发后一夜成为“头儿”一样，高一（3）班也是个很普通的班，那一天却成为暴行的发动机。

2014 年 1 月 4 日，在一次关于“反思文革拒绝遗忘”的座谈会上，高一（3）班顾湲（国学大师顾颉刚的女儿）出席会议并具体谈到“八五”事件。她认为，高一（3）班发起游斗校领导的活动带有偶然性。发起人主要是高一考入女附中的学生，主要是军干子弟，文革初表现特别凶。为什么会这样？她说：

这要从初中到高中的变化说起。我初中也在女附中，当时班里只有 6 个干部子弟，家长大部分是国务院系统的，虽然也讲阶级斗争了，但班里气氛还是挺好的。到了高中，情况一下子变了，干部子弟共有 24 个，学号全排在前面，我是 37 号。学校一直是按成绩排学号，后来有个机会才知道，原来自己的入学成绩是全班第二。这些招来的学生学号排在前面，但有些人学习不行，劳动也不行，累一点都受不了。表现是这样，还动不动说自己父母是老红军，干革命时经历了多少危险艰苦，用这个来表现自己有“阶级感情”。她们不能老是落在后面，所以文革中就更要表现。8 月 5 日那天，有几个住在西边大院里的同学说要斗黑帮，那时工作组撤了，“主义兵”（反工作组的学生组织——作者注）是革命的了，她们也想表现，于是把校领导集中拉到操场去游斗。当时大家都在教室里，我们出身有问题的人都集中坐在一起，她们让我们必须去看。我很尊敬胡校长，出于个人感情也想去看，就一直跟着她。胡校长（态度）很硬，挨打最多。……班里受学校宠的同学要跟胡校长“划清界限”，也有打她的，但看得出来是手下留情。打人厉害的，多是高中才招到女附中的。以后文革稍微平静一些，这些人就不回学校了，再也不露面了。

“分崩离析”——高一（3）班另一学生杨团（原中国社科院社会政策研究中心副主任）如此形容这个班级的同学关系。“八五”那天她没在学校，第二天回来，发现班级里的气氛出奇地冷漠。

闯了大祸，出了人命，相信谁的心里都不好受。20 年后，这个班的学生王友琴（当时在读中国社科院文学博士）终于忍不住了，她在《女性的野蛮》一文中，第一次披露了“八五”事件中她看到的、听到的、经历的过程。

对于高一（3）班更多的学生来说，沉默，也许是唯一的选择。

对于那天参与暴力殴打和折磨侮辱校领导的所有学生来说，遗忘，也许是最好的心灵慰藉。

2014 年 1 月初，南方周末的 80 后记者冯翔接受了报社的任务，他用了两个月时间，马不停蹄地采访了与上述事件相关的各方人士。3 月 13 日，南方周末用四个版面刊登了冯翔对“八五”事件和宋彬彬问题的深度报道，视角开阔，内容丰富，展示了年轻一代对文革的追溯和思考。

2014 年 5 月 28 日

八月的分野

题记：对于刘进、宋彬彬来说，“革命”已经告一段落。对于一哄而起的“红卫兵”来说，革命刚刚开始。

已去世的前全国人大副委员长吴德，1966 年 5 月下旬由吉林省调任北京市委第二书记（第一书记由华北局第一书记李雪峰兼任——作者注）、代市长，他在《十年风雨纪事》一书中回忆：我调到北京来后，1966 年 7 月下旬就犯了“资反路线”的错误，开始检讨。市委就不灵了，以后就瘫痪了，可是，我还要工作。1966 年 8 月，中央召开了工作会议。中央工作会议结束，我们组织市委的干部到民族饭店听传达。但情况很乱，造反派占据了会场，会议未能开成。

吴德上文中提到的“中央工作会议”，应为“中国共产党第八届中央委员会第十一次全体会议（扩大），简称中共八届十一中全会（扩大）”，于 1966 年 8 月 1 日—12 日在北京召开。出席会议的有中央委员和候补中央委员 141 人。列席会议的有省、市、自治区党委及中央有关部门的负责同志，中央文革小组全体成员和首都高等学校的“革命师生”代表 47 人。

堂堂北京新市委，刚上台两个月，就无法控制局面，连传达中央会议精神都做不了，让群龙无首的基层怎么办？

8 月 5 日午夜，师大女附中高三（3）班刘进、宋彬彬几人从学校步行到北京饭店找新市委领导汇报当天下午校园里发生的暴力事件，她们见到了吴德。他听说学生打死了校长，沉默良久，才口气缓慢地说，这么大的运动什么事情都可能发生，也难免要出现这样那样的问题。人死了就死了……。“你们不要担心、害怕，回去注意保密，不要扩大影响”。

作为工作组时期的学生代表会主席，刘进和她的伙伴们感到万分沮丧。她们走回学校，枯坐到天亮。昨天下午部分学生游斗校领导的时候，许多同学不在校，必须向大家通报吴德的指示，那就是以后不能再出现打人的情况。谁来说？刘进走进了广播室。她通过有线广播宣布了卞仲耘死亡的消息，说这是违犯党的政策造成的，接着传达了吴德的讲话精神。多年后刘进在那个早晨的简短广播出现了许多截然不同的版本，甚至海外还流传有“广播稿”。尽管众说纷纭，但“以后不许打人了”，是大多数人的记忆。中五（2）班一位同学记得，刘进说过“今后必须按政策搞运动，不管是谁，再也不许打人了，我们学校以后再不允许发生这种事情了。”“八五”受害人之一梅树民老师回忆说：“第二天我才知道卞仲耘被打死了。当时我们在校办工厂劳改，我和刘致平（副校长）在一起听广播，广播中说再不许打人了，我们心里才觉得有了安全感。”

刘进觉得不能这样乱下去了，学校得有个组织能保证运动的正常开展。党团组织早已瘫痪，工作组又撤了，老师们根本不可能站出来，学生只有自己解放自己。刘进的想法和一些高年级同学不谋而合。她们说，干脆搞个文化革命筹备委员会得了，这个名称报纸社论早已提过。8 月 7 日，一些高年级学生聚在一起商量，正式提议成立“文化大革命筹备委员会”，简称“筹委会”，由 13 人组成，分别是（年级由高向低排列）：赖迎利（高三 2 班）、刘进（高三 3 班）、梁二同（高三 3 班）、吴晓灵（高三 3 班）、宋彬彬（高三 3 班）、张若岩（高三 4 班）、耿丽兰（中五 1 实验班、相当于高三）、马恬（高二 4 班）、尹斐（高二 4 班）、邓榕（高一 1 班）、刘亭亭（初一 2 班）和李松文（教师）、赵德顺（工友）。高三年级 7 个代表，4 个来自高三（3）班，初中 18 个班，只有初一（2）班刘亭亭一个代表。工作组时期“革委会”中的成员刘进、宋彬彬、耿丽兰、尹斐、邓榕、刘亭亭和李松文、赵德顺得到保留，另有蔡竖平、杨东荣、孙阿冰、郭松平、雷元、马德秀 6 位学生和教师陈云兰自动退出。“筹委会”中还增加了反对工作组的学生代表张若岩和梁二同。刘进任主任，其余 12 人为副主任。各年级各班都有联络员。

多年以来，刘进、宋彬彬、叶维丽等始终说不准“红卫兵”成立的具体时间，她们分别根据自己的调查，坚持认为“师大女附中红卫兵”是8月8日筹委会成立之后到8月18日之前的几天，一哄而起的。当时中央正在开会，毛主席写信支持清华附中红卫兵的消息透露出来以后，红卫兵有了合法地位，大家思想上才会接受。

1967届初二（5）班学生、法学专家李红云去年从一位校友那里，见到了“筹委会”和“红卫兵”成立的原始记录，她曾给我看过影印件，64开本，记录文字是提纲式的，譬如：“筹委会会议　8月7日　当前任务：怎么干革命。主攻方向。对工作组问题速战速决。批工作组目的。组织好。明前（应是明天——作者注）宣布成立筹委会。成立红卫兵，组织落实。大家讨论工作组问题。下午重点批工作组问题。红卫兵作为先锋。”

李红云曾在网刊《记忆》102期发表研究论文《师大女附中红卫兵是何时成立的——从一份原始记录说起》。

显然，在讨论成立“文革筹委会”的会上，有人提出了成立“红卫兵”的问题，得到了与会者的响应。李红云文章中全文引用了会议关于“红卫兵”问题的原始文字记录。

动员：活学活用主席著作，学习毛泽东思想大学校，学习解放军，大讲“三八”作风。

组织落实：红旗可参加红卫兵，所有红五类愿意参加都要。

以大队、中队、小队形势（式）。中队有指导员。有政治部。干部回班。发挥同学主观能动性。先让大家提。红卫兵回班组织同学。坚决改变工作作风。同学起来造反。组织讨论：怎么造反。是不是不要政策。在红卫兵内大讲民主。

揭发工作组不能先下结论，要调查。

要把学毛著提出来。大讲学习毛泽东思想，和国际形势密切联系。具体推荐文章。善于总结经验，对革委会做总结。做好统一工作。筹委会要有战斗作风。把大字报管委会恢复起来。明天下午让大家提建议。提出：大家需要我们干什么就干什么。”

这份记录看上去并非会议的正式决议，而是各人发言要点。可以肯定，这个会历时一天，因为“下午重点批工作组问题”。筹委会正式宣布成立，是第二天即 8 月 8 日，同时成立的还有“红卫兵”。因为“筹委会”里已经有毛泽东主义红卫兵（原红旗）的代表梁二同，而且这个组织一直独立存在到 1967 年中期全校实现所谓大联合，所以“筹委会”并非“红卫兵”的翻版。

据刘进回忆，筹委会成立后没有组织过大的活动，譬如批判校领导或工作组，也没有具体管理学生的日常活动，只做一些事务性工作，譬如有人到学校来调查八五事件，家属来取卞校长的遗物，都有人接待了。各班仍自行其是，学生今天来明天不来，也很松散。筹委会既然包括了保工作组和反工作组两派学生，大部分人还是从惯性出发愿意跟着筹委会走，总比当无头苍蝇强。筹委会组织的最大一项活动，是全校学生参加 8 月 18 日天安门广场召开的“庆祝无产阶级文化大革命胜利大会”。

通知是两天前收到的，筹委会开始组织人力做准备工作。据刘进回忆，原则上以班为单位参加，没有名额限制，没有具体条件，谁都可以去。毛泽东主义红卫兵也全部参加了。其实，事实并不是像刘进所想的，谁都可以去。我就没有去，各班级都有人被剥夺了“接受伟大领袖检阅”的权利。自从 8 月 6 日我班给我开了最后一次批判会后，我基本不去教室了，有时到学校看看大字报，没什么新鲜事，就回家了。每天不打照面，班里也没人管没人问。8 月 18 日天安门广场开大会，我是因胡同戒严了不能上街才知道的。我家住在人大会堂西边，与中南海正门新华门直线距离也就一百多米，只要广场有重大庆典活动，胡同口就限制出入。多年以后我才听到同学们说，8 月 17 日夜里就近住在某某家里，三四点就到校集合了。到了广场困得不行，许多同学都席地而坐睡着了。当时竟没有人事先透露给我一点风声，可见我已经被这个班“开除”了。

实际上 7 日会上关于红卫兵的组织落实，只是空谈，事后并没有公布。为了去天安门广场接受毛主席的检阅，筹委会组织了各年级的一批积极分子，集中在学校大礼堂，把红色横幅撕开，也找了些别的布料，红绸布、布帘子、舞蹈服，还有红领巾，只要是红色的就行，全裁成布条。当时，初二的张××同学找来了“红卫兵”三个毛体字，卫字是繁体。高二的顾××同学用三合板刻了模子，涂了墨汁就往红布条上印。洇得很厉害，大量布条都废了，到 8 月 18 日凌晨一共才印了四十多条，剩下的红布条是没字的，也发给大家了。顾××父亲当时已经被停职了，她做了一夜袖章后，第二天问张××：“我能不能算红卫兵？”张说：“你当然可以算了。”于是她觉得自己也是红卫兵。

图片来自李红云文章《关于女附中红卫兵的袖章和公章》一文，原发于电子刊物《记忆》第 112 期。

一些非红五类出身的同学，也积极参加了在红袖章上“描字”。高三年级一个写字好的同学在红布上用毛笔直接写字，她还画了一个葵花向阳的展板，表示“心向共产党，心向毛主席”，准备第二天举着去天安门广场，结果班里不让她去。她回家坐在门口就哭了。8 月 18 日凌晨，全校集合步行到天安门广场时天刚放亮。大概七点多钟，广场上的扩音器报了一些学校的名字，每个学校有多少名额，立即到天安门前集合。总领队刘进听到广播后，找到宋彬彬说：“你当过（学生会）文体部长，认得人多，你从各班挑 40 人带队过去吧。”

宋彬彬转身让各班挑选人，大家以为是去当标兵（维持秩序的人，现在叫志愿者——作者注），特意选了高个子的同学。因为高中生个子都比较高，所以入选的高中生多初中生少。应该选 40 个人，宋彬彬忘了自己也算名额，临出发时一点名，多出来的第 41 个就没让去，当时她就气哭了。

宋彬彬记得，一上天安门城楼就乱了。当时说法很多，一种是说警卫局领导看到刘少奇、邓小平、陈毅等领导的脸色都很阴沉，气氛不大好，临时决定让一帮中学生到城楼上去改善气氛（2006 年《炎黄春秋》第四期，“毛泽东八次接见红卫兵内情”，张辉灿口述，慕安整理）。学生们哪里知道刚刚闭幕的八届十一中全会已经对权力核心做了改组，刘邓失势，中央文革小组得势啊！大家高兴得蹦啊跳的，城楼上气氛非常热烈、兴奋。胆大的就开始给中央领导戴红袖章。宋彬彬本来戴的是没有字的毛边红袖箍，临上天安门时，有个同学把自己有字的袖章给了她。看到别人都上去献了袖章，宋彬彬身后一个空军大院子弟，名常砢，北京师范学院附中 66 届初中生，推了她一下，说："你这袖章挺好的，为什么不去给毛主席献呢？"当时，她旁边站着公安部长谢富治，谢认识她。她问，我能不能去给毛主席献袖章？初二小同学张××也说她要去献红领巾，谢知道了她父亲的名字，就让她俩过去了。于是，就有了那几句著名的问答。

最准确的版本是：毛泽东问宋彬彬："你叫什么名字啊？"她回答，叫宋彬彬。毛又问："是文质彬彬的彬吗？"宋说是。毛说："要武嘛。"可是，流传了几十年的版本，最让人相信的，一是毛泽东"当场给宋彬彬改了名，叫宋要武"，二是毛泽东当场发出武斗的号召——"要武嘛"！

宋彬彬平常也听父母说过，毛主席爱开玩笑，也会拿名字开玩笑，她认为这只是一句玩笑话，并没觉得有什么特殊含义。师大女附中的高干子弟们也普遍认为就是一句玩笑嘛，在那个圈子里她们见过、听过的多了，这算什么！宋要武——多难听啊！可是全国人民不这样看。伟大领袖毛主席给你改名，多光荣啊！你居然不改，岂不是不识抬举，谁信啊？！与宋彬彬无关的女生，从此改名叫"要武"的，我就认识一位。前不久，我还听一个熟人说："我就不明白毛主席给宋彬彬改名，她干吗不改呢？"飒爽英姿五尺枪。不爱红装爱武装。只有少数知识分子警觉地认识到，毛的"要武嘛"是向全国发出的武斗命令。

宋彬彬回到学校，很多人过来跟她握手，还有人问："彬彬，你是不是改名叫要武啊？"她说那是毛主席说的，我不配。因为她觉得自己和刘进两个一直在犯错误，真的不配。当天下午，《光明日报》的一位男记者来学校采访她，问毛接见的情况，她就把那两句话复述了一遍。记者让她写下来，她说就这么几句话有什么好写的？那天晚上，宋彬彬和几个要好的同学坐在一起说这件事，同学们也说，不写，就两句话，有什么可写的！

高三年级学生刘沂伦回忆——

关于红卫兵，并没有成立的程序，你出身好就可以说自己是红卫兵。红五类就是当然的红卫兵。你不想当红卫兵你就在家待着，你想当你就是，至少师大女附中的红卫兵并没有开会宣布，我也不知道谁是头儿，我出身好，我就是红卫兵。如果有一天人家说你爸有问题你可能就不是了。我有军装。母亲给了我一件五十年代列宁式军装，纽扣上还绣着空军的标志呢，大家都说你这件军装真好，而且洗的都快发白了，正是当时最流行的，穿着特别牛。

"818"那天是谁叫我去的想不起来了，反正我是有资格嘛我就去了，而且精神头儿还挺足的。本来以为在城楼底下仰望伟大领袖毛主席的，没想到要挑人上去。彬彬自己肯定忘了挑人的标准，我还记得，要身体好、个儿头高、出身好的。我当时穿着军装，个儿算是高的，身体也挺好，又是高三的，就挑上了。我还问了一声，叫我们去干什么呀？旁边有个同学说："不知道，可能去当标兵吧。"所谓的标兵，咱们那个年代，国庆游行啊、外国元首来访夹道欢迎什么的，标兵就是站在最前排的人，也管维持秩序。我们班挑上三个，排队集合后就上去了，我记得当时纪录片里还有我一个镜头。我东张西望，特别兴奋，上了天安门的坡道（走汽车的，当时没有铺柏油），有一个摄影师在那儿，我对着摄影师说了一句话就给拍进去了，兴奋得不得了。我们在城楼东边，下边是观礼台，那里的学生一边跳一边喊：我们要见毛主席！我当时不敢往前冲，就在那儿看着，觉得刘少奇的神情有点闷闷不乐，还看见了林彪，远点的就看不见了。后来听说宋彬彬、张××跑到中间去了，我和王××也想过去，但被警卫拦住了，让我们"加强纪律性"，大家就没再往前挤。后来周总理过来安慰了一下，最后毛主席也过来了，一个小护士一个警卫员陪着，大家都往前冲，想和主席握手，蜂拥一团。整个过程就是这样。

从城楼上下来后，很多同学都羡慕死了，有一个没能上去的初一小孩搂着我班同学小青的肩膀激动地直哭。可是下午一回到学校，小青就看见了给她贴的大字报，说高岗反革命集团五虎干将之一的女儿上了天安门，如何如何……。她从此就不是红卫兵了。你问谁能当红卫兵谁不能当红卫兵，很简单，只要有一张大字报揭发说你爸是黑帮，你就不再是红卫兵了，从此就在家闷着吧。

8月19日我去了学校，听说我班核心小组小A同学上了城楼，她和刘主席握了手，班里一些同学都上前和她握手。小孩子的天真一览无余，完全不知道、知道了也不理解刘主席遇到什么麻烦了，小A也不会想到，她的父亲很快就被打入刘少奇61人叛徒集团，几个月以后，她将永远失去母亲。后来，她就再也没有回到我们班里来。

8月18日下午回到学校，梁二同找到刘进和宋彬彬，说你们保工作组，是消防队，犯了错误的人，怎么能给毛主席戴袖章呢？这是对主席最大的侮辱！梁二同一边哭一边说。她认为明明是她们的胜利，事情怎么会成这样了呢？刘进和宋彬彬被问得无言以对，觉得自己又犯了错误，非常惭愧。刘进说要不然把你们的袖章给我，去换回我们的。后来她真的把“主义兵”的袖章，送到王任重（时任中央文革小组副组长）那儿，希望他转交给毛主席。

刘进不明白自己为什么错误一犯再犯，越想越觉得不能这样下去了。8月19日一早，她写了大字报，陈述了自己的错误，宣布退出“筹委会”，宋彬彬也签字退出。至此，她俩退出了师大女附中的文革运动中心。

从6月2日写第一张大字报到宣布退出运动，前后80天的时间，刘进认为影响了她一辈子。那是一段革命的日子，虽然不了解什么是革命，却是真心实意地投入革命、献身革命。那时的形势一天一变甚至瞬息万变，不断有新东西撞击你激发你，来自学校、家庭和社会的挑战层出不穷，每天脑子里都装得满满的，事情多的不知道该干什么，时间根本不够用。她家与学校仅一路之隔，那么近也从不回去。每晚就在教室前面的木讲台上，和衣倒头就睡，第二天爬起来又不知道去干什么了，天天这么过着。直到8月19日退出，自己也没搞清什么是革命、怎样才是革命。后来，同班同学梁二同告诉她，革命就在清华大学，她就去清华大学找革命了。梁二同为首的“主义兵”一派始终站在清华蒯大富一边，经常有同学去帮他抄写大字报。所以蒯大富留下的材料比别人都多。刘进去清华住了一个星期，天天看大字报，也帮蒯大富抄过大字报。结果头昏脑涨，对“革命”很失望。9 月离开北京到外地串联，步行“长征”，直到 1967 年 2 月才回来。

宣布退出学校运动的宋彬彬，没想到 8 月 20 日《光明日报》有篇文章，题目是“我给毛主席戴上红袖章”，署名是：宋要武（宋彬彬）。当时她看到那篇文章非常生气，跟在场的同学说：“宋要武这个名字我根本就不会用，现在连宋彬彬这个名字也不能用了。”后来，为了改名，同学们帮助她翻字典，翻到“岩”字，她接受了。从此，宋彬彬改名“宋岩”，但是母校的老师和同学们，几十年来一直叫她宋彬彬。

8 月 21 日《人民日报》转载了《光明日报》那篇文章，“宋要武”立刻就在全国家喻户晓。宋彬彬也开始了伴随她大半生的多舛命运。

教师组织“星火燎原”的《大事记》如此记载：

八月八日

不经过巴黎公社式的民主选举，宣布由十三人组成的筹委会成立。委员都有哪些人，许多师生至今（应指《大事记》成稿的 10 月——作者注）还不知道。筹委会的诞生毫无群众基础，因此它一出世就陷于瘫痪的状态，随即夭折。

八月十九日

筹委会负责人宋彬彬等人宣布解散筹委会。

对于刘进、宋彬彬来说，“革命”已经告一段落。对于一哄而起的“红卫兵”来说，革命刚刚开始。

2014 年 6 月 18 日

红卫兵来了

题记：他们以极端举动和血腥暴力，让“红卫兵”以疯魔形象走入历史。

1966年8月18日在天安门广场召开了百万人“庆祝无产阶级文化大革命胜利大会”，后来被定为毛主席第一次检阅红卫兵（据吴德所记，从8月18日到11月26日，毛泽东在天安门城楼检阅红卫兵8次，人数总计达1，300万人，创造了世界检阅史上的奇观）。

如果说，红卫兵的首创者是清华附中一些心高气傲的高中生，他们以不断质疑和持续造反为红卫兵奠定了思想基础，那么，为红卫兵提供“LOGO”的，就是师大女附中的一些干部子弟。男生提供实质，女生提供形式，倒也符合人类有史以来的两性分工。

她们用黑色墨汁写在红布条上三个毛体字，即8月18日宋彬彬给毛泽东戴在左臂上的红布黑字袖章，是红卫兵标志的最原始版本。网络上流传的那个红布黄字袖章都是伪造。8月18日前后几天，“红卫兵”在市区一窝蜂问世、呼啦啦崛起，随即以汹涌之势，“杀向社会”，掀起了名为“破四旧”运动的狂潮，从上到下猛烈地冲击了全社会，对中国的传统文化、道德伦理和人民生命财产造成了骇人听闻的、毁灭性的破坏。

也许清华附中红卫兵有理由对后来者不屑一顾，但不论是在高压状态下，以高傲姿态登场，还是八月中下旬一哄而起，在“破四旧”和制造“红色恐怖”中，他们在一个基本点上殊途同归。那就是经由“对联”进一步放大的血统论，对待贱民——早已被剥夺财产的地主、富农，历史与现行反革命，摘帽或戴帽的右派分子，坏分子（语焉不详的罪名），有产者（资本家、房产主和小业主），刑满释放者等等以及他们的子弟，红卫兵的首创者和后来者的态度完全一致。

北京大学文革史研究学者印红标博士在题为《红卫兵“破四旧”的文化与政治》（见共识网 2014.05.06，下同）一文里，对 8 月下旬蜂拥而起、一时间震动了全社会的“破四旧”有详细的举证和分析。该文认为，运动最初重点在破除某些旧的文化传统和习俗，如更改商店、街道的名称，禁止某些服装和头发式样等等，但是短短两三天之内就发展到大范围的破坏文物古迹、打人、抄家、驱逐地主、富农、反革命、坏分子、右派“五类分子”回原籍等暴力行动，造成巨大的社会混乱和血腥的“红色恐怖”。

说来荒唐可笑。红卫兵的“破四旧”居然是从剪辫子、剁高跟鞋开始的。我班一个同学记得，一天教室黑板上有个“最后通牒”，勒令某某、某某两位同学必须在限定时间内剪掉长辫子，否则后果自负。最后通牒和勒令几个字用在同学头上，震撼了她，让她终生难忘。当她再次看到那两位同学，她们已经剪掉了长辫子。我班另一同学叶维丽在《动荡的青春》一书，谈了她见到的“破四旧”：

有一天我和几个同学去王府井大街，听说那里带“封资修”色彩的老字号商店招牌都被拿下来了，我们想去看看。在亨得利表店门口有一群人，一看是一些男红卫兵围住一个梳长辫子的女人，让她把头发剪了，理由是邓拓赞美过长发，所以长发不好。我就问那些男生，邓拓也提倡喝白开水，那是不是我们就都不喝了？当时有很多人围观，我说这话的时候有人从后面拉我的衣角不让我说下去。我们都带着红卫兵袖章，那些男红卫兵不能把我怎么样，可我们还是很快离开了。我们里面也有一个留辫子的，路上大家都说还是剪了吧，省得惹麻烦，没过几天那个同学就把辫子剪了。我班同学梳长辫子的有十几位，几天之间全变成齐肩的小辫或小刷子。

首当其冲被野蛮整治的不仅有个人的生活方式，还有城市的市容市貌。从穿衣戴帽到不准资产阶级雇佣保姆，从大街小巷的名称到老字号商店的牌匾，横扫一切涉及“封资修”文化的东西。

文革前的夏天，成年已婚女人通常穿旗袍（俗称大褂）、未婚姑娘穿布拉吉（连衣裙）和不过膝的短裙。“破四旧”开始没几天，那些丰富多样的衣服款式不见了，男人都换成了四个兜的中山装或建设服，女人不分老少都穿起了长裤。否则，就可能在大庭广众之下被撕烂衣裳、剁掉鞋跟（尖）、丢人现眼。我姐身材修长，穿“大褂”特别好看，可是从那以后，她这辈子再也没有穿过。而我呢，从16岁那个夏天往后十多年间没有穿过裙子。“破四旧”让中国城乡的大街上，除了国防绿，就是蓝白灰。

砸商店牌匾、改街道名称成为肆无忌惮的活动。苏联大使馆前的马路改为反修路，东交民巷改为反帝路，沙滩改为五四大街……全聚德烤鸭店改成北京烤鸭店，东安市场改成东风市场，所有涉及封资修的街道名称、店铺名称甚至个人姓名，统统都在改。我认识一位同龄女生，改名“向东永革”。更多人改名红卫、红革、红兵、文革、永革、卫东、爱党。北京女十五中红卫兵提出要改变交通信号灯，红灯行，绿灯停，因为红色象征着革命。国务院没有接受这个倡议，为此，周恩来还向红卫兵做了解释。

解散民主党派，也是“破四旧”的内容。1966年8月23日夜到24日晨，北京八中红卫兵发出《最后通牒》，限令各民主党派在72小时内自行解散并登报声明。从8月25日起，北京各民主党派中央机关停止办公，并贴出内容大致相同的通告，表示坚决接受红卫兵的意见，自即日起停止办公，报请党中央处理。经中共中央统战部讨论，周恩来指示中国民主同盟等民主党派中央暂时停止办公，向红卫兵交出印章，由红卫兵在大门贴上封条，避免冲突。[1]

如果“破四旧”仅仅是剪掉长辫子、不穿高跟鞋、旗袍和连衣裙、商店街道个人改名换姓，也罢。如果仅仅是在形式上消灭封资修文

1　1. 参见印红标《红卫兵“破四旧”的文化与政治》
2. 据陈小鲁回忆，八个民主党派的公章全部交给北京八中红卫兵。多年后一个熟识的民主党派干部告诉他，当年北京八中红卫兵发了通令以后，民主党派非常紧张，不知怎么办好。后来总理知道后出个主意，就是“先发制人”，先“缴枪投降”。投降了，红卫兵就不会再找麻烦了，民主党派就保护起来了。（米鹤都主编《回忆与反思＊红卫兵时代风云人物——口述历史之二》P31）

化，也还不至于造成全社会的恐惧。然而这只是序曲。短短几天就变成肆意打砸抢、抄家、私设刑堂、剥夺私有财产、消灭和驱逐黑五类。

肆意砸毁文物、焚烧图书、捣毁寺院教堂。据印红标的文章引述，北京市 1958 年第一次文物普查中保存下来的 6,843 处文物古迹中，有 4，922 处在文革期间被毁，大多数毁于 1966 年夏天的“破四旧”当中。被毁的不仅有公物，大批私人收藏的文物同样遭到毁坏。很多居民在红卫兵暴力抄家的恐惧中，丢弃或者自毁私家珍贵收藏，更是不计其数。

吴德在《十年风雨纪事》中说：

> “破四旧”超越了常规。在它的名义下，抄家、伤人、打死人的情况出现了。到处破坏，甚至破坏到了中南海里头。中南海北院紫光阁后边的吴成殿房，康熙题写的一块“下马必亡”的碑石都被红卫兵抬走了，后来四处找寻才找回来。红卫兵还把中南海院子里的一些石狮子抄走了。堂堂国务院也在劫难逃。

各类宗教同样是革命的对象，宗教活动被迫停止，许多寺庙教堂遭到破坏。1966 年 8 月 24 日，北京 10 多所学校的红卫兵冲进天主教玛利亚方济格修女会，要求驱逐外国修女。28 日北京公安局宣布驱逐 8 名“从事反革命活动”的外国修女出境。

抄家

如果说，红卫兵对本校同学、老师实施抄家时某些人能够尚存一点斯文，那么根据派出所、街道提供的名单，对素不相识的“五类分子”“黑帮”“牛鬼蛇神”“反动学术权威”以及各种“登记在册”的另类人群的住所实行突然搜查时，说他们如同土匪，并不过分。抄家通常从午夜开始，砸门、破门而入，先捆人，后抄物，当场贴条封门，将查抄对象扫地出门，只是一般程序。如果搜出来的仅仅是金银财宝还好说，没收即可，如果抄出“变天账”（譬如房契、地契）、青天白日旗、蒋介石像之类，这家主人很可能当场毙命。

最近我听到了两个同班同学讲述她们的经历。

祝同学，家有祖传房产，家庭出身是“房产主”。父亲解放初在中南海里当文化教员，1957 年被打成右派。她在六姐妹中最小，长姐早年参加革命，时任北京电话局局长，尚未被打倒，其他几个姐姐也都大学毕业，工作、成家。抄家之风刚起，为了保护父母，在长姐的安排下，她家主动自我抄家。腾退出全部房产，毁掉所有值钱的字画古籍，父母分别疏散，只剩 16 岁的她，独自一人守着一间小屋，在恐惧和焦虑中度日如年。父母好歹逃过一劫。

同学小树父亲解放前在前门廊坊头条开金店，家境比较殷实。抄家之风骤起，她知道是祸躲不过，请班里某红卫兵去抄家，被婉拒。她认为家里的许多老唱片是祸害，先做了清理，砸成一堆碎片。8 月下旬的一天凌晨两三点，砸门声响起，破门而入的是北京工业学院红卫兵。她听见母亲小声对父亲说：“把钥匙都给他们，只要人在就行。”母亲的镇静让她终生不忘。那时她的大哥哥大姐姐们都已成年另过，家里只有父母，16 岁的她和小哥哥。大学生们把她的父母捆起来，开始查抄。没有找到存折和现金，只有珠宝首饰金表皮草什么的。除了家具搬不走，红卫兵把能抄走的细软塞满一只长躺柜，搬到车上拉走了。留下的红卫兵让她和小哥哥去街坊院里，跪在一边看打反革命。被打的人是房管所的瓦匠，一次在中南海修房子时，他一边抹墙一边说：“现在毛主席住这儿，从前是皇上住这儿。”就这么一句话，被有心人揭发，成了侮辱毛主席的现行反革命。红卫兵对他殴打一轮后，接着强迫他的女儿打他。于是，女儿不得不动手打自己的爹。

她和小哥哥跪到早上，才回到自己院里。红卫兵让她们在自家五间房子里选一间，父母选了最小的一间耳房，其余成为红卫兵的办公室。她说，这辈子最怕深夜响起的敲门声。

不知道多少人家哑巴吃黄连，把苦痛都咽进了肚子里。那时因为年纪小，我很少关注别人的不幸。几十年后听到我的同学们亲口说出可怕的经历，她们所受的伤害我感同身受。我感谢她们的信任，同时为自己当年的懵懂和麻木而羞愧。我班红卫兵 L 抄了自己最要好同学的家，还大言不惭地住在人家，我是在将近 50 年后才知道。高年级红卫兵或许很少有人殴打老师同学，但是抄家时表现的冷酷无情，同样会给受害者心灵划下口子。高三年级红卫兵在学校礼堂搞过抄家成果展览。近年我多次听到同学们说起这事，勾起了我的记忆。我依稀记得礼堂舞台木地板上扬起的尘埃，光线很暗，展出的物件都带着陈年味道，没有引起我的兴趣。可是不少高中学姐都记得清楚，有的说，在那个展览上生平第一次看见了金元宝，有的说，绫罗绸缎散落一地，有个高三学姐直言，那是某某家几代人积累的财富啊。土改运动（1949 年）、工商资本主义改造（1956 年）都没有被剥夺的私有财产，在文革中全被红卫兵抄走了！我还听说，有的红卫兵抄老师家时，将人家的存折据为己有，有的抄本班同学家时，将人家的现款存到自己名下。都是有名有姓、有头有脸、从小不懂得穷滋味的革命干部子弟。

有的班当初组织、参与过抄家的同学从 30 年前就开始道歉，或在同学聚会上公开道歉，或给受害同学写信私下道歉，同学关系得到有效修复。然而更多人至今坚守着不道歉的理由，要么强调那是共产党的错误，毛泽东的错误，自己是个孩子，为什么要承担责任？要么认为抄出的物品都是剥削所得，自己并没有错。要么认为自己的父亲后来被打倒，受的伤害更深，大家都扯平了。更有甚者，认为“我们”不去抄你家，换作别的学校红卫兵去，没准出了人命，所以“我们”保护了你家。可你们难道真的不懂，对于受害同学来说，失去的不仅仅是家庭多年积累的财富，受到的不仅仅是一时的惊吓，更重要的是人格被凌辱、尊严被践踏、自信被摧毁？是伴随一生的伤与痛？

印红标在《红卫兵“破四旧”的文化与政治》一文里，引述了以下资料：1966 年 8、9 月间，北京市有 33,695 户被抄家，被没收的物品包括“枪支 268 支；弹药 11,056 发；凶器 19,676 件；地契、变天账 41,294 件；反动旗子 1,048 面；反动日记、诗文 6,820 本（篇）；反动证章、证件 14,398 件；反动官服 902 件；黄金 103,131 两；白银 345,212 两；现金 55,459,919 元；文物、玉器 613,618 件。另据统计，北京市查抄没收了大量的金银、金银制品，以及现金、存款、公债、外币 4,478 万元；由各区、县收存的文物、字画、硬木家具等实物 330.51 万多件；各区、县收存的财物变价达 1,867 万元。

彻底剥夺私有财产

红卫兵认为，在无产阶级社会中，根本不应准许私营存在，建议把大街上一切公私合营字样都改成国营，把公私合营企业改成国营企业。

红卫兵勒令资本家“立即停止拿定息股息”，不许资产阶级占有大量房屋，“以三人一间为限，多余房间一律交房管局处理”，房产主必须把私房全部交公。政府当即从 9 月开始停止向资本家支付定息，接收私有房产业主不得不交出的房产。据不完全统计北京市没收私房 52 万间，其中私人自住房 82,230 间。

红卫兵还有更多荒唐的勒令，譬如资产阶级从九月份起把高薪降低于人民的水平。银行有存款的地、富、反、坏、右、资本家，不许取走一厘一毫。废除银行的利息制度，让人们本着节约爱国精神储蓄，支援社会主义建设。各报纸今后一律不许给过多的稿费，一律不给地富反坏右分子退休金。

对于“游手好闲的社会青年”，也不能放过。师大女附中毛泽东主义红卫兵在 1966 年 8 月 24 日专门针对“社会青年”发出最后通牒，全文如下：

社会青年们：

无产阶级文化大革命正以雷霆万钧之势迅猛发展，现在我们红卫兵已经向四旧发起猛攻了，革命已经革到你们头上了。

过去，在旧市委的纵容下，你们这群白吃人民饭、游手好闲的寄生虫们，贪图安逸、享受，到处为非作歹，扰乱治安，干尽了坏事，为资本主义复辟大开方便之门，这是我们“毛泽东主义红卫兵”绝不能容忍的，我们既然要造反，就由不得你们了，我们就是要把火药味搞得浓浓的，爆破筒、手榴弹一齐向你们投过去，把你们的旧思想、旧习惯打个落花流水，打个稀巴烂，绝不留情。

老子革命儿好汉，老子反动儿混蛋，就是基本如此，你们的老子今天被人民专政了，跟他们一样作威作福当老爷是办不到了！要革命的站过来，不革命的滚蛋，反革命的就叫你彻底完蛋。

现在你们唯一的出路就是上山下乡，到广大的工农兵中去，彻底改造，彻底脱胎换骨，重新做人。否则，下一步棋怎么走，就由不得你们了。

最后，勒令你们在72小时之内到劳动局报到，上山下乡不得违令。

你们不革命，我们就坚决革你们的命！

把你们坚决、彻底、干净消灭掉！

不获全胜，绝不收兵！

我校“毛泽东主义红卫兵”因反工作组而成为受到毛主席支持的革命左派，工作组撤走后，组织得到急剧扩张，在“破四旧”中和“红卫兵”一样，成员自由组合、各自为战，至今不知道这张杀气腾腾的传单出自何人之手。

私设刑堂

“破四旧”中，许多中学私设刑堂和关押场所。最著名的是北京男六中红卫兵设立的“劳改所”，不仅关押本校的教职员工、学生，也关押从校外抓来的所谓“牛鬼蛇神”，施以酷刑。高中学生王光华和86岁老校工徐霈田即被毒打折磨致死。他们还用红颜料把“红色恐怖万岁”写在劳改所的墙上。北京女三中的红卫兵同样残暴，她们在地下室对女校长沙坪轮番毒打折磨一整夜，第二天早晨还把气若游丝的校长拖上台继续批斗殴打，直至死亡。

我们学校也私设了刑堂，地点是离学校大门不远的化学实验室。一个19岁的饭馆女服务员，在谈恋爱时被男八中的红卫兵抓住，打得鼻青脸肿，送到我校，交由一伙儿初中生（没有初三）折磨。那些十四五岁的小姑娘，无师自通地把人家捆绑在柱子上施以刑罚。有知情者说，女“俘虏”要喝水，她们给她灌了很多涮墩布的脏水，喝完不久，19岁的姑娘就死了（事后知道她出身工人，是家中最小的孩子)。当天卡车来运尸体时，有同学看到死者的脸肿得特别大，已经没有人样了。最近我还听到一个高三学姐谈到她进入“刑讯室”查看的情况。屋里很臭。当时一个伪团长的小老婆被打得满地爬，看见她进来，爬过来扒着她的腿，一个劲说“饶命啊！饶命啊！”她问两个初二小孩，谁让你们这么干的？对方回答是公安局分配的任务。我校与西城分局看守所一墙之隔，经常听到那里传出的哭喊声。是否公安局把“不够条件”收容的人，譬如女服务员、伪团长的姨太太统统交由红卫兵处理了？

驱逐“黑五类”

“破四旧”运动中，驱逐地主、富农、反革命、坏分子，后来波及右派分子、资本家以及有严重政治历史问题的人，限期离开北京。8 月 24 日“北京四中革命师生”发出《通令——关于驱逐四类分子的五项命令》，要求“一九六六年九月十日以前，一切钻进北京的地、富、反、坏分子必须滚出北京。滚回老家老老实实地劳动改造，不许乱说乱动，如不老实，立即镇压。”“各派出所把所有地、富、反、坏分子名单用大字报公布，走一个销一个，便于群众监督、检查。”(见印红标的文章)北京的三个火车站，每天都有大批的男女被押解来、驱逐去，其中许多是老人。我的同学在北京火车站亲眼看见一个妇女怀里抱的孩子，被红卫兵生生夺走。

陈毅在 1966 年 8 月 30 日讲话中提道：“有的把黑五类往家送，走到半路就把人家打死了。”(印红标的文章引述)透露出一个元帅的内心焦虑。我同学英子从记事起，家里的日子就很困难，爷爷、父母、三个孩子，6 口人过得紧紧巴巴。爷爷和父亲以修理钢笔为业，我记得她在一篇博客里写过，北京刚解放，父亲就和爷爷来到北京城，在皇城根下摆摊修钢笔。父亲因严重肺病手术切除了肺叶，身体很不好。八月二十几号她家也被抄了，因为爷爷是“地主”。四十年代爷爷在老家怀来和张家口之间跑买卖，把挣的钱都置了地。没承想土改一来就被划成地主，爷爷又一无所有了，后半辈子靠修钢笔为生。家里实在太穷了，实在没有可以拿走的物件，红卫兵只好抄走了一把金笔尖。那天父亲送爷爷回老家，把铺盖打包好，带着爷爷一起去西直门火车站托运。结果，爷爷被男三中红卫兵截住，当场给打死。她从外边回来，走到家附近，老远看见父亲吃力地用绳子拉着什么东西。走近一看，是爷爷的尸体。身体羸弱单薄的父亲，就那样半拖半拽着爷爷从西直门火车站走回车公庄的家，不知走了多长时间。没有人帮助他，他也不敢求助别人。爷爷火葬费的收据在桌子上搁了好久，她记得是 28 块 5 毛。英和我说的时候，我忍不住满眶的眼泪，不是为她爷爷，而是为她。

在红色恐怖的短短十几天里，这样的人间惨剧不知发生过多少？据印红标的文章披露，8 月 13 日至 9 月 15 日，北京 9 个城区和近郊区共迁出 77,000 余人。若从 8 月下旬计起，40 天里北京全市有 8.5 万人被驱赶回原籍。

上层对红卫兵抄家、驱逐等活动的态度是默许、迁就和姑息。周恩来 1966 年 9 月 1 日在接见红卫兵代表座谈会上说：搜查也必须搜查，但是最好与解放军、派出所三方面商量，要调查研究；一般的地主，如果到北京已经落户了，原籍也没有家的，不需要把他们马上赶走；右派分子已经摘了帽子的就不算右派分子了；一般资产阶级分子，如果老老实实奉公守法，有选举权，不一定马上打倒，不要搜查、抄家。

吴德在《十年风雨纪事》中说：“1966 年‘破四旧’后，一天，毛主席找我去汇报‘破四旧’的情况。当时林彪等人也在场。我汇报说市委没有力量控制局面，解决不了‘破四旧’产生的混乱局面。我的期望落空。雄才大略的毛主席，以他超乎常人的思维方式缓缓说：北京几个朝代的遗老没人动过，这次‘破四旧’动了，这样也好。林彪也说：这是个伟大的运动，只要掌握一条，不要打死人。”

据北京市的统计，1966 年 8、9 月期间，北京市被打死的人竟有 1772 名之多。我同意旅美作家胡平《比赛革命的革命》）一文中的观点：“文革中，群众性的暴力迫害发展到骇人听闻的地步。不论当时的政治环境为暴力迫害提供了多少方便（包括不受制裁的特权），党中央毛泽东毕竟没有直接号召打人。相反，他们还一再提出要文斗不要武斗；因此，施暴者本人难辞其咎。”

从我校的情况看，红卫兵在“破四旧”的活动中，并不是以班级为单位的集体出动，而是“志同道合”者自由组合，纷纷打着学校的旗号，在社会上呼啸而过。并非所有的红卫兵都参与了抄家、打人的极端行动。仅从我所在的班看，十余个具有红卫兵身份的同学中，参与抄家、打人的不过一二，而且我是多年后才听当事人或目击者说起的。在我校具有红卫兵身份的有五六百人，占全体学生的三分之一。她们当中参与抄家、打人、驱逐黑五类等活动的，也不会是多数。我不知道这个比例是否适用于北京的所有中学，可以肯定的是，正常人的心理，对于野蛮、暴力的反映，普遍应是退避和恐惧。

然而，正是一部分红卫兵的狂热、残忍、冷酷和无法无天，给社会造成了毁灭性重创，给老百姓生命财产带来了巨大损失。他们以偏激举动和血腥暴力，让红卫兵以疯魔形象走入历史。

2014 年 6 月 24 日

颤抖的胡同

题记：法律可以赦免，天意不可违逆。

学校完全乱套了，你是否去学校，没人管没人问。从那时起我知道了什么叫无政府主义。

我妈不让我到外面去，当然不是担心我惹祸，她是怕我中了暑热。我是她最小的孩子，我的四个哥哥姐姐和我之间隔着四个夭折的孩子，因此我在年龄和心理上与哥哥姐姐有着不小的距离。自从我父亲在“肃反”运动中自杀，母亲就使出了她后半生的全力拉扯我长大。母亲对我的爱是专制的，我上初中后就开始反抗母亲，常常把她想象成一个地主婆。该上学堂的孩子突然放羊了，这是啥社会？教员不像教员，学生不像学生！我妈愤愤地说，一直说到两年后我上山下乡。她至死不改乡音，管学生不说 xue（2 声）sheng，而是说成 xiao（2 声）sheng，管老师不叫老师，而是叫教员。

我也不想出去。学校里没我什么事，大街上一片乱纷纷，我看见那些戴红袖章、耀武扬威的红卫兵，心里就特别反感。我妈说，红卫兵都是讨吃鬼，你看看，好人家的孩子谁当红卫兵？她一向管不学好的孩子都叫讨吃鬼，意思是长大了只能要饭去。我也知道她说的“好人家”，不是胡同里的小资本家张三就是大右派李四，他们那种家庭的孩子都是不多言不多语，看上去老实又本分。自从我初二年级开始接受阶级斗争教育，阶级觉悟提高很快，因而和我妈的冲突也越来越多。不过她对待红卫兵的看法，我倒没有什么反感。

8 月 24 日，街坊小孩也是我的发小，附近一所中学的初三学生珠子找到我，说女一中红卫兵让咱们帮忙，看着叶子刚，你愿意吗？我跟我妈一说，要去看着大右派叶子刚。我妈问为啥要看着叶子刚？

我说可能怕他自杀呗。我妈一向认为叶子刚是好人，就同意了。珠子她爸是工人，她是红卫兵，把任务交给我们几个小孩，就参加学校的活动去了。

我们从 25 日一早上岗，轮班在叶子刚的家里，“看”着他。这个小院平时街门紧闭，显得非常神秘。原来，只有三户人家，叶家住着院里的一溜北房，好像自家就有抽水马桶。东屋沈姓人家和叶太太有点亲戚关系，夫妻都是知识分子。南边是邻院北屋的后墙。西屋住的小两口二十七八岁，可能也和叶家沾点关系。女的皮肤白皙，人很良善，是小儿麻痹后遗症，走路腿跛。男的戴了个红袖标，嘚瑟得不行，我们叫他小张。这二位也加入了我们的小组，我更多的时间是在小张家和他老婆闲聊。

从 26 日开始，胡同里的宁静就被打破了。房前屋后时常听到叫骂和哭声，空气里也浮动着紧张和不安。

27 日是个星期六，我站在叶家小院里，就能听到相邻南边的院子，乒乒乓乓摔东西的声音。这天轮到我值夜班，傍晚我姐代表我妈去慰问我，给我送了一碗饺子。上灯以后，因为天热，门敞开着，屋里有蚊子，咬得我心烦意乱。这时小张走进来，说了叶子刚什么，老头儿显得颇不耐烦，小张突然举起皮带抽了叶子刚一下，皮带落在老头手臂上。小张下手不是很重，却把我吓了一跳。第一次有人在我眼前打人，我脱口而出：“你干吗打人？不要这样！”小张咧着厚嘴唇子笑了笑，出去了。不一会儿，叶子刚就虚张声势地给自己手臂上涂了好几条红汞，让我也很反感。大约半夜了，我困得不行，正坐在椅子上打瞌睡，忽然被砰砰的敲门声惊醒，听见胡同里好像有许多人在喊叫奔跑。院门被砸开了，几个男生冲进屋里，不由分说就把我推搡到外面，从屋门口到院门口，两边都站着人，有人还站在东屋的房顶上。如今我已经想不起来，怎样一路被押解到附近的 86 中，当晚不值班的几个小伙伴也都被从家里抓来了，包括我家前院南屋的小城兄弟。86 中是所初级中学，就在人大会堂西边不远的绒线胡同，专门收留附近各个小学的落榜生，当年被我们好孩子看作流氓学校。我们被推进一间教室，一个瘦高男生让“立正”，我假装没听见，他走过来踢我的脚，还举起手里的军刀在空中乱划。我有点害怕了，才把脚收回来。他们也没戴红袖标，在我心里，小流氓还是小流氓。一会儿，有人在走廊里喊小城的名字，叫他哥俩出去。他们怯生生地走了，再也没回来。又过了一会儿，进来一个女生，小个子，梳着两条短辫，有点少白头，她坐在桌子后，挨个问我们什么家庭出身、是哪个学校的，态度很和气，和我们学校盛气凌人的干部子弟比，简直是天使。听我说自己是师大女附中初三的，她说她也是初三，叫杜桂兰，又说没你们什么事，大家不要害怕，天亮就回家吧，叶子刚的问题我们会管。

天刚放亮，我就回家了。小胡同里特别静，一点儿看不出惊心动魄的痕迹。八月末了，清凉的早晨，我走在没人的胡同里，脚步声沙沙地陪着我。我脑海里一直浮现着那个叫杜桂兰的女生，在这所我一直看不起的学校，在红卫兵比流氓更野蛮更霸道的日子里，是杜桂兰改变了我对 86 中的不佳印象。几十年过去了，我一直记得杜桂兰这个名字，她是那个夏天里我见到的最友善最讲理的红卫兵。

推开院门，几步进到前院，我立即被吓呆了。南屋大叔光着脊梁只穿了一条格子棉布短裤躺在湿漉漉的砖地上，惨白的双脚冲着我的方向，脸上盖了一张织锦的洋人像（后来知道是苏共领袖马林科夫）。靠着小西屋山墙的公共自来水笼头上连着一根胶皮管子，另一头游离在大叔身旁。院里死一般安静，大叔家也门窗紧闭，毫无声息。原来，86 中那帮小流氓放小城兄弟回家，是出了这事！此刻大婶和四个孩子在家吗？

我三步并作两步，穿过夹道，我家在后院。我说南屋大叔怎么啦？躺在当院好像死了？我妈说，你哪里知道？半夜砸门，前院不知进来多少人，连房上都站着人。北屋老三给开的门，就听见老三带着哭腔说话，那么老实胆小的孩子，不知犯了啥。刚消停了一会儿，听见人更多了，嚷嚷一片，啪啪地那是皮带抽人呢，后来听出来了，是打小城他爸呢。一夜没合眼啊，这是闹土匪呢！

我妈是旧社会过来的人，她是见过土匪的。我的家乡河北蔚县（隶属于张家口）曾经属于察哈尔省，是军阀拉锯的地方。我妈见过的军队多了，奉军、日本人、阎老西儿的顽固军、二十九军、中央军、八路军，她也跟着家人跑过反（跑反，指为躲避兵匪战乱而逃往别处）。可是，我妈显然也被镇住了，她说一夜没敢合眼。我无法想象大人们如何心惊肉跳，辩不清方向，不敢开灯，不敢长出气。悄悄掀起一角窗帘，天光里发现前院老三家房顶上影影绰绰站着人。夜深人静，突然冲进来一帮人，把南屋大叔揪出来一顿暴打，那会是多么可怕的一夜？

八月下旬的那些夜晚，北京胡同里的普通市民们，但凡家里有过小钱，祖上和旧社会有过牵连的谁不屏息静气，藏在窗帘后面打哆嗦呢？

我必须还要说到我校一个初一小孩，她 14 岁的残忍和冷酷，被许多校友终生留在记忆里。我前边讲过她的事了，这里是另外两桩。就在女服务员被打那天，有同学亲眼看到她在食堂的一排水笼头下把皮带浸湿，然后提着去打人。当年和她一起抄家的周小燕同学在网上读到我的文革纪事，特地打电话告诉我，一定要把某某的事写下来。我们在宣武门附近抄家时，她把人家里的老头捆在树上，用铁锹铲断了人家的腿，临走时街道干部问能不能把人放下来？她说不行。周说，“老头后来肯定死了！她才 14 岁，怎那么狠？实在是太狠了！”我写这些文字时，如临其境，心如刀绞，几次停顿，难以写下去。我不能理解一个从小生活优越、在学校里被老师同学宠着捧着的小女孩，为什么视平民如草芥，犯下如此令人发指的罪行？如今，她已年过花甲，有钱有势，我不禁想问一句：你还记得自己 14 岁那年的残忍吗？几十年来，你如何洗刷自己双手上无辜者的鲜血？但愿你已经在用自己的方式赎罪。作为校友，我们并不认识，永远也不会碰面。我在《文革纪事》中三次写到你，实在是想用这种方式提醒你，也提醒那个夏天和你一样的所有中学生，法律可以赦免，天意不可违逆。如此深重的业障，要让你们的后代去消除吗？

1966 年 8 月下旬的那些深夜，全北京发生了多少血腥的暴行？有多少人死于非命？南屋大叔没了。老右派叶子刚还在，从那天以后，他每个清晨准时出现在小胡同里，戴着金丝眼镜，穿着吊带西裤，非常绅士地抱着大扫帚，慢条斯理地扫着街道。我妈每次看见他，都上赶着和人家说话。叶子刚浓重的南方口音，她肯定一句也听不懂。可是我妈说："叶子刚可是个好人，一点架子都没有，一看见我，总是人家先点头。"

2014 年 6 月 24 日

红色恐怖戛然而止

题记："红色恐怖"出现高潮尽管只是十多天里的事，却让国家和老百姓元气大伤，必将祸延几代。

我用了这样一个题目来写这篇纪事，想必会遭到许多质疑，对于受到暴力伤害的人家，那是一段度日如年的漫长日子。不过，在我少年的记忆里，红卫兵无法无天的"破四旧"和草菅人命，更像一场超级风暴，来得快去得也快。

最近我参观宋庆龄故居，在展厅里恰好看到法国记者有关"破四旧"的报道，赶紧拍下，整理成文字。

第一则报道发自"破四旧"初起的 1966 年 8 月 24 日。

法新社记者樊尚报道首都红卫兵的革命主张和行动(8 月 24 日)

红卫兵继续在北京的墙上大量贴公告，其中一张根据文化革命口号提出了 23 项建议，概括如下：

1） 一切资产阶级必须从事体力劳动，
2） 一切电影院、剧院、图书馆等必须挂上毛泽东的像，
3） 在一切地方，室内室外都得有毛泽东语录，
4） 消灭旧风俗，
5） 调整商店，使之为工农兵服务，
6） 在遭到反对时，不必文质彬彬，
7） 取消高级饭馆，
8） 私人资本应交给国家，
9） 必须突出政治，
10） 标语应用红字写，不得用金字，
11） 取消一切"修正主义"名称，

12）在街上安装喇叭，以便发表指示，

13）应从托儿所开始学习毛泽东著作，

14）知识分子应去农村工作，

15）取消银行利息，

16）应该共同吃饭，恢复 1958 年最初的人民公社风习（全民吃大食堂——作者注），

17）不用香水、首饰、化妆品、非无产阶级衣服和鞋子，

18）取消头等车和软席车，

19）不得照所谓美女照片，

20）在街道或建筑物易名时，应反映出群众的劳动，

21）旧画（画竹和非政治画）应该取消，

22）不能容许各种画不符合毛泽东思想，

23）烧毁不反映毛泽东思想的书籍。

23 项内容，尚未提及抄家、驱逐黑五类等激烈行为。

第二则报道，记者为同一人，时间应为 1966 年 9 月 16 日。

【法新社北京十六日电】（记者：樊尚）

法新社记者根据大字报的透露，报道周恩来对红卫兵的讲话。

人民中国总理周恩来亲自告诫红卫兵不要使用暴力，并对他们说，解放军能够轻易地对付敌对分子。

北京的墙上贴出了周恩来最近的一次讲话，周在这次讲话中，对南京学生把中华民国创建人孙中山的铜像移去表示遗憾。他还为孙中山夫人、副主席宋庆龄辩解，最近一些大字报指责她是“资产阶级分子”。

周指出，红卫兵在进行他们的文化革命时，不应妨碍生产。因为中国需要外汇购买需要的机器，它靠出口某些产品取得外汇。

总理问道，“总之，如果生产停顿下来，我们吃什么呢？”

周最后指出，武斗是有害的。他说，解放军在必要时能够对付一切敌对分子。

同时，首都继续处于平静，这种平静已持续十天；成千上万的红卫兵集结车站，准备动身去全国各地。

卖冰棍的今天又出现于街上，叫卖着，一些商店又开门了。

今天街上还张贴了中共中央新的宣传部长陶铸八月三十一日的一次讲话，讲话中号召红卫兵既要勇，又要稳。

从法新社记者樊尚的报道中可以得知，1.8 月 24 日红卫兵针对平民的大规模抄家和暴力活动还没形成高潮，至少是没引起樊尚的注意。2.进入 9 月后，北京社会迅速恢复了平静。樊尚 16 日的报道称，首都继续处于平静，这种平静已持续十天。3.周恩来对红卫兵暴力活动的劝说不再含蓄委婉，直接告诉他们的代表，武斗是不可以的，关键时刻有解放军，言外之意是没你们什么事。

印红标在《红卫兵“破四旧”的文化与政治》一文中，也证实了北京市针对“地富反坏右”以及资本家等的大规模暴力活动出现在 8 月 24 日以后。

红卫兵“破四旧”活动的没有边际，首先引起高干子弟中少数精英的警觉，北京八中陈小鲁、北京四中孔丹、秦晓、北京六中董良翮等共商，在 8 月 25 日成立了“首都红卫兵西城纠察队”，旨在约束限制红卫兵的过火行为。据秦晓回忆（《暴风雨的回忆》P101，三联出版社），兵马齐备的“西纠”总部，可住下两个“连”的人马，分别由男四中和师大女附中组成，因为这两所中学，分别集中了最多的党政军高干子女。奇怪的是师大女附中红卫兵有如此强大的阵容，与男四中平分秋色，却没有一位进入西纠的领导班子，是否可以认为，一是刘进、宋彬彬于 8 月 19 日公开宣布退出文革筹委会（以及红卫兵）后，师大女附中并没有出现具有凝聚力的新的领袖人物；二是四中的几位心高志远的学生领袖并没有把女生放在眼里。

“西纠”生于乱世，依靠自己的高贵血统凌驾于一般红卫兵之上，在保护老干部、重要统战人士、紧急出动维护社会秩序、毛主席多次接见红卫兵时现场纠察等方面显示出一定的强势。然而，不论“西纠”的发起者有多么高尚的道德情操和特立独行的政治素质，不论“西纠”的队伍有多么高精尖，他们想控制“破四旧”的混乱局势只是杯水车薪。因为“西纠”的组织基础是更加纯化、高端的血统论，所以普通老百姓的生命安全并不在他们的视野之内。对待“贱民”—

—黑五类和所有遭受社会歧视的人群，“西纠”的领袖、骨干和冲在一线无法无天的红卫兵并无区别。

秦晓在回忆文章中谈到红卫兵暴力活动的缘起，是街头的流氓打了红卫兵，北京市召开了公安部门介入的声讨大会，几个被五花大绑的流氓，当场挨了红卫兵的殴打。秦晓用轻蔑的口气说，“那时街头的流氓根本不知道红卫兵的气势有多大，还以为地盘是他们的。后来据说毛主席批评了这次大会。”（《暴风雨的回忆》P102，三联出版社）显然，秦晓认为是街头流氓的挑衅，引发了红卫兵暴力的蔓延。

而同是北京四中老三届学生的北大学者印红标，对红卫兵暴力的兴起却有不同的追溯。“8 月 25 日，在抄家的高潮中，北京发生两三起被抄家者、被批斗者反抗的事件，其中崇文区揽杆市一个市民用菜刀砍伤了来抄他家，对他和家人实行暴力批斗的红卫兵。红卫兵认为这是严重的阶级报复事件，由此变本加厉地疯狂实施暴力，成批的无辜市民被毒打致死，北京笼罩在‘红色恐怖’之中。”（印红标：《红卫兵“破四旧”的文化与政治》）印红标告诉读者，是红卫兵的暴力在先，市民的正当防卫在后，而市民的正当防卫，激起了红卫兵更猛烈的报复。

事实是，北京市的暴力恐怖活动迅速登峰造极，恰恰是在“西纠”成立之后。“西纠”倾尽全力保护了正在风口浪尖上煎熬的老干部，他们的父辈。如在 1966 年 8 月 26 日、27 日连续发出的第二号通令、第三号通令中强调：“一切组织和个人都不得拦截首长汽车，不得搜查首长宿舍。”“绝不允许任何人无理勒令革命老首长搬家，辞退保姆，交出电视、沙发、汽车等，我们要坚决粉碎敌人的阶级报复，坚决反对绝对平均主义。”孔丹在《难得本色任天然》一书中，谈到“西纠”，认为一、二、三号通令是零敲碎打，四号通令专门制止打人，五号通令是关于抄家要注意的政策，六号、七号通令是政策指向，对日趋严重的局势提出相对比较完整的政策性意见。由于“遭到相当多的红卫兵的攻击，让我们不得不后退”，于是又出了八号通令。这一妥协，充分展现了在对待普通市民，和一贯被社会歧视的“贱民”方面，“西纠”的态度不仅冷漠甚至是鄙视的。“我们要严厉警告那些妄图反攻倒算，变天复辟的混蛋们：以前，我们的革命群众和红卫兵出于对阶级敌人的刻骨仇恨，抄了你们的家，打了你们的人，给你们戴了高帽子，牵你们去游街示众，赶你们回原籍劳动改造。我们认为：抄了就抄了，打了就打了，戴了就戴了，赶了就赶了，没有什么了不起的！你们想利用群众运动中的一些缺点，猖狂反扑，进行阶级报复。告诉你们，这只能是‘搬起石头打自己的脚！’我们每一个纠察队员完全有权力、有义务协助革命群众，坚决镇压一切阶级敌人的反攻倒算！”（西纠第八号通令，1966 年 9 月 11 日）

写出这样的通令，不是西纠的智囊中心孔丹、秦晓、李三友们的错。文革结束后，中共中央进行过整党和对“三种人”的清理，孔丹（与董志雄）1984 年上书陈云，要求中央对造反派和红卫兵区别对待。信中认为，有的地方和单位竟把“老红卫兵”在“破四旧”中发生的问题当作“三种人”问题来清查。……“老红卫兵”作为一种政治力量，其大多数人在“文革”各个重要阶段，表现是好的，是经住了考验的。他们对党、对老一辈无产阶级革命家有深厚的感情，对“文化大革命”的“左”倾错误较早不满和抵制，对林彪、“四人帮”的倒行逆施深恶痛绝。在“文革”初期，“老红卫兵”中一些人也有打、砸、抄行为，如打了当时被认为是“阶级敌人”的人（如“地富反坏”、流氓等），抄了那些人的家，砸了当时被认为是“四旧”的东西（如一些寺庙、某些商标等）。……这是在当时“破四旧”的号召下发生的，时间很短暂（个把月左右），我们认为大多属于一般性错误。当然，对其中情节严重者，如个别打死人的，如果过去没处理过，也必须区别情况，认真处理。但这不能与“三种人”的打、砸、抢混为一谈。（孔丹、董志雄给陈云同志的信——中央政治局文件［1984］2 号）

陈云（1984 年 2 月 27 日）批示：孔丹同志的意见是对的，有关部门应当研究。这些红卫兵不属于“三种人”[1]，其中好的还应是第

---

1 “三种人”，指“文革”中造反起家的人、帮派思想严重的人和打砸抢分子。造反起家的人，指紧跟林彪、江青两个反革命集团，造反夺权，升了官，干了坏事，情节严重的人。帮派思想严重的人，指竭力宣扬林彪、江青反革命

二梯队的选拔对象。

不知30年后的今天，年近古稀的孔丹是否还坚持认为，文革中同是夺人性命，红卫兵和造反派有着本质的区别。写到这里，我痛感到对无辜者生命和权利的漠视，从最高领袖包括他的政敌和战友，到矗立街头看热闹、想吃人血馒头的老百姓，无一例外。这是中国的千年悲剧，是迄今未改丝毫的民族劣根性。

红卫兵"破四旧"的行动，得到了当时党政军媒体的一致欢呼，认为极大地荡涤了旧社会的污泥浊水。8月底，中共中央感到暴力问题的严重性，发表社论，由领导人出面劝说红卫兵，或者通过红卫兵自己发布文告宣传中央的政策，制止打人等暴力行为。

8月30日，我校红卫兵与化工学院附中红卫兵联合发布《告工农革干子弟书》，明确提出，要"保护我们的革命前辈"，"革命干部的家一律不许查抄，凡没经中央，新市委批准定案是黑帮、反革命分子的当权派的家也不应查抄。"

限于篇幅，我将相关部分抄录如下：

为了防止坏人钻空子，保护我们的革命前辈，捍卫无产阶级红色政权，希望红卫兵战士能够做到，并帮助宣传下列建议：

1. 忠实执行十六条，勇敢捍卫十六条，努力学习毛主席著作和社论，用以指导我们的斗争。对于任何不符合十六条的现象，言论，行动，每个红卫兵战士都应该勇敢地挺身而出，批评制止。
2. 要向解放军学习，严格遵守三大纪律八项注意。
3. 要用文斗，不许用武斗，凡是没有经党中央和新市委批准定案是黑帮、反革命的，一律不许体罚，毒打、挂牌、剃头、劳改。（适当劳动可以）防止有坏人进行煽动，打死革命干

集团的反动思想，拉帮结派干坏事，粉碎"四人帮"以后，明里暗里进行帮派活动的人。打砸抢分子，指诬陷迫害干部、群众，刑讯逼供，摧残人身，情节严重的人，砸机关、抢档案、破坏公私财物和文物的主要分子和幕后策划者，策划、组织、指挥武斗造成严重后果的分子。（见1982年12月30日中共中央发出《关于清理领导班子中"三种人"问题的通知》）

部，打死好人，或者杀人灭口。凡是不符合毛泽东思想的，我们就反对，就批判。拷打、罚跪、剃阴阳头等等，本身都是旧军阀作风，国民党作风，都是统治阶级用来对待劳动人民的一套，这也属于四旧范围。“破四旧”，我们也要破这种不良作风，我们要用无产阶级的崭新的斗争方法向旧世界开战。

4. 革命干部的家一律不许查抄，凡没经中央，新市委批准定案是黑帮、反革命分子的当权派的家也不应查抄。严防坏人借口反革干特殊化，反黑帮分子盗窃国家机密文件。
5. 查抄地、富、反、坏、右、资黑六类家时，应跟当地派出所、公安局联系。查抄时，财物不应毁坏（除黄色、反动物品之外）一律清点交出，不得私自留用。
6. 对于那些恶意煽动群众，故意违反政策的人，要严加警惕，进行追查，把那些蓄意破坏文化大革命的坏分子，进行阶级报复，反攻倒算的地富反坏右资产阶级狗崽子们揪到光天化日之下。

最后署名是师大女附中红卫兵、化工学院附中红卫兵，1966 年 8 月 30 日。

不清楚“师大女附中红卫兵”具体是哪些学生。据校友回忆，当时红卫兵总部占据了东楼一层一间大办公室，公章放在抽屉里，谁都可以用。“毛泽东主义红卫兵”总部在隔壁一间小办公室，公章拴在该组织一个头头的钥匙链上，随身携带。因此，对于一成立就很松散的“红卫兵”来说，谁都可以是“代表”，谁都可以和发小、好友（甭管是哪儿的红卫兵）联名发布公告。

红卫兵中的革命干部子弟，他们的父母在不可控的“革命风暴”中纷纷落马，家庭被查抄、父母被关押的消息接踵而来。后院保不住，直接瓦解了他们的“斗志”，他们必须转身面对残酷的现实。我认为这也是“红色恐怖”退潮的直接原因之一。

1966 年 8 月 31 日，毛泽东第二次接见外地来京师生和红卫兵，大约 50 万人。已晋升为二号人物的林彪在大会上讲话。他说："当前无产阶级文化大革命的形势，好得很！红卫兵和其他青少年的革命组织，像雨后春笋一样地发展起来。他们真诚走上街头，横扫'四旧'。文化大革命，已经触及到政治，触及到经济。学校的斗批改，发展到社会主义的斗批改。"

但是他更强调"我们一定要按照毛主席的教导，要用文斗，不用武斗。不要动手打人。斗争那些走资本主义道路的当权派，斗争才能触其灵魂。"

林彪的讲话，明确指出斗争大方向，是那些走资本主义道路的当权派。毫无疑问，毛主席发动文革的目的并非是将传统的阶级敌人"地富反坏右"外加资本家重新收拾一顿，这些人早已沦为社会最底层的贱民，不值得如此大动干戈。毛主席要整的是睡在身边的"赫鲁晓夫"。为此，毛主席的大字报不胫而走，很快就家喻户晓：

全国第一张马列主义的大字报和人民日报评论员的评论，写得何等好呵！请同志们重读这一张大字报和这个评论。可是在 50 多天里，从中央到地方的某些领导同志，却反其道而行之，站在反动的资产阶级立场上，实行资产阶级专政，将无产阶级轰轰烈烈的文化大革命运动打下去，颠倒是非，混淆黑白，围剿革命派，压制不同意见，实行白色恐怖，自以为得意，长资产阶级的威风，灭无产阶级的志气，又何其毒也！联想到 1962 年的右倾和 1964 年形"左"实右的错误倾向，岂不是可以发人深省的吗？

1966 年 8 月 7 日，中共十一届全会印发了这张大字报，并附聂元梓等 7 人的大字报"把无产阶级文化大革命进行到底，把社会主义的中国建设成为无产阶级的铁打的江山，完成中国人民和世界革命人民赋予我们光荣的历史使命。"随后是 8 月 18 日天安门广场召开的"庆祝无产阶级文化大革命胜利大会"，百万群众接受毛的检阅，等于是新的誓师大会。随后红卫兵的"破四旧"却完全背离了文革的大方向，造势是可以的，继续胡闹是不行的。

印红标在《红卫兵"破四旧"的文化与政治》一文中引述：

文革初期担任中央文革小组成员的王力，在1991年的回忆中谈到毛泽东对红卫兵破四旧的态度，他说：“‘破四旧’不是毛主席的思想，同毛主席的思想相违背，不一致，不合拍”。“红卫兵搞得天翻地覆的，首先是‘破四旧’的运动。有些历史学家不知道毛主席对‘破四旧’的作法实际态度是什么。据我和毛主席接触中的了解，他是不赞成破四旧的。……林彪讲话有这提法，陈伯达在人民日报社论中也这样提了。林彪接见红卫兵的讲话号召‘破四旧’，这讲话稿毛主席也看过，当时也不知道会产生这样大的后果。毛主席对当时的中央领导不满意，认为他们没有集中目标对准党内走资本主义道路的当权派，只搞‘破四旧’这些东西，毛主席对此并没有欣赏。林彪、陈伯达也没有号召这样去搞。是新华社、人民日报具体工作的同志对毛主席思想理解不够，新华社提倡这样搞。红卫兵八月二十日第一次上街，砸招牌，改路名，人民日报就说好得很，新华社作了详细的歌颂性的报道。在这一点上，毛主席对当时主管宣传工作的陶铸不满意。但群众行动也不好去制止。也没有想到会产生那么大的后果。一出现打人，毛主席就说不行，要文斗不要武斗。第二次接见红卫兵时，林彪讲话就提出要文斗不要武斗，说武斗只能触及皮肉，文斗才能触及灵魂。这是毛主席的思想。”

我校教师组织“星火燎原联队”在文革初期的《大事记》中，关于9月的记载只有两项：

1. 九月初我校“红卫兵造反队”某些人对全校老师集中训话（共三次），大骂老师“不革命”。革命教职工忍气吞声，有人不愿和她们辩论，有人和她们辩论，她们蛮不讲理，大多数是不敢说话。她们逼着老师写出上交揭发卞、胡的材料，并让自己交代和刘秀莹的关系。她们丝毫不走群众路线，强占了教研组，解散教研组，搞什么揭发卞、胡、刘、梅、汪的“专案组”。她们要立即转入对卞、胡、刘、梅、汪的揭批而绝口不提批判工作组。

从上述可以得知，部分红卫兵的兴奋中心已经转移校内，她们的领军人物，应是“西纠”成员。

2. 九月十二日，全校师生响应党“抓革命、促生产”的号召，下乡去参加秋收。这时工作组虽然早已撤离了我校，但工作组执行的资产阶级反动路线的遗毒却阴魂不散，流毒深远。特别是在谭力夫讲话的影响下，在劳动过程中，师生之间，同学之间存在着严重的对立和分裂现象。

9 月 5 日《人民日报》发表社论《用文斗，不用武斗》，一改两周前的欢呼和鼓励。红卫兵的严重暴力行为在 9 月初受到明显抑制。随后，北京城里的中学生纷纷下乡参加秋收，少数红卫兵骨干作为“大串联”的先头部队，离开北京去各地“煽风点火”。“破四旧”被釜底抽薪，大火迅速熄灭。当然，零星地方的余烬仍旧在燃烧。

“红色恐怖”出现高潮尽管只是十多天里的事，却让国家和老百姓元气大伤，祸延几代。

2014 年 7 月 8 日

大串联[1]

题记：大串联就像水库的闸门，一经打开就风起浪涌，一泻千里。没有亲身经历者无法想象那种无序和极端混乱。

1966年8月1—12日中共八届十一中全会在北京举行，会议进行中的8月5日，毛泽东亲自写了《炮打司令部——我的一张大字报》。8月7日，会议转为集中揭发批判刘少奇，朱德、陈云、邓子恢、薄一波等也受到不同程度的批判。8月8日全会通过《关于无产阶级文化大革命的决定》（即《十六条》）。8月10日，稳操胜券的毛泽东走出中南海，来到群众接待站，会见革命群众，他说："你们要关心国家大事，要把无产阶级文化大革命进行到底！"

这件事留在了我的记忆里。虽然我在班里很孤立，很低贱，但是对伟大领袖毛主席的崇拜也到了无限的级别。

1966年8月18日，毛泽东率领重新排队的党中央在天安门城楼检阅百万大中学生和革命群众。随后，从外地涌入北京的学生越来越多，不见到毛主席谁都不离开北京。8月31日，9月15日，10月1日，10月18日，11月3日，11月10-11日，11月25-26日，又分别安排了七次不同时间、不同地点、不同形式的接见。

1966年8月31日，毛泽东第二次接见，人数大约五十万。林彪做大会讲话，勉励大家要敢于斗争，善于斗争，敢于革命，善于革命，掌握斗争大方向。要文斗，不用武斗。周恩来随后在讲话中，支持外地革命师生到京串联，并决定各地大专院校学生和中学生代表，可以分期分批到北京来。

---

1 1966~1967年的有关文件和报刊称为大串连。

9月5日，中共中央、国务院发出《关于组织外地高等学校革命学生、中等学校革命学生代表和革命教职工代表来京参观文化大革命运动的通知》。

1966年9月15日，第三次接见选择在下午5点40分。毛泽东和中央领导分乘6辆敞篷吉普，缓缓绕场一周，然后登上天安门。因为一度拥挤混乱，不得不出动军人紧急维持秩序。林彪讲话强调：炮打司令部就是炮打一小撮走资本主义道路的当权派。

第四次为当年国庆节，一百五十万人采用游行方式通过天安门。林彪在讲话中说："在无产阶级文化大革命中，以毛主席为代表的无产阶级革命路线同资产阶级反动路线的斗争还在继续。那些坚持错误路线的人只是一小撮，他们脱离人民、反对人民、反对毛泽东思想，这就决定了他们一定要失败。"

1966年10月18日，第五次接见在中午，50万人两列队伍绵延在长安街延伸道路两侧，席地而坐，解放军手挽手组成了一道道警戒线。毛泽东身穿草绿色军装，一直站在敞篷汽车上进行了检阅。

1966年11月3日，第六次接见是先开大会，后游行。参加接见的红卫兵都由接待站组织进行了两天军训，操练队列。大约200万红卫兵由东向西在行进中接受检阅。毛泽东在七个小时的接见活动中，和他最亲密的战友林彪先后九次走向城楼东西两端，向欢呼的人群招手、鼓掌。林彪在讲话中说："毛主席的无产阶级革命路线同资产阶级反动路线是水火不相容的。只有彻底批判资产阶级反动路线，清除这条路线的影响，才能正确地，完全地、彻底执行毛主席的路线。""在毛主席正确路线指引下，我国革命群众，创造了无产阶级专政下发展大民主的新经验。这种大民主是毛主席对于马列主义关于无产阶级革命，无产阶级专政学说的新贡献。"

1966年11月10、11日，第七次检阅历时两天，人数达到二百万。10日那天，在六个多小时里，来自全国各地的红卫兵分乘3000辆卡车缓缓通过天安门，整个车队绵延三十多里。广场还有30多万人，在车队全部通过后喊着毛主席万岁的口号，涌向天安门，将气氛推向高潮。11日下午，毛、林分乘敞篷汽车，继续检阅了150万人。

1966年11月25日、26日，最后一次接见的红卫兵200多万。第一天是乘车环城接见，路线基本上是现在的二环路，从天安门出发，走东直门，车速很快，绕道到钓鱼台休息。第二天的接见改在西苑机场，上百万人争睹伟大领袖真容，时任北京市代市长的吴德记得"当时踩死了两三个人，大家都没命地往前拥，形成不由自主的人潮。"

伟大领袖毛主席以前无古人后无来者的胆魄，决心让天下大乱到极点（以达到天下大治）。现在想来，老人家以73岁的古稀年龄，在极端纷乱喧嚣的环境里，头顶烈日动辄就是几个小时站在行走的敞篷车里，或在天安门城楼上从东到西来来回回地走大半天，最多一次检阅竟走了九趟！是什么精神鼓舞着他？若要打倒身边的赫鲁晓夫，若要清除党内的资产阶级司令部，在一个没有法治的帝国，非要这样吗？伟大领袖是否也是阿尔茨海默病（老年痴呆症）患者呢？疑心、偏执、随意、喜怒无常这些早期症状，放在一个普通市民身上，至多牵累几个家人，可是最高领袖病态的任何举动，都让几亿人遭殃。

大串联就像水库的闸门，一经打开就风起浪涌，一泻千里。没有亲身经历者无法想象那种无序和极端混乱。

吴德在《十年风雨纪事》中回忆，毛主席从1966年8月18日起，接连八次检阅红卫兵，大概接见了1300万全国各地红卫兵。"全国大串联，坐火车不要钱，到处可以吃饭。当时都叫红卫兵，手臂上套一块红布就行，这给组织接见工作带来很大困难。"

当时的负责官员不知被毛泽东的突发奇想弄得怎样狼狈不堪，连现场维持秩序的吴德，也常被挤得前胸贴后背，找不到北，喘不过气。让伟大领袖坐在车里检阅，或让红卫兵坐在车里受阅，各有各的麻烦。他说："八次检阅，每次都是周总理亲自布置，当时真是时时提着心，生怕出事。"

据吴德回忆，当时北京城区市民不过300多万，来京红卫兵最多一天竟也300多万，包吃住行还不算，大量南方学生还要送御寒衣服。有一天来的人特别多，前门一带（北京市委接待处）都挤满了，人山人海。吴德没办法了去找总理，周总理说通知中央各机关和市委机关一起在工人体育馆开动员大会。结果吴德一讲话满场起哄没人听，只好打电话求救总理。“周总理来后，当即要求各机关派人去市委接待站领人，能住多少领走多少，管吃管住。中南海也腾出一些地方住红卫兵。”……后来新任中宣部部长陶铸提出，这样串联影响铁路等交通的正常运输，号召走路串联，不坐车乘船，发扬艰苦奋斗精神。

1966 年 10 月 22 日，大连海运学院十五个红卫兵组成的《长征红卫队》历时一个月，步行两千多里抵达北京。为此《人民日报》发表社论《红卫兵不怕远征难》。社论中说：“大串联是群众在无产阶级文化大革命中的伟大创举。我们伟大领袖毛主席，一直是支持大串联的，并且主张把这种革命行动大大推广”。“不坐火车，汽车，徒步行军进行大串联，这又是一个很有意义的创举。”

陈伯达在《人民日报》编辑部接见北京地质学院《东方红》、北京航空学院《红旗》等组织的代表时说，“你们步行就是准备大斗、大批、大改；更有力量地斗，更有力量地批，更有力量地改。你们头脑要武装起来，就要按毛主席的教导到群众当中去。”

首都红卫兵第一、第三司令部及大连海运学院“长征红卫队”、蚌埠铁路中学“毛泽东思想宣传队”在北京体育场召开了“全国在京革命师生步行串连回本单位誓师大会”，周恩来亲临大会表示支持。大会通过了“全国在京革命师生步行串连回本单位倡议书”。

毕竟是不谙世事的孩子，大学生也不过二十出头，很快就被忽悠踏上了长征路。无数支“长征队”，举着红旗，从北京出发直奔韶山、井冈山或延安，也有外地甚至边远省份的红卫兵长征队，夜以继日向伟大祖国的心脏进发。

串联，也是讲身份的。北京大中学校红卫兵中的高干子弟，最早在八月末就开赴外地了，他们冲到哪里，哪里就掀起革命高潮。地方官员面对突如其来的反对和声讨浪潮，纷纷不知所措。个别急中生智者如湖北省委书记王任重（文革初期曾一度兼任中央文革小组副组长），抓住了不久前因给毛主席戴上红卫兵袖章而名声大噪的宋彬彬。王任重几次邀请宋彬彬和她的好友刘进去钓鱼台，宋彬彬是他的老上级宋任穷的女儿，刘进的父亲刘仰峤曾担任过湖北省委书记，是他的同事，两个女孩他都认识。九月初的一天，她俩去见父辈的战友。王一见到她们，就开门见山动员她们两个到武汉去。王还找了清华附中骆小海、卜大华等比较有名、有影响的学生，想动员他们到湖北去保省委。

王任重说，湖北省委是革命的，现在有人反对省委，这件事可能是有什么背景的。他当时背了一段毛主席语录，然后就问她们怎么办？宋彬彬马上说，那不行啊，不能让他们反对咱们。她当时觉得王任重说的都特别对。王任重说："那你们能不能去一趟武汉？"刘进脱口而出，说王叔叔，毛主席不是说让自己解放自己吗？怎么还让我们去呀？她当时没有想得更多，就觉得和毛主席"自己解放自己"的教导不一样，干吗让我们去呀，湖北还有湖北人呢！然后王任重就转向宋彬彬，问："彬彬，那你呢？"宋彬彬性格随和，轻易不会拒绝别人。她磨不开，当场答应去武汉看看。不久她就和高一（2）班的几个同学一块儿去了武汉。

宋彬彬记得到武汉以后，她们和骆小海、卜大华等男生被安排在湖北省委招待所，随后就有好多保守派大学生来找她，请求声援。宋彬彬认为，应先到大学去看一下，了解情况后再做结论，当时并没立即承诺什么。她们借了自行车，天天骑车去大学、武钢看大字报，然后取得共识，起草了一篇文字，交给省委的人征求意见。

一天早上，她们看到《长江日报》夹带了"宋要武"等 5 人的一封公开信，宋彬彬一看到那份署名"宋要武"等人的传单，就很别扭，再看内容，已不是她们的原稿，改动很大，措辞激烈，还夹杂着当时流行的骂人粗话。宋彬彬非常生气，立即去湖北省委找当事者，质问印发前为什么不给她们看？省委负责人和她谈话时，声泪俱下地说："我们跟着毛主席爬雪山过草地，抗战八年吃了多少苦，现在要打倒我们，我们怎么会是反党、反毛主席的人呢？"她非常同情他们，确实不认为他们会反党反毛主席，不相信他们是走资派。想到不久前我们学校发生的血的教训，再不能重演，她就说，"我可以声明支持你们，但你们也要实事求是，不是我写的就不是我写的，你们不能在我不知道的情况下以我的名义发表文章，更何况是用宋要武这个名字。他们同意我写一份声明，然后交给省委印发，当晚我就写好了声明。”宋彬彬连夜写好声明，澄清上一篇文章的观点。她觉得湖北省委是好的，不同意打倒湖北省委，也不愿意造成两派群众的对立。她还特别说明署名问题，她的名字是宋彬彬。第二天湖北省委通知她，说她父亲病重，回程火车票已经替她们几人买好了。几个高一学妹听了很高兴，说这下可以跟着彬彬去沈阳看看（宋任穷时任东北局第一书记，家在沈阳）。宋彬彬心急如火，把更正声明交给了他们，得到公开印发的承诺，然后满怀焦虑直接回家。一看到母亲，就问父亲得了什么病？妈妈也很奇怪，说你爸没病啊。听女儿讲了事情原委，这位参加过万里长征的红军老战士，告诫女儿以后再也不要提这事了。她说他们是在危难关头，不得不出此下策，不是说他们那样做是对的，但是处于那种情况下，他们已经被斗、被打、被逼无奈了，他们想利用一下你而已，而你又那么较真儿，你还要写第二封信，人家是拿你没办法才想的招。宋彬彬果然守口如瓶，四十多年里面对多次采访，坚持不谈“武汉之行”。

现在说说我自己的事。很遗憾，毛主席八次接见，一次也没我的份儿。我家离天安门那么近，动辄就“戒严”，胡同口被便衣、民警和士兵看守，早已习以为常。毛主席那么辛苦的一次次检阅，我怎么一点不知情、不记得？

继九月全校组织下乡劳动后，十月我班红卫兵再次组织全班去郊区参加秋收。当时班里的红卫兵大部分都去外地串联了，只有核心小组二号领导 L 同学（上将的侄女，前文中多有介绍）等两三个人和我们一同去劳动。那次劳动给不少同学留下了难忘印象，至今说起来大家已当成笑谈。一是伙食和玉米干上了。主食是玉米面糊糊、玉米面贴饼子、啃老玉米，副食是白菜汤。给大白菜地间苗后，遵照 L 同学要求，每人用衣襟兜一兜白菜苗，就是每天的青菜，白菜苗太小，不禁炒，只能撒到一大锅开水里，倒上酱油当汤喝。每天一顿的啃老玉米，对我们年轻的牙齿是个挑战，怎么也赶不上磨盘有劲。霜打了的老玉米棒子别提多硬了，只要晚饭啃了老玉米，半夜准打臭饱嗝，第二天一张嘴说话太阳穴就疼。二是晚饭后的集中训话。十月以后天就明显短了，那时农村电力不足，晚上就给一会儿电。我们坐在地铺上（住小学校的教室），在昏暗的灯光里（或摸黑）听 L 同学训话。她站着，眼睛俯视到了谁，或心里想到了谁，就把谁挖苦几句。自然她是不会放过我的，她不点名，只是说："瞧你那德行！两条大长腿，偷越国境倒方便，长腿一撩就迈过界桩子啦！"在她眼里，我始终是个贱民，腿长肯定是要偷越国境的。这句话后来成为同学们打趣我的笑话，至今还有同学提起。

从郊区农村回来，学校发生的最显著变化，是住进了许多青年男女，全都穿着没有领章帽徽的四个兜军装。他们是哈尔滨军事工程学院（简称哈军工，1966 年 4 月集体转业，后被拆分。一部分组建了现在的国防科技大学）的大学生。他们把我校当成联络站，基本占据了一栋宿舍楼，每天出出进进，师大女附中忽然变成了哈军工的附中。

本校的红卫兵都到外地煽风点火去了，非红卫兵胆大的也纷纷出走，只有最老实本分、或出身不好的少数同学要么去伙房帮厨，要么留在学校做些杂事。

学校彻底乱了套散了伙没人管时，已是 11 月了。我和同班同学五玲结伴，决定壮胆去外地看看。我们也没有什么目标，懵懵懂懂到了北京站，心想逮着哪儿就去哪儿吧。车站广场上挤满了学生，排了好几股队伍。我们紧紧抱着自己的小提包，跟在一个去杭州的队伍后面。有带着红卫兵袖章的男女不时顺着队伍来回巡视，大声说着："混进来的狗崽子们，主动站出来啊！"没人搭理他们。队伍时而往东时而往西，造成一阵阵骚动，最后从车站广场东边的一个小门进了站，好像都半夜了。

我们要去杭州了！上有天堂，下有苏杭，别提心里多高兴了。

站台上人山人海，车厢门都紧紧关闭。看到有人从窗口往车里爬，我俩也那么做了。我至今都不能相信，我，一个身高 168 公分体重 47 公斤的"麻秆儿"，竟然能从窗口爬进火车！而且在往返的火车上，撒尿喝水放风买零食，基本是从车窗爬出爬进。火车常常在前不着村后不着店的旷野里一停就没了准点，车门基本锁着，列车员早没了去向。孩子们无论大小男女，个个身手不凡，你托一把我拽一下，爬上爬下如履平地。

火车车厢被塞得满满当当，根本没有下脚的地方。一张三人硬座挤坐五六个人很正常，没有座位的孩子，不怕脏的就躺在长凳下面，有本事的就站在座椅靠背上，胆子大的干脆横躺在行李架上。大多数人则是前胸贴后背地站着，年纪小，又是第一次坐火车，心里的兴奋劲把精神吊得高高的，既不觉累也不觉苦。火车没有准点儿，我们也没有手表，完全失去时间概念。一路上走走停停，谁也不知道前方是哪儿，杭州又在哪儿。没有水喝没有吃的，碰到一个小站停车，下车先灌一个水饱。几天几夜不能平卧，站着也能睡着。只要熬到终点，就苦尽甘来。现在看到春运时的人山人海和拥挤不堪，真是似曾相识，只是我们那时更艰苦。

老一辈杭州人不知是否记得，当时大街小巷的门脸、墙壁都刷了红漆，红彤彤的特别耀眼。因为是冬天，满街筒子红似火，也不觉热。红色杭州，永远留在了我的记忆里。我俩“下榻”的地方是人去校空的一所中专。吃饭不要钱，米饭是用碗蒸的，一人发一碗，捧着青花瓷大碗，雪白的米饭涨出了碗沿，大块的红烧肉，碧绿的炒青菜，在北京的自己家，也吃不了这么好啊！往地铺上一躺，即刻就睡实了。

我俩在杭州玩了几天，天天在街上转，也弄不清东南西北。第一次吃黄岩蜜橘，那么小的果儿，那么薄的皮儿，酸甜多汁，我们每天都买一毛两毛钱的，装满衣兜，边走边吃。本想去浙江大学看大字报，一打听路挺远，就没兴趣了。当时杭州刚刚发生了一件事，解放军战士蔡永祥奋不顾身勇救火车的事迹已经传开。1966 年 10 月 10 日凌晨，蔡永祥在钱塘江大桥上的岗位值班。2 时 34 分，由南昌开往北京的列车向大桥飞驰而来，蔡永祥突然发现离他 40 多米的铁轨上，横着一根大木头。为保证列车的安全，他飞奔过去抱住大木头跃出铁轨。列车安全地停在大桥上，而蔡永祥却在火车强大气流冲撞下当场牺牲。我和五玲特地去瞻仰烈士献身地，钱塘江大桥的总设计师是茅以升，大桥至今还在使用。

在杭州玩了几天，觉得没意思，我们去了上海。坐的是闷罐车，大家席地而坐，车厢的两扇大门一关，立即陷入黑暗，云里雾里不知身在何方。闷罐车走走停停，比客车好的地方，是爬上爬下更容易。一路下雨，初冬的江浙特别阴冷，闷罐车的地板很冰冷，坐一会儿就想撒尿。火车不停，让尿憋得叫天天不灵叫地地不应。到了上海，我的鞋袜早已湿透，别提多不舒服了。鞋是我妈做的灯芯绒布底鞋，袜子是我刚学编织自己织的棉线袜，脚底板被湿鞋湿袜泡得颜色惨白肿胀发皱。闷罐车在一个叫安亭的小站停下不走了。离上海很远，我们浑身冻得发紧，往后的记忆全没了！当然，我俩没有走丢，又颠簸几天，顺利回到北京，上海擦肩而过。这就是我的大串联。

48 年前，中国人口不及如今的一半。那时的孩子皮实抗造，吃苦的精神与生俱来，只要坐上有轮子的交通工具，全国各地想去哪儿去哪儿。我校有些同学还去到青海、西藏、新疆那样遥远神秘的地方。但是，传播革命和免费旅行的日子没有持续很久，“大串联”的高潮很快就过去了，因为国家扛不住这么折腾了。

冬天来了，我终于获得了革命的权利。

（1967 年 3 月 19 日，中共中央和国务院做出决定，停止全国大串联。从 1966 年 9 月 5 日起至 1967 年 3 月 19 日止，全国大串联给国家经济造成多少损失，不得而知。）

2014 年 7 月 15 日

本文参考了“首都部分大专院校、中等学校毛泽东思想学习班”1967 年 10 月编写的《天翻地覆慨而慷——无产阶级文化大革命大事记》

我的革命碎片

题记：同学们各有各的不幸，各有各的伤痛。她们的遭遇仿佛是医治我心灵创伤的药剂，我很快就从愤恨、抱怨、自卑、委屈中解脱。

北方的冬天来了，同学们陆续回到了学校。校园里出现了批判对联和血统论的大字报，在漫长的夏天所有人受到的伤害，统统来自刘少奇的资产阶级司令部，是伟大领袖毛主席和中央文革解放了我们。本着感恩的心情，批判刘邓资产阶级反动路线成为那个冬天我们生活的主旋律。“抬头望见北斗星　心中想念毛泽东　想念毛泽东　迷路时想你有方向　黑夜里想你心里明。”这首歌没有不会唱的，不论出身、派别，人人都认为必须紧跟毛主席的革命路线，和刘少奇的“资反路线”斗争到底。

整个夏天，我被革命遗弃，孤零零一个人在校园里游荡，和班里的同学隔着一层无形的障碍。我并不是黑五类“狗崽子”，我的生父曾是晋察冀边区蔚（县）涿（鹿）宣（化）区副区长，虽然他在肃反运动中自杀，但“死了就死了”，没有组织结论譬如“历史反革命”。况且这是我们家的秘密，学校并不知道。我的继父是一无所有的工人，没有财产甚至没有亲人。如果我填报了“工人”的家庭出身，谁也说不出什么。我们学校也有靠着继父、养父、叔父、伯父是高干混出头脸的，我在那么残酷的环境没有利用继父的无产阶级身份投机革命，是因为我的生父和继父相差甚远，我叛逆的少年心理不能接受继父（我的长散文《关于父亲的故事》网上可以搜到）。只是因为班里掌权的干部子弟看我不顺眼，不喜欢，我就被从人格上打倒了。短短几个月我下乡劳动三次，被揭发批判两次，想随大流都不可能，如军训、818 去天安门一类“群众性”活动，都没我的份儿。把一个人搞臭、孤立太容易了，但是要挣脱无形的枷锁，就只能靠自己了。

我天天按时到校，看大字报，听别人辩论，自然而然地加入了新的革命队伍，认识了不同年级的一些同学。她们有的是运动初期的反动学生，有的是“黑五类狗崽子”，有的是不受红卫兵待见的人，也有一开始就反对血统论而受排挤的干部子弟。我们互相倾诉、彼此倾听，立即就成为知心朋友。我一直羞于说出自己夏天里的遭遇，却原来很多人比我惨多了。有的失去了亲人，有的无家可归。有的家产被抄个精光，就剩下了铺板。有的父母被遣返回了乡下，音讯全无。各有各的不幸，各有各的伤痛。她们的遭遇仿佛是医治我心灵创伤的药剂，我很快就从愤恨、抱怨、自卑、委屈中解脱。这个经历让我学会了在以后几十年里，帮助遭遇不幸的朋友从悲苦中挣脱，方法是用他人更大的不幸去对冲。

学校宿舍楼的地下室，成了我们新的活动地点。不同年级意气相投的人聚在一起，是那么开心的事。可以大声说笑，可以激烈争论，想说什么说什么，不必担心有人告发。我还学会了在言语中带上“他妈的”，觉得真爽！

我记得最早认识的是高二（3）班的杨鸥，一开始我还有点犹豫，她是有名的反动学生啊。可是很快我就喜欢上她了。杨鸥聪明直率，开朗幽默，一说话就逗人发笑，什么鸡毛蒜皮的事她都能讲得绘声绘色，而且，她又能写又能画。杨鸥是民国的干部子弟，父亲当过河北省教育厅长，哥哥姐姐都是大学毕业。杨鸥毫不避讳，一上来先介绍自己——我们家全是右派！她的姐姐家当时就住在与学校一路之隔的教育部大院里，她还带我去过，那里从前是前清的亲王府。后来我连家都不回了，不是革命太忙，顾不上回家，而是一下子找到了温暖，舍不得回家。在新的同学圈里，没有歧视没有冷漠，一颗心从此不必因提防而缩成一团。几个月来从未感觉这么畅快。宿舍楼里有许多空床位，都是女生宿舍，刨个坑就能睡。我一直追随着杨鸥，也有好心同学提醒，她出身特不好，听说思想也挺反动的。我根本听不进去，白天我们看大字报，把认为不对的观点都记下来，晚上写批驳的大字报。杨鸥出口成章，文字犀利，损人也是老北京的风格。我成了她的秘书，她负责口述，我字写得不赖，负责誊写。起初还打个草稿，后来就直接在纸上写了。对于在大字报上落自己的真名实姓，我有些胆怯，杨鸥就在落款处画大半个太阳，在太阳上画一个展翅的海鸥，这就是我们的ＬＯＧＯ啦！写完都半夜了，我俩出去贴大字报，觉得像地下工作者一样神秘，不禁暗自窃笑。我们不喜欢“星火燎原战斗队”里的几位老师，就写大字报讽刺她们，惹她们生气。（我在本纪事中多次引用“星火燎原联队”的《大事记》，虽然是当年晚些时候补记的，准确性也比几十年后的回忆更靠谱。在此特别向《大事记》的执笔老师表示感谢，也对几十年前的行为表示道歉。）我和杨鸥的大字报因为观点明确、文字干净、风格犀利，常常引起小轰动。谁呀谁呀？！我们在一旁看着也不吱声。如果有人贴出反驳的大字报，我们就更来劲。

渐渐地，加入我们一伙儿的同学多了起来，就不能再用阳鸥的LOGO了，我们商量了一个名字，叫作“一唱雄鸡天下白”，简称“一唱雄鸡”。每天都能结识新的同学，就像八月里只要是红五类，立即就是战友一样，现在只要反对血统论，就即刻找到了共同语言。杨鸥同班的大范，家庭出身“旧军人”，她圆圆的脸庞，说话温和，待人厚道，总拿我当小孩。听说后来她去内蒙插队病死他乡，才二十出头。杨培莉，皮肤白皙，梳两条松松的大辫子，一说话就爱笑，常常从镜片上方看着你。她自我介绍，家庭出身“高级统战人士”。我校文革前学生出身讲究“三高”，分别是高级干部、高级知识分子、高级统战人士，这三种家庭的社会地位原本没有大的差异。譬如校友章诒和在她的书里（《往事并不如烟》）就写过，她家住着79间房子的大院子，公费雇着佣人、厨子、门房、司机、秘书等多人。父亲章伯钧成为右派工资降了很多，每月只有380元，三年困难时期每两个礼拜才能去新侨饭店吃一次西餐。可见杨培莉的家境也应很不错，但到了文革就不灵了。金璎，真正的爱新觉罗后裔，知识分子家庭出身，因学习好、长得好看而被红卫兵歧视。她曾是儿研所的医生，五十岁以后创业，开办了北京第一家培训“月嫂”的公司，为数千农村妇女开辟了新的就业岗位。初一的仉乃华，一个高鼻梁大眼睛的小姑娘，她的妈妈是中学老师，夏天投了龙潭湖，爸爸因曾是“资方代理人”，运动刚开始就被关起来。小姑娘受了多少欺辱，她没有说更多，只说了一件事，却让我记了一辈子（见《学生斗学生，再掀狂澜》）。我至今记得她和我们说话时的可爱表情。高一的吕允端，妈妈在北京图书馆工作，因海外关系，被剃了阴阳头。百度可查到，曾任中国消协办公室主任的吕允端，外祖父是张学良的结拜兄弟，曾在 1927 年倾全家财力办了私立大学，她母亲是燕京大学的高才生。金一虹，有着一双明亮大眼睛和奔儿头的高三学姐，聪明活泼，说话总带着笑窝，会画画，写一手漂亮的字，后来成为著名社会学家。还有很多。我之所以想起她们，是想到了贵族和贱民这个问题。在中国数千年的历史中，每一个家族都有自己的兴衰史。常言道，富不过三代，是因为中国的战乱多、灾荒多，越是繁荣的家族越难独善其身。君子之泽，五世而斩，确是一个不灭的规律。尽管如此，政权的更替，阶级地位的互换，没有哪个时代像我们经历过的那样剧烈了。我的这些“黑五类”同学，从小秉承了家族的优良文化传统，在上山下乡回城以后，可以说个个出类拔萃，成为英才。

我还认识了外校的一些同学。我校和男校 35 中距离很近，我最早认识的是卢自志、刘胜和李立，他们在介绍家庭出身时，互相开着玩笑，譬如一个自我介绍父亲是老工人，另一个就插科打诨说“好像还贪污过点什么”，一个说“他爸是教育部副部长”，本人立刻补充“现在是黑帮了。”然后一起哈哈大笑。郝仁也是卢自志的同学，沉稳厚道、老成持重，的确是个好人，他俩后来分别成为 35 中“四三派”和“四四派”的领军人物。对于我们女校女生来说，第一次接触男生，开始还有些羞怯，过了一段时间才渐渐适应。卢自志、李立 1968 年 6 月和我们一列火车奔赴北大荒，成为一个连队的荒友和终生朋友。多年以后见到郝仁，他的兄长风范一点没变。总之，在批判资产阶级反动路线的革命中，我的精神获得了解放。革命让我开阔了视野，提高了思辨能力，初三年级在柯莱老师的训导下学会写的政论文，终于得到了机会展示。解放了的精神，指引我坦然结识更多朋友，她们和他们带给了我成长的营养。

“红八月”一哄而起的中学红卫兵也一哄而散了。但是，还有少数红卫兵顽强地守卫着他们的理念，寻找机会东山再起。11 月 27 日，北大附中一些高干子女秘商成立“首都红卫兵联合行动委员会”，以红卫兵东城区纠察队、西城区纠察队和海淀区纠察队为主体，串联其他红卫兵组织，用以扩大力量。12 月 5 日，“首都红卫兵联合行动委员会”发布成立宣言，认为“继资产阶级反动路线之后，出现的资产阶级反动路线新形式乃是对当前运动的最大威胁，它威胁着革命群众血汗换得的胜利果实，它将使群众重新回到被专政、被压迫的地位，它将夺取群众自己教育自己、自己解放自己的权利，它将使千百万人头落地，它将使历史车轮倒转。它，威胁着我们！只有一条道路，拉起队伍来干！自己的事情，自己先做，革命的果实需要自己去保卫，自己革命的权力必须掌握在自己手里，保卫十六条，保卫我们的总司令部党中央，保卫我们伟大的统帅毛主席！”夏天里他们打击欺辱出身不好的同学时，断然想不到这些，只有他们面对社会舆论的强大压力时，才知道“被专政、被压迫”的滋味。12 月 26 日，他们在北京展览馆召开大会，公开宣告“首都红卫兵联合行动委员会”（简称“联动”）成立。许多红卫兵都去了，当他们的父母也成为运动对象时，他们只有去那种场合寻找温暖，和支撑内心的力量。

秦晓在《暴风雨的记忆》一书中回忆，北大附中宫小吉在起草“联动”宣言时，用了他的一句话，即：团结起来，反对“中央文革”推行的新的资产阶级反动路线！随后，“联动”在北展召开的大会上，秦晓、王向荣、戴晓明等四中学生领袖（也是西纠头头）均登台讲话，当秦晓提出“中央文革”是新的资产阶级反动路线，“台下陷入疯狂，掌声雷动，众人狂呼：反对新的资产阶级反动路线！”

秦晓们为“联动”提供了思想，“联动”却没有成长为一个自觉反对文革的精英论坛和规范组织。也许“联动”的发起者是一些出类拔萃的思想者，但是由于他们的组织建立在血统论的基础上，一旦拉起杆子，结果立马失控。穿着将校呢军装、戴着精致的红色绸缎大袖章、骑着锰钢自行车在大马路上呼啸而过的“联动”分子，不过是一群被红色政权宠惯了的孩子，如今父辈成为被文革整肃的对象，他们咽不下这口气！他们不知道向谁撒娇耍小性，不知道把皮带抡向谁！看看他们喊出的口号："中央文革某些人不要太狂了！""坚决批判中央文革某些人为首的资产阶级反动路线！""联动"在市内主要大街散发传单，张贴标语，提出要"踢开中央文革""打一打关锋、戚本禹，吓一吓陈伯达""揪出三司后台，枪毙三司后台"。口气之大，直冲云霄。"联动"几次组织力量冲击公安部，要求释放被捕人员，很快就招来祸端。

吴德在《十年风雨纪事》一书中回忆："西纠"后来变成"联动"，"联动"被中央文革抓了一百多人，包括董老的儿子董良翮都在内，"西纠"后来不行了。然后起来的是哪一派呢？起来的是中学红代会的头头李冬民。……李冬民组织了一个造反派组织"首都兵团"，江青说，真正的左派是首都兵团，中央文革小组要市委支持。

东城区 25 中的高三学生李冬民和他的朋友九月份组织了一个"毛泽东思想红卫兵首都兵团"，以反对血统论和复课闹革命为宗旨。核心小组的五个人都是干部子弟，办公地点占据了民主党派原来的办公地，都是很讲究的大四合院。

记得大概是 1967 年春节后不久，我们曾经去过首都兵团总部，有 35 中郝仁、李立和我，别人记不清了。当时李冬民、秦喜昌等头头正筹备要在北京工人体育馆召开复课闹革命大会，分派我们写一个代表全市中学生的发言稿。他们让我们几人去附近的文化部部长萧望东家去写。萧家人去楼空，连家具都没有，我们坐在地板上，说一阵写一阵，累了就躺在地板上休息。忘了是不是我执笔，反正天亮后我们就赶到工人体育馆去开会。当我上台发言时，被脚下的电线绊了一下，本来就紧张，结果站在麦克风前，半天才出声儿。我记得看台上乱哄哄坐满了人，会场一片嗡嗡嗡。那是我有生以来出的最大风头，我终于当了一回革命的主角。

主导"首都兵团"的李冬民们奋斗了很久，终于入了江青的法眼，成为中央文革小组在中学新的依靠对象。"首都兵团"高举反对血统论的大旗，得到了广大非红五类学生的支持。据资料记载，12 月 16 日，首都兵团召开了"北京市中学批判资产阶级反动路线誓师大会”，直接把斗争矛头指向西城、东城、海淀三个红卫兵纠察队。参加会议的北京师大一附中高三学生陈永康回忆，江青在讲话中说道：你们刚才的讲话，水平都是很高的。我讲不出，我要向你们学习。……斗争的锋芒对准什么，这是大是大非的问题。刚才有些同学讲，西城纠察队、东城纠察队、海淀纠察队，所谓的“纠察队”，他们有一小撮执行资产阶级路线的小家伙，他们的斗争锋芒是对着你们，这就是错了！……他们以贵族自居，血统高贵，什么东西！”江青当场让曾经支持过西纠的周荣鑫（国务院秘书长）、雍文涛（北京新市委书记处书记）站出来让大家看看，两人被迫站起来亮相。吴德在《十年风雨纪事》中也谈到这个。大会通过了《毛泽东思想红卫兵首都兵团决议》，主要有六点：一是对中央文革小组表忠心。二是颂扬刚出版的《红旗》十五期社论。三是强调坚持文斗，反对武斗。认为对联“老子英雄儿好汉，老子反动儿混蛋，基本如此，鬼见愁”就是武斗的开始，在很长一段时间内，武斗成风，似乎文化大革命打人合法了。四是对红卫兵纠察队进行了批判。五是坚决拥护江青同志十一月二十八日讲话。六是关于红卫兵自我革命问题。

“首都兵团”在中央文革小组和全社会面前进一步亮明和宣传了自己的观点：反“对联”，反“西纠”，反武斗，反“资产阶级反动路线”，紧跟中央文革小组。这样的表态为他们以后长期得到中央文革的信任奠定了坚实基础。

1967 年 1 月 4 日，“首都兵团”和“联动”在北京展览馆召开辩论大会，双方势不两立。

1967 年 1 月 17 日，公安部长谢富治讲话指出：“公安部要保护左派，反击右派，镇压反革命。例如‘联合行动委员会’‘西安红色恐怖队’这些组织是反动的，头头是反革命。”

1967 年 3 月 25 日，北京市中等学校红卫兵代表大会在人民大会堂召开。周恩来、陈伯达、康生、徐向前、叶剑英、谢富治、萧华、杨成武、江青出席大会，周恩来和江青讲话。大会通过了《首都中等学校红卫兵代表大会宣言》《给毛主席的致敬信》和《告全国中等学校红卫兵书》。这标志着北京 500 多所中学造反派组织热热闹闹地实现了“大联合”。李冬民担纲中学红代会负责人。

再说我们学校的事。2月22日，以反对对联、激进抨击血统论、保胡（志涛）校长为共识的众多战斗小组，联合成立了一个更大的组织，名叫“红色造反团”。我们的小组“一唱雄鸡天下白”当然是发起者之一了。如今我只记得高一（2）班的戎雪兰是总团负责人之一。戎雪兰浓眉大眼，五官标致，两条小辫又黑又硬，写字用力，墨迹能洇到纸的背面。力透纸背大概就是这样。戎雪兰气场大，很有学生领袖的范儿。我后来下乡到北大荒后，有段时间我俩还来来回回写了一些信。看起来很硬气的戎雪兰，后来旅居国外，听说拥有完美的婚姻。可见她一定有非常柔软的一面。与戎雪兰一起来找我们的有她的同班同学潘青萍，戴一副浅黄色镜框的眼镜，头发在脑后扎两把刷子特别像羊犄角。她很清高，话不多，我和她也说不上话。没想到多年以后，我的第一本小说集《夏日辉煌》被编入作家出版社“文学新星丛书”第九辑，潘青萍成为我第一本书的责任编辑。后来，她出版了长篇小说《抒情年代》，以直面现实的诚实和犀利的语言剖析了自己的青春时代，在当代女作家中独树一帜。如今，青萍和我一直保持经常联系，她羡慕我过着庸俗的生活，我欣赏她将清高坚持到底。经常在一起的还有史宝嘉、武家范、董盈、李汝宜等等。我们常常半夜上街糊大标语，平板三轮上拉一大桶糨糊，几卷彩色纸，到达目的地立刻各司其职，有的往墙上刷糨糊，有的贴彩纸，有的写字。记得有一次在我家住的石碑胡同东边的一堵矮墙上，她们一边糊纸，我拿着排笔一边刷字：坚决打倒“五一六”，誓死保卫周总理。然后我们坐在平板车上，兴高采烈地去首都电影院旁边的一家小饭馆吃馄饨，一毛钱一大海碗。

2014年7月25日

本文相关内容，参考米鹤都《文革北京中学红代会风云人物——李冬民口述》

到前线去

题记：几十年过去，那些在武斗中无谓献出生命的年轻人，除了父母亲人，谁还会记得他们？！

1967年2月19日，中共中央发出《关于中学无产阶级文化大革命的意见》，要求“从3月1日起，中学师生停止外出串联，一律回本校，一边上课，一边闹革命。为了加强革命性科学性和组织纪律性，对中学师生要分批分期地进行一次短期的军政训练。”

这是文革开始8个月后的第二次军训。第一次是在1966年7月下旬，新改组的北京市委遵照刘少奇、邓小平对文革的指示精神，安排中学生去部队军训一个月，随后复课，恢复校园正常秩序。而这次军训是解放军进驻学校，直接整顿校园秩序，复课闹革命。两次军训的目的一样，然而第一次军训不到十天，就被撤回，成为刘邓“推行资产阶级反动路线”、压制学生运动的罪证之一。而这次军训却是伟大领袖英明战略部署的一部分。

我校是第一批军训学校，驻南口的4636部队（装甲兵团）来到我校，首先解散跨年级、跨班别的各种战斗队，学生回到原来的班级，各年级按照部队编制重新命名，我所在的初三（3）班改名“四连三排”，排长是个小战士，在他的连队当文书。起初他和我们这些女生说话很害羞，总爱脸红，我们也拿他不当回事。

我在1967年4月2日的日记里简要记着：

军训内容：

1. 讨论（军训意义、八条）

2. 学习中国社会各阶级分析：①讲家史 ②控诉

3. 批判　至今仍未批起来，没有什么着落

4. 大联合　整顿红卫兵，怎么整顿？以什么为标准？

5. 三结合

显然，伟大领袖毛主席不希望中学生再到处惹事，干扰他的战略部署。中学生被革命抛弃了，可是自己并不知道也不懂得，依然执着地寻找革命阵地，甘愿抛头颅洒热血。进入 4 月，以反对血统论为基础兴起的造反派（后来被泛称红卫兵），在如何对待军训、老红卫兵、大联合等重大问题上产生分歧，因中央文革领导讲话而公开分裂。

1967 年 4 月 3 日，周恩来、陈伯达、康生、江青在人民大会堂接见中学师生代表。北京 28 中的学生领袖王宇反映，在中学搞军训的解放军支持“联动”，支持保守派，不支持革命派。与会者对军训解放军强行解散造反组织的做法表达了强烈不满。陈伯达、江青等听了，情绪激动地批评北京卫戍区领导的中学军训团，陈伯达说：“军训不能干涉、不要妨碍学生群众的文化革命运动，不要包办代替。大联合不能同解散（左派组织）等同起来。”康生在讲话中直接批评了北京卫戍区副司令员李钟奇，他说：“支左不能解散左派组织。”江青说：“军训的同志应该明确表示支持左派，现在事实上证明把左派组织搞掉了嘛。首先左派组织不能解散，解散了怎么支左？”对军训有意见的中学生认为这些讲话好得很，连夜将讲话印成传单散发，满大街贴出了“炮轰李钟奇”的大标语。这部分学生被称为“四三派”。

4 月 4 日晚，周恩来、陈伯达、康生、江青等再次接见学生造反派代表。“中学红代会”的头头李冬民首先发言说：中学全乱了，没法工作了，军训没法进行了。江青等人开始给“43 讲话”纠偏和降温。江青说：“卫戍区还是好的，是紧跟毛主席的。有些问题是属于认识问题，不要造成对立。军队有立场问题，也是可以改正的。有责任，中央文革也有责任，没有及时和大家交换意见。”讲话中强调了对解放军军训的支持。于是，另一部分拥护军训的中学生立即组织反击，这就是所谓的“四四派”。

中央文革小组的两次讲话，在中学生中造成了极大的混乱，刚成立的“中学红代会”严重分裂，李冬民站在“四四派”立场上对中学红代会立即做了清洗，仅西城区 10 个“四三派”“红代会”成员，即被开除了 9 个，仅剩 35 中井冈山予以保留（可能缘于李冬民和郝仁的私交甚好）。

军训解放军也很恼火，本来按部就班，解散各个造反组织，禁止去外校串联，在各班级选出核心小组，组织学生“斗私批修”，肃清“资反路线”，一切顺利，校园正逐渐纳入正规。怎么一夜之间又陷入混乱？他们贴出了“李钟奇是我们的亲密战友”的大标语，李是北京卫戍区副司令员，这会儿也和下级军官、士兵们成战友了。

我校两个最大的学生组织“红色造反团”和“东方红公社”，分属“四三派”和“四四派”，红八月中的“老红卫兵”更多地加入了“东方红公社”。老师中年轻老师为主的组织“解放战斗队”支持“红色造反团”，年长老师较多的“星火燎原战斗队”则成为“东方红公社”的核心力量。两派势不两立，非黑即白，有你没我。

中央文革小组对中学造反派的分裂很重视。江青在 4 月 25 日接见大、中学生代表时说：“我们 4 月 3 日接见了一次，4 月 4 日接见了一次，就分成了两派对立，那不好。”陈伯达说：我们不同意分“四三派”和“四四派”，从今天晚上起，我们要取消这个名字，无产阶级革命派只有一家。其实，中央文革小组也弄不明白，“四三派”“四四派”的形成主要不是因为江青等人的两次讲话造成的，而是对联动、军训等问题的不同认识引起的，分裂的原因仍旧在于“血统论”的作祟。“四三派”里有更多的人，自文革开始以来因出身不好而备受歧视和欺辱，这种心灵伤害，一捅就会流血。文革初期的“老红卫兵”，要么游离于运动成为逍遥派，要么选边站在“四四派”一方。对于伤害过老师同学的少数红卫兵来说，反省或道歉都是难以越过的坎儿。试问两派能和谐相处吗？

军训很没意思，每天开会、学习、讨论，大眼瞪小眼，一点儿革命的气氛也没有。我在日记里写道：“4 月 21 日，小森到成都去了，我要有票我也去。”哈军工的大学生曾在 66 年 10 月以后一度把我校当成“附中”而进进出出，我的同学小森认识了其中几个四川籍的大学生。不久，又有两个同学去了成都。全国性的大串联早已明令禁止，但是“上有政策、下有对策”，依然有很多大学生带着中学生在全国各省市“支援革命”，他们总有办法搞到火车票。

5 月 1 日，例行的劳动节游园庆祝活动在劳动人民文化宫（如今挂牌太庙）举行。那天我也去了，临近中午正觉得无聊想回家时，蠕动的人流突然停滞不前，随后就被士兵和工作人员拦在路旁，原来伟大领袖毛主席过来了。我在日记里写道：“今天我在文化宫见到了毛主席！毛主席万岁！毛主席的汽车从我们身边驶过，毛主席身穿一身灰色衣服，微笑着向我们招手。毛主席您永远和我们在一起！我看见毛主席啦！多高兴啊！毛主席万万岁！”

5 月 7 日。我的日记里写着：“多么盼望着去大西南啊！那是文化大革命的最前沿，多少战友在浴血奋战哪！今晨传来成都××（当地的保守派组织，下同）在军区支持下，大规模挑起武斗，武装镇压造反派的消息，我的心更加迫切了！快些到达吧！”

5 月 12 日，我和同学五玲到了成都，半年前也是我俩结伴去的杭州。“盼啊盼啊，坐了两天的火车，终于到了成都。中央关于四川问题的决定给造反派大涨志气。××、×××扬眉吐气，大马路出口小孩子把汽车拦住就检查是否有枪支。132 厂（保密军工厂）被破坏得很厉害，碎砖烂瓦、弹迹玻璃片比比皆是，××全都逃到乡下去了。”

5 月 13 日。“大街上，一辆辆汽车，一队队的战士，抬着雪白的花圈，悼念牺牲的烈士。为了革命的胜利，为了共产主义的实现，有多少好同志死在国民党的屠刀之下，今天又有多少好同志死于刘邓的屠刀之下啊！”我记得去四川大学参加追悼会，校园里每棵树都绑着白色的小花，气氛肃穆悲壮。

1967 年开始的一轮接一轮武斗，是造反派和造反派之间的互相残杀。每一派都以为毛主席站在自己一边，都以为自己的流血牺牲是在保卫毛主席。四川因属于“三线”（六十年代初期，中共中央和毛泽东提出从战略需要出发，根据战略位置的不同，将我国各地区分为一、二、三线。三线地区是全国的战略大后方），有大批保密的军工厂，是产业工人集中的省份。由于受不同“后台”的操纵，以工人为主的保守派和以大学生为主的激进派之间斗争尖锐，动辄便诉诸武力，甚至动用重型武器。

当时，哈军工的联络站在省高教局。我们睡地铺，吃食堂，菜全有辣椒。每天洗冷水澡，起初受不了，水龙头的冷水直接浇到头上身上，缩成一团，过了几天就习惯了。我们跟着大学生跑前跑后，每天的生活充满刺激，随时准备着××派带着机枪手榴弹杀进城里，我们为保卫毛主席革命路线而奉献生命。那时，我还不到 17 岁，已经时刻准备当“革命烈士”了。

听说城外的××派非常厉害，我和五玲决定出城看看，哈军工的大学生也很支持，觉得我们是小孩，又是女生，不会有危险。听说土桥是××派的大本营，我俩径直去了土桥。坐了一段公交车，不通车的地方就走路。土桥有个造反组织“八一”，全部由复转军人组成，传说他们经常在沿路劫人劫车，活埋人，无恶不作，是十足的土匪，我们心里还是有点害怕。到了土桥，发现那里挺太平，并非想象中的三步一岗五步一哨，也没有看到一个凶神恶煞的人。我俩在土桥待了大半天，找人谨慎了解情况，不暴露自己的观点，像个探子似的。有一个“贫下中农战斗军”的贫农和我们说的嗓子都快哑了，她哭着说：“旧社会我们受尽了苦，我们怎么能不保卫毛主席呢？我们不能让旧社会重新回来！”××派得到了军区的支持，有的战士说：“我脱下军装就参加××派，他们是我们的阶级兄弟，我们不和他们在一起和谁在一起？”在××派军部，一个××派战士告诉我们，当地没有一个人参加对立面的组织。我们在土桥的那天，阴雨绵绵，仍旧看见三三两两的解放军去看他们。那天中午，××派带我俩去一户人家吃了午饭，人家看我们是北京来的小姑娘，特别热情地招待，给我们吃的白米饭，好几个菜，其中我记得还有红烧牛肉。

傍晚，当了一天探子的我们回到市里高教局驻地，哈军工的几个大学生简直把我俩看成了小英雄。

我在给同学的信中写道：形势是紧张的。成都军区对××派的反革命暴乱行动充耳不闻、视而不见。××猖狂得很，他们携走了枪支弹药，叫喊“杀回蓉城，××的血不会白流！”……我们反对武斗，但是不怕武斗！宜宾刚来的电话说，造反派只剩下最后一座大楼了，他们的前面是××，后面是长江，一旦守不住，我们的造反派战友就要全部牺牲。……××要踏平宜宾，然后从四面八方一举血洗成都，大屠杀不可避免，大血战不可避免，大搏斗不可避免！

我和几个同学在成都待了一个多月。我的主要工作就是写传单，刻钢板，印发传单，后来我们搞到了一辆“嘎斯”（2 吨半的卡车）改装的大篷车，用做宣传车。大学生们基本是川籍，普通话不标准，我又成为广播员，每天在车里念报纸社论和传单，散播各种惊人消息，譬如“中和危机，又有许多造反派战友死于××派屠刀下！”“南站危机！我们的对面是全副武装的××匪！是惨无人道的法西斯暴徒！一个个造反派战士被抬下前线！”等等。在我的日记里时常出现口号式的记录“战友在流血，同志在牺牲！我受不了！”等等。

然而，我们直到离开，一次也没有遇到双方血拼的大武斗场面。时间一长，我们对这里的革命也失去了耐心，决定回北京。6 月 14 日，我们和哈军工的几位大学生依依惜别，登上火车，结束了来产业工人集中地四川了解革命、参加革命的紧张生活。

写到这里，我不禁想道：几十年过去，那些在武斗中无谓献出生命的年轻人，除了父母亲人，谁还会记得他们？！

2014 年 7 月 30 日

参考篇目：

1. 卜伟华《“文化大革命”中北京的“四三派”和“四四派”》
2. 本人日记

八月的历险

题记：时间让惊心动魄的经历成为故事。

从成都回来，学校里“四三派”“红色造反团”（简称“色儿团”）和“四四派”“东方红公社”（简称“东公”）依然势不两立，当年反工作组的“毛泽东主义红卫兵”也没有散伙。

“东公”支持军训、遵守秩序得到解放军的偏爱，他们把握了斗争大方向，继续批判“黑帮”原副校长胡志涛（“85 事件”中身受重伤）。我记得一天胡校长被几个“东公”的学生簇拥着在宿舍楼前的路上往校园里走，初二年级一高大女生不断按压她的头，她气愤地一路质问，一路反抗。胡校长留在许多学生记忆里的，就是不屈服、不低头的样子，时至今日，提起她的名字，没有不敬佩的。“色儿团”是保胡校长的，同时因为质疑解放军解散造反派组织、强制大联合，也被认为是反军训、反对解放军。

现行秩序永远存在反对者，而反对现行领导注定没有好下场。运动初期反对校领导的学生只是被警告被隔离，工作组来了，她们立即成为工作组的依靠对象。反对工作组的学生被批斗、孤立长达 40 天，工作组走了，她们成为革命左派。这次军训，旨在把中学生圈进校园，重新恢复秩序，与工作组时期看不出两样，然而是伟大领袖的战略部署。因此反军训的性质更为严重，有的学校“四三派”头头被打成现行反革命抓进大牢。我校的“色儿团”也已成为一盘散沙。

学校停课一年多了，派仗和运动渐渐淡出我们的生活，再也激不起任何兴趣，我们变成了一个百无聊赖的群体。八月初的几天，哈军工的大学生从成都撤回来，返校途中路过北京，和他们的重聚，多少又燃起了我们的革命热情。他们说，黑龙江的两派斗争非常激烈，他们要回去参加斗争。没过几天，我班两个同学就不见了，原来悄悄去了哈尔滨。一天，和我非常要好的同学小森告诉我，她有两张到哈尔滨的火车票，咱们去找狗熊他们好不好？“狗熊”是哈军工一个64级大学生的外号，大智若愚、厚道随和，我们都很喜欢他。去哈尔滨？太好了。大串联中我走过一些地方，觉得最美丽的地方就是大学。不说大字报铺天盖地的北大、清华，就是派性斗争激烈的川大、浙大、甚至连弹痕累累的郑州粮食学院在我眼里都那么神圣。因为自己的家庭出身，哈军工虽是我不可企及的梦想，但是能看一眼也好哇。

我口袋里正好有母亲给的八块钱，是在学校的当月伙食费。没告诉家里我就和小森偷着跑了，那天是1967年8月15日。

第二天火车到达哈尔滨附近的双城堡时，忽然不走了。怎么回事怎么回事？“特快”根本没有这一站，为什么在这儿停车？人们你问我我问你，大眼瞪小眼，列车员也不知哪里去了。有红卫兵在截车！谁大声嚷嚷。不少脑袋探向窗外，这才注意到站台上三三两两穿着褪色军装的学生不是等车的旅客，车厢里的气氛骤然紧张起来。“快关窗户，别让他们爬进来！”声音未落，窗户已经纷纷落下。我和小森面面相觑，不知道将要发生什么事。

双城堡车站是俄式建筑，尖尖的红屋顶，窄窄的玻璃窗，像童话里的小房子。我扒着车窗往外瞅，一支穿着清一色旧军装的红卫兵队伍从车站美丽的小房子里跑出来，他们个个腰系武装带，臂戴红袖章，在统一指挥下迅速散开。这一来使列车上所有旅客的心都砰砰地加紧了跳动。只听有人在大声嚷着：“北京来的黑五类和反革命狗崽子听着，你们都他妈的滚下来！”他们浓浓的东北口音让我觉得很新鲜，禁不住偷偷地笑了。

小森推我一下，低声说：“他们过来了！”我扭过头，立即被恐惧攫住了，全身都是鸡皮疙瘩。我相信那时的感觉犹如遇到了洪水猛兽，那分明是北京1966年恐怖八月的再现，可现在是1967年8月，他们怎么还敢这样疯狂？天高皇帝远，原来应验在这儿了。

一些人正被皮带驱赶着涌进我们的车厢，几个男红卫兵抡着皮带，把人抽得无处奔逃，聚成一团，他们敏捷地踩着人们的身体跳上座椅背，手扶行李架在坐椅靠背上行走如飞，看谁不顺眼回手就给一皮带。其余男女红卫兵堵住了车厢两头。“不许打人！”“要文斗不要武斗！”有勇敢者在抗议，马上招来更粗暴的谩骂和推搡。“所有北京来的黑五类和反革命狗崽子都给我听着，我们是哈三中红后代红卫兵，现在勒令你们立即下车，哪儿来的滚回哪儿去！”车下车上一片喊声。小森给我使个眼色，告诉我沉住气，就不下去怎么着！她年龄比我大一些，也还不到 18 岁，可比我沉着多了。

陆续有人被推下车去，红卫兵挨着座位搜索，见不顺眼的就立马揪出来，连推带打踹下车。终于到我们跟前了。他们拿着我们的票看了看，问，你们到哈市干哈？小森白皙的脸顿时涨红了，她说：“我们去亲戚家玩儿。”一个红卫兵模仿着她的口气说：“别（四声）玩儿了，有什么好玩儿的？回你们北京玩儿去吧。”在哄堂大笑中我两颊发烧，不知所措，恨不得有个地缝钻进去。皮带快抽吧。我心里已经做好准备，一定不能哭。他们倒还客气，说，下车吧，我们保证把你们安全送上返程车。

我俩被押下车厢，立即被那个场面镇住了。站台上红卫兵排成两列人墙，高唱着“老子英雄儿好汉老子反动儿混蛋要是革命你就站过来要是不革命你就滚他妈的蛋”，他们唱得特别卖劲，声音极有威慑力。这种歌只在六六年八九月间北京流行过一阵，很快就臭了，想不到一年后在哈尔滨的红卫兵中能唱得这么整齐雄壮有气势。我觉得滑稽好笑，心里却更加恐惧，不知这帮狂妄野蛮的“红后代”究竟能干什么。所有学生模样的人都被抓下了车，在两排气势汹汹的红卫兵中间走过，就像电影里被捕的共产党员一般。

解除包围的 17 次特快列车撇下我们，长叹一声，终于往哈尔滨去了。

候车室里，所有的长凳都围成一圈，把抓来的各地学生围在中央。哈三中红卫兵们站在长凳上。起初是双方辩论，都叫红卫兵谁怕谁呀？你们凭什么说我们是黑五类，再说了，出身不由己，道路可选择，这是伟大领袖毛主席的教导。叫你们滚就赶快滚，少废话！黑龙江是独立王国吗为什么来不得？争吵的声浪一波盖过一波。不一会儿形势的均衡就被破坏，只见皮带和铁链子在人群头上横飞。有人流血了，场面迅速被暴力控制。小森拉住我不知怎么竟躲到了包围圈外面。天色已黑，候车室的白炽灯泡光线昏黄，打人者与被打者都累了，红卫兵们开始补充给养，吃面包喝汽水，气氛松懈下来，其他人席地而坐，静等事态继续发展。

那真是浑浑噩噩的一天。饥饿、干渴和劳累使我们麻木淡漠，恐惧不再难以忍受。随他们便吧，只要能离开这个鬼地方。半夜，一列慢车无声地靠站，我们在哈尔滨三中红卫兵的夹道押送中，被赶上火车。火车慢慢腾腾地走了一会，又进站了。是个小站，没有站台，小森拉着我跳下火车，黑黢黢地找不到北，我们趟着没膝的青草往有灯光的地方走。几间砖房就是车站了，票房里灯光昏暗，灯泡上落满了苍蝇屎。地上、长椅上蜷缩着几个乞丐和流浪汉，我俩拉着手在一条肮脏的长凳上坐下来，用眼睛的余光不时监视着那几个衣衫褴褛的男人。他们除了脏，也不特别令人惧怕，夜深以后就纷纷睡了。经过十几个小时的折腾，我们又脏又累，又饥又渴。回忆这惊心动魄的一天，忍不住嗤嗤地笑起来。就不走，偏要去哈尔滨，看你能把咱怎么着。我们啃着硬面包，就等着下一班下行列车。

到达哈尔滨已经天黑了，天知道哈军工在东南西北呀？哪里的高音大喇叭正在高呼炮轰、打倒、绞死谁谁的口号，大字标语的墨汁还在流淌，人群熙熙攘攘。小森说，你看，哈师院的大学生不知在接谁，咱就跟他们走，管他呢，先有个地儿睡觉，明天一早咱再去找狗熊他们。于是我们就去了哈尔滨师范学院。到了师院真像到家了，有两个陌生的大姐姐领我们去食堂吃饭，黑龙江的土豆炖豆角太好吃了，我吃了一大碗，直到肚里没缝了心里还惦着。后来我们被领进一间女生宿舍，我最后一个印象是那张床铺又干爽又舒服。

那一夜我睡得特别瓷实，第二天早晨小森问我听到枪响没？半夜里机关枪突突地，就在附近。我什么也不知道，连梦都没做一个。哈尔滨也是军工厂集中的城市，什么四海厂伟建厂听说都是造飞机的，还有三大动力也很有名。

吃过早饭，食堂里有人来告诉我们，今天是八一八，毛主席接见红卫兵一周年，一会要上街游行庆祝。我俩很兴奋，决定游完行再找狗熊他们去。北京的运动虽然紧张激烈，都是静坐，大学生们在府右街、长安街安营扎寨，包围中南海，揪斗刘少奇。可是没有上街游行这回事，我们觉得很新鲜。不一会儿，我们就跟着队伍出发了。队伍不长，规模不大，大概是到什么地方集会吧，我和小森手拉手，走在行列里，大家反复地高唱国际歌，气氛有点悲壮。记忆里沿路的车很少，看热闹的人也不多，马路两旁全是高大的树木，层层叠叠的绿遮掩了俄罗斯风格的建筑。有的路是花岗石块铺的，路面一格一格的，一步一格，就成了走台步，一步两格，是比较适中的行军速度，一步三格，就有点像木偶皮诺曹走路了。

走到林机厂附近时忽然有骑车人赶上来，大声说："你们快走，棒子队来了！"

所有的人都回头看，什么也看不见。队伍继续行进，国际歌唱得更加悲壮。小森拉紧了我的手，紧张使手冰凉潮湿。

"亚麻厂棒子队出发啦！"

"他们已经到林学院啦！"

"你们快跑吧，不用五分钟他们就上来了！"……

不断有好心人骑车赶上来报信。气氛大变，有了火药味和血腥气。我们开始小跑。杂沓的脚步和气喘更增加了不安。跑了一会儿，有人喊了口令，改为齐步走，稀稀拉拉的队伍重新归拢，大家挽起臂，高唱毛主席语录歌"下定决心，不怕牺牲，排除万难，去争取胜利。"

说时迟那时快，棒子队已经包抄上来，他们人高马大，脸膛黝黑，头戴柳盔，手持铁棒，前堵后截，铁壁合围，把我们这一小撮困在马路中央。我们的队伍乱成一团，大家都往中间挤，谁也顾不了谁。我因瘦小单薄被甩在最外面，立即被一只大手抓住揪出队伍。慌张中我拼力挣脱，急忙拉住一个我校高中同学的胳膊，我可不想被棒子队抓走。这时我感觉有什么重物落在前臂上，我的手不由自主松开了。我被推搡到一辆大卡车旁，他们命令我爬上去，我偏不。于是有人把我举起来往车里扔，我挣扎着失去了平衡，伸手去抓大厢板，咦，手一点不听使唤，前臂自己扭了九十度。我成了第一个俘虏。

不一会儿，陆续有男女同学被推到车上。我在此无法描述那个惊心动魄的场面，不是记忆力衰退，而是当时我什么都没看清。我的眼镜在混乱中不知何时怎样就丢了。

几分钟或许十几分钟吧，棒子队就把我们干净利落一个不剩地全部抓获。小森是在我之后被抓来的，她一上车就确认我手臂骨折了，于是她一直搂着我，用手小心翼翼地捧着我的右臂，在以后的许多天里她始终像个小姐姐一样呵护着我。我被同学们围在中间，因为大家认为我最小，又受了伤，不能再被棒子队伤害。棒子队队员一圈人都坐在卡车槽帮子上，像屏风似的。“战斗”一结束，棒子队们就把俘虏押回各自的单位，我们去的地方是哈尔滨亚麻厂。

我们这十几个人被关在一间大房子里，有个男孩子，好像是个南方人，他躺在地板上，他的肚皮有个洞，大概是被梭镖扎的。棒子队除了铁棍还有梭镖呢。天色已经暗了，（为什么记忆里事情总是发生在黄昏呢？而且还吃不上饭！）有两男一女来给我验伤。他们让我把手伸直，可是手却自动旋转，一个男的严厉地说，你使劲伸，咋就折了？不可能。我用左手捧着右手，尽管不太疼，可是它不听使唤了。那女的轻轻捏了捏我的胳膊，又问我当时的情况，我是一问三不知，细细地想，也说不清楚胳膊怎么就折了。她说她看不了，伤处都肿了怎么不是骨折？必须送我去医院。

到了医院，我即被送进急诊室。一照 X 光，果然是桡骨骨折。医生说，小姑娘，接骨特别疼，你受得了吗？给你打一针麻药吧。我说我不怕，我保证不哭不叫。小森说打一针呗，要不多疼啊。我说我肯定能忍住的。在 X 光机下，三个医生，他们像拔河似的，一人从肩膀处扯住我，一人握住我的手，第三人负责把错开的断骨复位。因为是暴力打击致伤，齐茬断了的桡骨已经重叠在一起，必须把它拉直对上缝，才能打石膏。我那柴棒一样的小细胳膊被两个成年男人的大手又拉又拽，我抓住小森的胳膊，指甲掐进她的肉里。暗室里非常热，医生们额头上都渗出了汗。只听他们说，这小姑娘还真坚强，疼你就哭嘛。我特别疼，可我就是不哭。终于把石膏打上了，一照 X 光，骨头还是错开的。他们只好打开石膏，先用夹板固定，让我第二天再做一次复位，实在不行，只有开刀用钢板内固定了。

我们回到亚麻厂已是半夜，不知其他同伴被关在哪里，小森和我被单独安置在一间办公室，她把两条长椅拼在一起，照顾我睡下，那夜尽管我们人困马乏浑身伤痛，但谁也不敢睡实。我们第一次有了明确的性别意识，因为是女生，只觉得无名的恐怖充斥在房间内外和我们的心头，所以我们也不敢关灯，蚊子劈头盖脸，只好用衣服包住头，于是更闷更热。后来我还是睡着了。

第二天上午，我们被押上卡车，送到哈工大，关进 U 形楼最高一层一间非常大的阶梯教室，所有被抓的男女生全部集中到此。一个穿着旧军装的大男生从外面走进来比比划划给我们训话，没有人听他的，依着阶梯大家有坐有躺，嗡嗡声一片。他非常恼火，用武装带啪啪地敲打着讲台，后来就在黑板上写一些口号。他幼稚的举动引来一阵哄笑，连他们的人都笑起来。后来就开始个别谈话，大概看我长得小，容易招供，最先把我叫出去。和我谈话的是两个女大学生（其中一个是六六届毕业生，后来她和我还通过信），她们先是问我知不知道谁是领导，怎样策划的游行，我自然是什么也不说。她们居然知道我的外号，亲切地管我叫“小麻秆儿”，我就势做天真状，其实我一点儿不天真。我是真的不知道，我压根就什么都看不清，我的眼镜都让棒子队打飞了，我哪里分得清谁是谁。她们笑说我受了蒙蔽。回到大教室，许多人都围上来对我表示慰问，是不是他们威胁你啦打你了没有？我说他们对我态度挺好，问的事情我真是不知道嘛——上级的姓名我不知道，下级的姓名我也不知道。大家就笑起来。当天下午，我们中的领导人——原来真有领袖呢，他们可能是大学生——作出决定，其中一条是要求立即送我住医院，另一条是无条件释放全体被抓学生，由事件策划者公开赔礼道歉。同时宣布绝食抗议。

在绝食二十四小时以后，他们答应送我去医院。临行前那位六六届大姐姐还给我买了饭，我拒绝吃，因为我不想做叛徒。小森说，你要开刀呢，不吃饭怎么挺得住？其实我特别想吃，就和小森即刻把饭菜卷个精光。

我又来到了那家医院。骨折内固定是比较简单的手术，医生耐心地对我解释，为什么必须开刀，在断骨上镶一小块不锈钢板，使齐茬的骨头对好，不再重叠，骨头很快就长上，比外复位效果更好。我听着，觉得很好玩，就说，我不在乎，开刀就开刀。小森代表家属在手术通知单上签字后，我就被带进手术室。是臂丛神经麻醉，刀子用力划开皮肉时，我感觉很疼，医生当即给我打了一针，说，小姑娘，这回不疼了，睡一会就好啦。我听见一个声音说这个钻头大了，把几号电钻拿来，听见金属器械清脆的音响，听见敲击的叮当声……我很快就睡着了。

过了几天，小森告诉我，周总理亲自给黑龙江省革委会负责人打来电话，要求立即释放北京学生，现在事情已经解决。1967 年是各省集中成立新政权的一年，叫作“革命委员会”。上海王洪文等造反派第一家夺权，叫“一月风暴”，黑龙江的革委会被冠以“东北的新曙光”。

我在医院得到了医护人员细心的照顾，他们没事时总喜欢和我聊天。记忆里长久不忘的有两件事，一是那家医院的臭虫特别多，夜里一关灯它们就大肆活动，吃饱了就藏在枕头下面。我被咬得夜不能寐，又困得晕晕乎乎。每当发现一只臭虫，就穷追不舍，用手指把它们碾死，雪白的墙壁上留下了一条条长血道子。二是病房里有个小姑娘，皮肤很白，大眼睛很黑，像个可爱的洋娃娃，惨的是被火车齐根轧断一条腿，她每天在地上爬，一跳一跃，像只小青蛙，忘了有没有父母。

我在医院住了十来天，拆线出院那天，小森和狗熊他们一起来接我。哈军工虽在文革开始已转业为地方院校，但因各专业涉及国防机密，戒备森严，大门全有士兵站岗。我们是从一个破墙洞钻进去的。哈军工的每一栋建筑都很精致宏伟，屋顶全部覆盖着宝蓝色琉璃瓦，当时我觉得这所大学比北大清华都气派。

回到北京，已是九月初了。再次走进学校大门，有一种恍若隔世的感觉。

1971 年夏天，我下乡到北大荒 852 农场的第四个年头，忽然有两个哈尔滨公安局的警察找我，吓了我一跳。原来他们是来调查 67 年 818 外地学生被棒子队殴打、抓捕的事，他们竟然在茫茫人海里找到了我，让我对警察的能耐佩服得不行。1979 年，我已经调到河北任丘白洋淀附近的油田工作，又是炎热的夏天，又是哈尔滨公安局的警察，再次找到我调查当年棒子队的暴行。打你的人什么长相？是否同时有别人受伤？棒子队是否抢劫财物？有没有女同学被强暴？等等。我实在辜负了他们的心意，因为眼镜没了，我什么都看不清，因为年纪小，我什么都不理解，因为不理解，所以也记不住。我对他们怎样排除万难，找到了我更感兴趣。我们的交谈很愉快，我请他们在家里吃了饭，尽管我做饭手艺实在不怎样，心意是到位了。不管怎样，哈市公安局如此投入，证明他们对文革“三种人”的清查是细致负责的。

2014 年 8 月 6 日

再次军训

题记：关于上山下乡的消息，校园里已经满天飞。这样的舆论让每一个在校生的心灵都受到震荡。想留在城里继续读书，修完学业，补充学历，已经是白日做梦了。

我母亲发现我离家出走，每天心惊肉跳，夜不能寐，收到我用左手写的信后，认定我死了，以为是别人假借我的口气写的呢。这是我回到家里那天她说的，母亲一边说一边流泪，你去哪儿了也不告诉娘一声，一走就没音信，以为我的老闺女没了啊！她的眼泪怎么也抹不干，止不住。我心有恻隐，只是一闪而过。母亲经受了怎样的煎熬，我完全不能想象，心里还觉得她真能小题大做。革命让我的头脑简单、感情生硬、心肠粗糙。母亲生于宣统末年，是一个富裕农民的独生女，不识字，裹小脚，自称“老顽固”。我在当年北京最好的女中，接受了最正统的阶级斗争教育，又值青春期，非常叛逆，心里蔑视母亲觉得她像地主婆，整天和她划清思想上的界限。她一说起从前的日子怎样舒心，现在又如何“穷断了筋”，我就特别反感。所以，她让我往东，我偏要往西。就是这个裹小脚不识字的“老顽固”，在极端困窘的日子里，保留了我的文革日记，没让虫蛀没让鼠咬没卖破烂。当我今天写这些文字时，对经历的往事有白纸黑字做依据，避免了把凭空想象当作记忆——而任何个体的记忆

母亲保留了我的文革日记

都是不可靠的。

1967年9月，我本应读高中二年级了，然而我仍旧是个等待毕业的初中毕业生。每天在学校里闲混，既无书读，也没有革命可搞。我母亲比我还不满，常常唠叨，这是啥世道？学（xiáo）生不念书，教员不教课！我觉得她分明是对我天天不上学，在家吃闲饭不满。她还说，文化大革命，文化大革命！你积极了半天，连胳膊都断了，你得到了个啥？气得我只能和她争吵，一定要在气势上压过她。这辈子母亲是受我伤害最多的人，她又是最疼我的那个人。

人民日报在一篇社论里说："经过一年多来无产阶级文化大革命的伟大斗争，我们揭露和打倒了党内最大的最腐朽的一小撮走资本主义道路当权派，揪出了一批混进无产阶级专政机构内的资产阶级代表人物。我们取得的成就，是震惊世界的。"

学校基本上恢复了以军训解放军为主导的正常秩序，每天跟着上课铃我们走进教室，学习毛主席最新指示，譬如"要斗私批修"，人人检讨自己的小资产阶级狂热病，端正对新生事物的态度，譬如各级革命委员会。10月4日全校学生去郊区农村参加秋收劳动，这意味着恢复秩序的开始。文革前北京的中学生从上初中一年级开始，每学年必定要在五、十月去郊区农村参加两个礼拜的劳动。我因手臂骨折未愈，没有下乡，百无聊赖，无所事事。10月20日，秋收劳动结束，学校举办了"毛泽东思想学习班"，让每个学生总结自己军训以来的表现，开展批评和自我批评。我上交的思想总结题目是"我们向何处去？"，通篇除了大道理就是给自己扣大帽子，譬如"无政府主义"啦"小资产阶级摇摆性"啦，等等，想必别的同学也大抵如此。

11月3日。"西北风刮起来了，树叶开始脱落。但是毛泽东思想武装起来的人啊，却永远是那么朝气蓬勃！听说我校不少同学已经报名到边疆插队，她们是我们的好榜样。"

11月4日，军训团提出了革命委员会名单。11月8日，师大女附中革命委员会正式成立，这是自1966年6月党总支瘫痪以后，学校终于有了正式的领导班子。军训团的政委兼任一把手，我们初中一年级的语文老师王瑞光成为主要领导，她热情洋溢，笑声爽朗，性格豪放，写一手刚劲漂亮的板书。也许因为她曾是志愿军文工团的战士吧，她的政治热情始终高涨，从反工作组开始就一直走在运动的前面，是坚决支持军训和“四四派”学生组织“东方红公社”最早联合的教师组织“星火燎原”的带头人。文革前我曾经非常喜欢她，文革后因观点不同非常不喜欢她。

11 月 10 日，星期五。我写了很长的日记，梳理自己混乱的思想。“无产阶级文化大革命已经取得了决定性的胜利，毛主席的司令部胜利了，刘邓黑司令部倒台了，群众发动起来了，这是形势的总特点。”“文化革命的第三个年头——扫尾工作已经开始了，这是从三军无产阶级革命派这支文化革命的劲旅介入地方以后到‘五一六’（炮打周总理的组织）的出现为转折点的。从八月中旬以后，全国就开始了镇压反革命，以北京镇压‘五一六’为起点，估计今后镇压规模更大。随着镇压运动的兴起、高涨，开始全面复课，恢复党团活动，恢复党委制，建立革命委员会的地方要大树其革命权威。”我，一个刚刚 17 岁的女生，居然如此有条理地对文革形势做了展望，可见当年社会生活的高度政治化。没错！毛主席动用最大的资源、全国 7 亿人民打倒了刘少奇为首的资产阶级司令部和各省市的一把手，的确要鸣金收兵了。随后，他用了生命最后的力量来收拾残局，在长达九年的时间里对接班人的遴选和废黜，让历史如此扑朔迷离。直到 1976 年 9 月 9 日，毛主席离开这个世界，他身边值得信任的人已经所剩无几。对于伟大领袖来说，文革真是以闹剧开始，以悲剧结束。

文革已经进行一年半了，大学生们仍在中央文革小组的直接领导下搞路线斗争兼谈恋爱，而被文革边缘化的中学生却大搞起线路斗争。什么叫线路斗争呢？就是男生热衷于自己攒半导体收音机，女生热衷于编织毛线。我在 11 月 19 日的日记里写道：“天天中午如此，人们忙碌地编织着各种生活用品，掀起了前所未有的高潮。许多从来不敢在学校干的事现都成了理所当然，大家在阳光灿烂的教室里摆开了架势，织毛衣、手套、袜子，看《静静的顿河》《红楼梦》。”

11 月 12 日，我在日记里写道：参观了“红卫兵革命造反战果展览”，过去了的事情又重现了。陆平黑帮的猖狂，工作组的镇压，刘邓狰狞的面目，地富反坏右的变天账，张着机头的手枪，西纠的报复，联动的垂死挣扎，一幕一幕跌入人的眼帘。……无产阶级文化大革命已经要进入第三个年头了，现在需要的是冷静地坐下来总结。

那时流传着一本小说名字叫《军队的女儿》，主人公刘海英小小年纪自愿从湖南奔赴新疆生产建设兵团，在艰苦的劳动中，在一次次危险时，都以勇敢顽强的精神面对，落下一身伤残，成为那个时代的励志典范。小说改编成电影《生命的火花》，主题歌流行一时，几乎人人会唱：

宝贵的生命属于人民／让生命的火花放射光芒／勇敢坚贞意志如钢／大时代的儿女／你不寻常你不寻常／为了人民的利益／让生命放射出光芒！

造就了刘海英的新疆生产建设兵团让我和几个同学非常神往。我们专门去有关部门打听，能不能让我们去新疆，我们在学校的生活实在没意思透了，渴望尽早到火热的三大革命中去锻炼自己。我们把好话说尽，得到的答复是，北京历来没有往新疆生产建设兵团分配中学毕业生的任务，文革前北京中学生下乡的方向只有两个：山西曲沃农村和北大荒的国营农场。前者是市长彭真的老家，后者是新开垦的处女地。他们让我们回学校耐心等待分配。

11 月 16 日，星期四。我们到天安门广场给去内蒙古牧区的同学送行。人山人海，我看见不少同学都哭了。大家都拉着手，呼喊着自己战友的名字。……汽车满载着我们的战友离去了，几天以后，他们就将在烂漫的草原上放羊，也许几年后，他们就是顶呱呱的牧民了吧？我想着，卷在上万的人流中，我思想深处在激烈地斗争着。

11 月 25 日，星期六。解放军撤走了，指导员在汽车上挥舞帽子和我们告别的情景一直浮现在我的眼前，不少同学都哭了。……我深深地尊敬指导员，他是老党员，是我的父辈，朴实、忠厚，谁能想到，解放军为了我们，曾有多少不眠之夜！文书哭了，对我震动很大，过去我总瞧不起他，觉得他私心多，怕担责任，等等。最可贵的是他努力学习最高指示，从不间断，他很单纯，我今天才认识到这一点。解放军走了，给我们留下了什么？工农子弟兵无限热爱毛主席的红心！我深深地感到，自己对解放军的无产阶级感情，比起解放军对红卫兵的感情是相差的多么远啊！

军训解放军的撤走，标志着北京各中学建立了新的权力机构，恢复了校园秩序，再也听不到造反的声音，不过离正式复课还差得老远呢。下一步，就是处理积压在学校的六届学生，即 66 届、67 届、68 届初、高中学生，所谓“老三届”。校园不能总让这些“老”学生占着，必须尽快腾空。小学里四、五、六年级的孩子等着一窝蜂进入中学的大门，而许多八九岁的大孩子还没有摸过小学一年级的课本。教育的断裂和异常，不知让几代青少年的基础教育变得支离破碎。

关于上山下乡的消息，校园里已经满天飞。这样的舆论让每一个在校生的心灵都受到震荡。想留在城里继续读书，修完学业，补充学历，已经是白日做梦了。

12 月 5 日，星期二。上山下乡和工人农民结合应该是我选择的道路了！……到东北北大荒，和工农在一起对我一定很有好处。因为我们这些学生皆是肩不能担手不能提。我深深地知道，选择这一条路要下很大的决心，因为这是关系到一个人的终身大事。

12 月 9 日。北京站的月台上挤满了人，大家都来欢送自己的战友，一会儿列车轮子一转就把他们送往祖国的边疆了。一肚子的话不知从何说起，两只手紧紧地握在一起：“跟着毛主席干一辈子革命！”“好好干吧！”小胡萝卜多可爱呀！还有周糊涂、朱树清、钱德林……朝夕与共的战友就要分离啊！许多人都哭了。我握着小胡萝卜的手，忍住眼泪说：“等着我们吧，小胡萝卜，下次我们一定去！”她笑着说：“我们欢迎你们。”我没有哭，为什么要用眼泪送别呢？反正过不了多久我们就会重逢的。列车缓缓地离开了站台，我怔了半天，眼泪还是遮住了眼帘。（小胡萝卜不是我的同班同学，我抄录这段日记时，完全想不起来她的模样。）

毛主席说：“学生运动已有极大的发展，将来一定还要有更大的发展。但学生运动要得到持久性，……只有和工人、农民、兵士的斗争配合起来，才有可能。”“一切可以到农村中去工作的知识分子，应当高兴地到那里去。农村是一个广阔的天地，在那里是可以大有作为的。”

上山下乡成了康庄大路，先行者已踏上征途，我们只能等待了。

12月26日。早晨很早就去王府井（新华书店）买毛主席语录，天可真冷，但是人们的心却像火一样炽热。日自韶山出，日出东方红。今天是光辉的12-26啊，毛主席七十四岁的寿辰！敬爱的毛主席啊，黄浦滩头您亲手缔造的中国共产党，今日已成为世界共产主义运动的坚强旗手；井冈山您亲手创建的第一支人民军队，今日已成千千万万浩浩荡荡举世无双！您领导革命先辈打下的江山——可爱的新中国已成为世界革命强大的红色根据地。展望世界，井冈山的星星之火，已经在全世界每一块土地燃烧，二万五千里的伟大实践以使越来越多的被压迫人民明确了斗争的方向，前进的道路。看明日之全球，必是赤旗的世界！

敬爱的毛主席啊，您是我们最伟大的导师，最杰出的领袖，最天才的统帅，最卓越的舵手。您是我们心中最红最红的红太阳！我们敬祝您万寿无疆，万寿无疆，万寿无疆！满腔的激情啊在沸腾，12-26，是全世界人民最最幸福的光辉节日！

人们都不觉得冷，尽管手冻僵了，脚冻疼了，但这又有何妨？谁不盼望能够买到一本金光闪闪、红彤彤的毛主席语录啊！

“毛主席语录只有四百本！”不知是哪个同志说。人们都议论起来，“不会吧？”“怎么卖这么少？”“我一定能买到！”到消息确凿后，人们仍然不离开队伍，从王府井一直排到东单，浩浩荡荡，谁舍得离开队伍呢？万一……

我的运气太不好了，本来满可以买到，但是加塞儿的人太多了。人们为了买到红宝书，竟然不讲道德。我失望极了，都要气哭了，幸好买到一套毛选皮儿。（深红色塑料皮——作者注）

如实抄录当年的这篇日记，我不担心读者和网民会报以轻蔑一笑。这就是我们这一代当年的真实心境。

挨了半天冻，没买到红宝书，我的1967年在沮丧中结束了。

2014年8月23日

进入 1968 年

题记：1968 年来到了，青春的轮子依然在空转。我们无书可念的虚耗已经进入第三个年头，对革命和派仗早已厌倦。

自从学校有了革委会，班里也有了新的班委会。班委会组织了几次劳动，我悉数记录在日记里：

1 月 4 日。这几天过得都很没意思。今天下午到西单食品商场卖东西，倒很有意思。我们先在卖处理水果的柜台，赵晓歌称秤，我算账。顾客一多，我就晕头转向，不是多找了钱，就是少找了钱。多亏顾客还好，都很自觉，很支持我们的工作。当个售货员不是很容易的事，既要不使国家受损失，又要让顾客心里满意。卖处理的香蕉角时，有一个人买的一斤中，大多数个头都很小，我们卖给别人的都比他的大，他很不高兴，要求换一下。我要给他换，而××偏不给，还跟人家吵了起来，我心里很不高兴。那个人没有办法，就到小森处排队，但已卖光了。

1 月 9 日。思想空虚，浮躁，无所作为。一九六八年的开始难道就让它这样吗？

1 月 11 日，星期四。

最高指示：没有一个人民的军队，便没有人民的一切。

我的多篇日记都以毛主席语录开头。那时，写信开头要先“敬祝伟大领袖毛主席万寿无疆！万寿无疆！！祝林副主席身体健康！永远健康！！”早请示、晚汇报也开始流行，即早起后、晚睡前对着毛主席像或太阳升起的东方，述说当天要做、已做的事，产生了什么“活思想”，哪些属于私字一闪念。

今天我们几个人在部队生活了一天。

早晨，天还没亮，我们就坐上了赴南口的火车。下车后，我们连东南西北都分不清，就逢人打听：4636 在哪儿？人们都很熟悉 4636，告诉我们方向，不多一会儿就找到了。我们多么想看到文书、四排长等解放军啊！但他们已经走了，而且刚走了一天。（该坦克部队开赴越南战场——作者注）真不凑巧，我们难过极了。

一分队的解放军热情地接待了我们，虽然我们和他们并不熟悉。一连文书李志业同志是一个普通的解放军战士，他陪了我们整整一天，还给我们讲了战士活学活用毛主席著作的事迹。解放军在“三支两军”工作中克服了重重困难，胜利完成了毛主席交给的光荣任务。

1967 年 1 月 23 日，中国人民解放军根据中央决定，介入地方“文化大革命”，进行“三支两军”。“三支”即：支持左派、支援工业、支援农业；“两军”为：军管——对一些地区、部门和单位实行军事管制、军训——对学生进行军事训练。

他们不怕围攻，不怕挨骂，不怕挨打，几夜睡不上一个觉，踏巨浪、顶恶风，为无产阶级文化大革命立下了不朽的功勋。一连一排长说，怎样和工农结合，有些人和工农在一起，但他的思想感情仍然是旧的，是资产阶级的，这说明人的因素主观的因素起着决定的作用，比如：在学校里排长天天打扫教室，擦桌子，这就是人民战士的本色，朴素的品质，但是我们同学呢，一听到要劳动就往家跑，就是两种世界观的反映。他还说，斗私斗在大节上怎么理解呢？一个人，热爱我们的伟大领袖毛主席，这就是大节，大节就是一个人的根本立场，要从每一件事情上做，如吃饭的时候，你是先吃窝头呢还是先吃馒头？这就有公与私的斗争。只有在每一件小事上都抓紧破私立公的斗争，你才能保持革命的大节。

我们在晚上看到了指导员，他还是那样红光满面，他语重心长地告诉我们，要毕业了，一定要把自己的一生交给毛主席来安排，到祖国最需要的地方去，最艰苦的地方去。（指导员所在的团都开拔了，只有他没有上前线，可能年龄大了吧——作者注）

晚上，我们紧赶慢赶，向车站奔去。路上，大家都高兴地说，今天虽没看到文书他们，但我们同样受到了深刻的教育，接触了战士，他们的思想境界真高哇！

我至今记得，那天我们在军营里吃到一种菜，味道像咸蛋黄，特别沙，一打听才知道是腌的小土豆！大土豆做菜了，小土豆也没糟蹋，腌成了“蛋黄”！

1 月 19 日。今天下午去肉食品加工厂劳动。这里到处是肉。一头杀死的猪经过许多双手，就变成了可口的肉松、香肠等等。我们都穿上白色工作服，戴上白帽子，大家你看我我看你都笑了起来。××像个全聚德的老师傅，××又矮又胖活像《见习水手回忆录》里的厨子，×××更可乐了……

干活了！××她们洗大肠，猪肠子里有屎还有蛔虫，但大家都不嫌脏。我和三个同学负责掐香肠，把肉灌进肠衣里，再结上口。老师傅弄得又好又快，我们老是系不上。用竹棍把弄好的香肠穿成一串，很沉。起初我很不想干，心想，XXX为啥不穿，就剩我一人干？我胳膊骨折刚好，又不好使，越发觉得肠子沉极了，简直拿不动！后来，我去洗肠衣，一直洗到回家。

1 月 20 日。下午到 19 路公共汽车上宣传市革委会的文件，动员外地人回原单位。目前在北京的好多外地人中有不少坏人，地富反坏右、特（务）、投机倒把分子，他们无不乘机捣乱破坏，我们要搞群众性的宣传活动。

1 月 21 日。天天如此，在公共汽车上宣传，到底有多大效果？我发生了怀疑。同学们热气不高了，不愿意来了。今天就有几个人没来。上级让我们搞八天，明明没有效果，我们也这样干吗？不！

1 月 21 日。今天造反了，再也不干这种白费力气的事了。

……

4 月 6 日。毛主席语录操，是毛泽东思想战胜一切旧思想的伟大成果，是无产阶级革命文艺占领体操阵地的重大胜利。这几天学习语录操，有些累，因此产生了逃跑一闪念，这不仅是小资产阶级的一贯散漫性，更重要的是对毛主席的感情问题。无限忠于毛主席就不怕苦不怕累，一定要带着深厚的阶级感情和极大的革命热情努力学习。学习毛主席语录操就是学习毛泽东思想！

当我们为不知怎样打发时间而苦恼时，各校新的革委会却在忙碌之中。他们在忙三件事，一是就近招收新生入校。二是对学生中的造反派头头实行秋后算账，要么进监狱，要么内部处理。三是抓紧处理积压的老三届学生，让他们赶紧离开学校，给后面的孩子倒出地方。现在想来，文革中的中小学校，就像地震后的堰塞湖。

师大女附中无条件地就近划片招收新生，男女通收，这在建校半个世纪以来，是破天荒第一次。

1 月 14 日，星期日。今天新生开家长会，我校招新生 25 个班共 1000 多人，这是毛泽东思想的伟大胜利！修正主义统治女附中十七年，把女附中完完全全变成了贵族学校，为了考取女附中，人们都忙得不亦乐乎，或用功昼夜，或靠父母的“资格”，或偷偷摸摸地走个“后门”，就这样我们这样的学校越来越修，特权思想，白专思想大泛滥，何曾有人关心无产阶级革命事业？无产阶级文化大革命的烈火在女附中燃烧，她的丧钟敲响了！现在分片招生，许多工人农民的子女能够上我们的学校，我们高兴，他们更是高兴啊！过去连做梦也不会想到子女能上女附中啊！新的女附中一定会在毛泽东思想的照耀下诞生！

学校为了对新生加强管理，从在校生中选派了很多“辅导员”，去帮助新生班开展入学教育。这些在小学多待了两年的 66 届高小毕业生，通常就叫“69 届”。可怜他们连初中的课本都没见过，转年即被分配到黑龙江各国营农场（当时已改制为生产建设兵团），孩子们平均年龄只有十六岁。比“69 届”幸运的是“70 届”和“71 届”，他们的基础教育虽然只有小学五、四年级水平，可是他们不用上山下乡了，全部得以在城市就业。

变成男女合校的北京师大女附中，1972 年更名“北京 150 中学”，隶属于北京市西城区。1978 年，在全国教育拨乱反正、重回正轨过程中，“北京 150 中学”更名“北京师范大学附属实验中学”（简称实验中学），回归北京师范大学管辖，再次成为重点中学。

2014 年 8 月 21 日

终于等来初中毕业

题记：我初中毕业了，从 1963 年 9 月到 1968 年 6 月，这漫长的五年，却没有换来一张毕业证书。

新生入学了，我们连落脚地都没有了，真的成了多余的人。

1968 年新年开始，对中学造反派头头和“联动”分子的秋后算账也在进行。1 月 23 日，星期二。我在西单看到了王宇的声明和 28 中“八一八红卫兵”的大字报。66 届高中生王宇是 28 中“八一八红卫兵”的创始人，该组织是北京的中学里最早组织起来的造反派红卫兵之一，他们反对工作组压制学生运动，反对血统论的阶级歧视，是中学里最早参加“三司”（“首都大专院校红卫兵革命造反总司令部”的简称，司令为北京地质学院大学生朱成昭——作者注）的中学红卫兵组织。王宇是中学“四三派”代表人物之一，家庭出身好，本人一直是优秀学生，却因“反对毛主席”的罪名被打成反革命遭到关押，与他一起遭受厄运的还有该组织另一个头头侯英。我虽不认识王宇，心里也很难过，在日记里几次鸣不平。男六中红卫兵在 1966 年八月“破四旧”中，以暴力和残忍臭名昭著，因把红色恐怖万岁用红字刷写到墙壁上令人不寒而栗，而成为恐怖的红八月的象征。因公开反对血统论和血腥暴力而成立的六中红旗，一直受到陈伯达和中央文革小组的支持，但是它的头头康典、李峰也被定为反革命坏头头，开除出六中革委会。我在日记里表示了强烈质疑和不满。

2 月 19 日，显赫一时的中央文革笔杆子戚本禹倒台。2 月 27 日，听说 31 中（男校）次日要斗争关雨生和叶肇咸，我大为吃惊。叶肇咸，小名黑子，他家与我家住一条胡同，他头脑聪明、举止文雅，人很健谈，我常找他妹妹玩，因而也和黑子比较熟。他的罪名是组织了

"地下复仇军"，听上去很可怕，可我压根不信，晚上还去他家了解情况。除了他母亲和老保姆"胖妈"外，我还见到了平时很少见的他父亲和姐姐，她姐文革前由女一中保送张家口军事外语学院，街坊四邻都很羡慕。

我校革委会没有对"四三派"头头实行整肃，但有两位同学被批判斗争。看上去只是个案，与文革初期学生斗学生不同的是，这次由学校领导机构直接批准，由所在班级具体组织，没有暴力折磨和人格羞辱，但是对学生精神的打击却更沉重。一个关于高一（3）班反动学生杨×的决议，在全校传达。杨×是干部子女，参加过"联动"，主要言论是"二十年后看高低"，"中央文革正确与否，几十年以后才能证明"，"有种种理论推断，中国必然要出修正主义"等等。4月2日那天，在实验楼的大阶梯教室召开斗争她的大会。我的日记里写道：今天斗争杨×的大会空前好，秩序井然，群情高昂，史无前例。高一三班的一篇稿子，写得很深刻，有科学的分析，有严肃的批判，令人心服口服。对于杨×的批判，绝不是她一个人的问题，而是要狠批极右的"联动思潮"，批判资产阶级的特权思想，批判修正主义路线，提高我们的觉悟。批斗会上，杨×奋力抗争，坚决不肯低头。她被同学从身后架起胳膊，不得不弯腰低头，却一再执拗地仰起脸，与按压她的同学争吵。她是一个五官标致的漂亮姑娘，白皙的脸因愤怒涨得通红。多年前我看到的场景，至今历历在目。

我的日记还写了初三（4）班张桂荣同学，参加了反革命分子李洪（今已不知何人——作者注）组织的阴谋小集团《红卫兵批判小组》，以批判《欧阳海之歌》为名，恶毒攻击我国十八年来的各项基本政策，猖狂地侮蔑毛主席的革命路线。张同学因为佩服小集团的人"有头脑""有学问""有抱负""有苦干精神"而投奔了他们。该同学起初也很"顽固"，不承认错误，据理力争。她出身工人家庭，1968年的工人阶级地位远超"革命干部"，所以她的事没有刻意扩大影响。

当我们即将离开学校，去农村、去边疆扎根革命之际，对学生中的"坏头头""反动学生"的清理、拘捕和关押，是文革爆发以来，学生斗学生、工作组整学生、"红五类"斗争"黑五类"、造反派斗争

"联动"等一系列自相残杀的最后一幕。上述几位本校、外校学生的遭遇，是文革中千千万万人的命运缩影。受害者与加害者既可以互换，也可以发生在同一个人身上。

回想文革初起到现在的两年时间里，每一派造反组织都认为得到了中央文革小组的支持，每一个青少年都以能当毛主席的红卫兵而自豪。结果却是，每一波革命中站在风口浪尖上的青少年，最后都被整得面目全非，伤痕累累。几年后，我们天天敬祝身体健康的副统帅林彪出事，被定为"反党集团"，在全民大批判中下发过一个机密文件，即林立果等人起草的《五七一工程纪要》（五七一据说是武装起义的谐音——作者注），厚厚的一本，我记得其中有一句话，说文化大革命是"绞肉机"，事实证明这个比喻精准到位。

1968 年 4 月 27 日，就要进行毕业分配了！学校给 66 届学生办了学习班，要求大家端正态度，一颗红心，两种准备（少数人留城进工厂，多数人上山下乡——作者注）。5 月 6 日，我按要求写完"本人鉴定"，5 月 7 日报名去北大荒国营农场。志存胸内跃红日，乐在天涯战恶风。我一定不辜负毛主席和共产党对我十七年的培养，决心做一名光荣的北大荒人。

其实，66 届初、高中生的毕业分配，早在 1967 年冬天就开始了，零星的、数额极少的分配，既有北京的保密工厂、首钢公司、纺织厂、服装厂，也有西北的三线工厂。我们班 45 人，大约有四分之一留在北京进了工厂和服务行业。去北大荒农场的名单是 5 月 29 日公布的，我班有 15 人"上榜"，其中一位同学坚决不去，反复的结果又增加了 5 人，变成 19 人，我是其中之一。

我妈让我姐去学校找老师说情，我身体不好，一直免修体育，我胳膊骨折，正在恢复。其实我留城的理由挺正当的，老师立即同意了我姐的意见。6 月 3 日是我 18 岁生日，我在日记里说："今天我已经 18 岁了！上午发生了不愉快的事，老师忽然又通知我不去北大荒了，气得我眼泪都掉了下来。经过一番奋斗，又到医院开了介绍信（诊断书——作者注），才算解决了。这事太气人了！"别人去医院开诊断书是为了躲避去农村，而我却是为了去遥远的大东北！因为我知道，如果我留下，最好的结果是去大集体所有制的“西城区红卫服装厂”，稍好一点的国营工厂，一准没有我的份儿。一想到天天趴在缝纫机上，和一群只知道东家长西家短的老娘们儿做同事，我就受不了。如果我不去北大荒，耗到后来一定是去山西、内蒙插队，我挣不上工分养活不了自己怎么办？继父在房管所当壮工，一个月挣不了几个钱，母亲为了和他多要几块钱都要吵架，我好意思让他继续供养我吗？去北大荒国营农场，有工资保障，起码可以养活自己。

出发日期定于 6 月 13 日。剩下的时间就是迁移户口，收拾行李，与亲朋好友告别。没有什么特别的欣喜，因为就要离开家人到遥远、严寒的边疆，未来一片迷蒙。也没有什么特别的悲壮，因为是自己选择了北大荒。

1968 年 6 月 13 日早上，我背着书包去学校，不是去上课，而是去集合，统一坐专列奔赴遥远的北大荒。今天就要和学校道别了，以后不可能再回来，我的心里却没有一点留恋。我初中毕业了，从 1963 年 9 月到 1968 年 6 月，这漫长的五年，却没有换来一张毕业证书。

早上出门时，我坚决不许母亲和姐姐送我一步。母亲没有办法，只好让步，送到大门口，大我 13 岁的姐姐却执意要陪我一起去学校。

“天天不上课，学生不像学生，教员不像教员，这世道咋乱成了这样？”母亲经常地唠叨，不停地抱怨，我都认为她是嫌我吃了闲饭。这下您不用抱怨了，我不会吃闲饭了，以后您也看不见我了。我是父母最小的孩子，不到 6 岁就没了父亲。哥哥姐姐都已成年，母亲带着我艰难地生活，对我的疼爱和呵护近乎专制，让我越来越难以忍受。青春期的逆反心理是那样强烈和不可阻挡，我巴不得到一个母亲找不到的地方，永远不再听她的唠叨和事无巨细的管制。我连头都没回，就大步走了。

9 点钟我们准时在学校集合，一批去北大荒的同学是 66 届初、高中毕业生 120 名，我们班就占了 19 名！10 点钟我们将在北京站和全市上千名中学生汇合，乘坐专列去黑龙江。这一天，这一列火车，标志着北京市中学生大规模上山下乡的开始。

接我们的大公共汽车来了，是当时北京城里最好的大轿车，前面的两块风挡玻璃特别大，有点像蜻蜓的大眼睛。同学们叽叽喳喳地拥上汽车，快乐地挤坐在一起，汽车就鱼贯驶出了校门。永别了，北京师大女附中，永别了，我们的中学时代！

汽车在西长安街奔跑，经过了西单、六部口、新华门，经过了人民大会堂西侧的石碑胡同口，我的家就住在那条胡同里。坐在最后一排的我，下意识地回头张望。忽然，我看见了母亲，58 岁的母亲坐在胡同口的花岗石灯座上，正茫然四顾，一向腰板挺直的母亲怎么佝偻了？她在那里枯坐多久了？我的眼泪突然涌上来，什么也看不见了。我急忙回过身来，使劲吞咽着眼泪，不让它流下来，不让同学们看见。

姐姐把我送到学校，就被我忘到一边去了。等大家到了北京站，我发现姐姐和许多为我们送行的亲人们、同学们，像刚刚参加了赛跑，竟也同时到达！站台上人声鼎沸，半年前我曾在这里送走了同学小胡萝卜她们，现在更多的亲朋来送更多的我们。火车缓缓移动了，直接开往北大荒的北京知青专列，在歌声、笑声、哭声和什么也听不清楚的亲人叮咛中，离开了北京站，离开了北京。这一去，就是几千里，艰辛的人生从此拉开了大幕。

记忆里，那时的六月远没有现在这么热。火车出了山海关，天气就更凉快了。一日三餐，是铝饭盒装好的大米饭、红烧肉，以往从不接触的男中、女中的同学，在一个车厢里度过白天又迎来黑夜。所有的一切，都是新鲜的，激动的，就像是去远游，是一次下乡劳动，大家叽叽喳喳，说不完地说，闹不完地闹。天亮了，谁喊了一声：该起来了，祝毛主席万寿无疆吧！车厢里有了骚动，学生领队带领大家向着东方初升的太阳，敬祝毛主席万寿无疆、林副主席永远健康。

6 月 14 日，专列到达哈尔滨站，我一眼就看见了站台上一大片穿褪色军装的年轻人，不过，他们不是十个月前我见到的耀武扬威的“哈三中红后代”红卫兵，而是带着我们串联的哈军工大学生们，有狗熊、斗批改等 14 人，我在日记里悉数记下了他们的名字。短暂的会面令人激动，我们从首都来到了边疆“屯垦戍边”，他们不久后即将被分配到艰苦的三线军工厂。

6 月 15 日。阴，小雨。自进入东北以后，天气一直阴沉沉的，小雨连绵不断。下午到达迎春车站，人们敲锣打鼓地欢迎我们，雨下个不停。汽车把我们拉向四队驻地，黄土公路颠得厉害，我的脑袋不时地和老表的相撞，我们像被摇的煤球一样，晃来晃去很好玩。总场欢迎我们的人脖子上都挂着一个大心，上面写着“忠”字，我们都觉得很新鲜。晚上很困就睡了，我们住的是新盖的泥房，没有电灯。

第二天晚上，生产队里开大会，欢迎我们，演了很多节目。值得一提的是，欢迎会一开始，首先授予我们三十几名北京知青“忠字牌”，用纸板做的，裱着红电光纸，形状是碗大的心，上面用黄色广告色写着一个忠字。北京不曾见过的忠字牌，居然让边疆的人民发明了！

晚会结束，同学们回到宿舍，把忠字牌从脖子上解下来，扔到一边。我心里对那个心形纸板充满了冷笑和反感，我的同学们也没有谁第二次戴过那个忠字牌。

对于我们来说，文革已经远离。在北大荒战天斗地的生活，即将开始！

2014 年 8 月 21 日

下卷

岁月拾零

请放开宋彬彬

我在12月9日的博客里，简单写了一所中学在1966年8月的两大事件：校长之死和宋彬彬上天安门。关于前者，我在十多年前写过《记忆的疮疤》，发表后被者永平、章德宁等人编的丛书《那个年代中的我们》收入（远望出版社1998年版）。对于宋彬彬，我从来没有发表过个人看法，主要原因是，她不在我们通常的视野里。

实验中学今年九月的校庆活动，在网上遭到猛烈抨击，批评文章多言辞凌厉。我同意那些文章的基本观点，即校方缺少对文革的正确认知，但我反对对宋彬彬本人继续妖魔化。

迄今为止，我没有看到过当年在校的学生（66、67、68三届学生约40个班）有人举证宋彬彬参与暴力的事实，也没有看到过网上和民间流传的宋彬彬打死若干人的实据。实际上，在我的印象中，宋彬彬就是一个戴着白色化学镜框眼镜、清秀善良、文质彬彬的高年级女生（她的班级正是我的姐姐班）。即便在文革中，也从未有过她张扬狂热、盛气凌人的记忆。我相信，母校的同学多数会持有这个印象。

为了使我的如下文字不带偏见，我向宋彬彬的同班同学刘进做了了解。刘进是1965年入党的学生党员，是文革初期母校的学生代表会主席，在我眼里她是一个襟怀坦荡、有自省、有担当的人，她认真地回答了我的提问。

宋彬彬是文革前师大女附中16名学生党员之一，于1966年4月入党。我记得文革中第一张大字报是宋彬彬、刘进、马德秀（后为上海交大党委书记）3名高三学生党员写的，刘进说："是的，我的名字在前。"大字报的内容是当时正在热议的教改问题，标题和具体内容她也不记得了，她说正在寻找，希望能有细心的同学保存至今。

她们的大字报在6月2日贴出，当即就遭到同学们的围攻，6月3日团中央派的工作组进校，3人得到保护并成为工作组的依靠对象。学校成立师生代表会，由她们3人和2位高二同学外加2名教员组成，刘进为主席，宋彬彬等6人是副主席。6月17日，高三年级十几人联名写了大字报反对工作组，随后成为班级反动学生。当时毛泽东不在北京，为了控制局面，上面指示让中学生统统去了外地部队接受“军训”。7月末毛回京，把刘邓向首都大中学校派工作组的做法斥为镇压文革的反动路线，工作组纷纷撤离，学校出现领导真空。反对工作组的同学成为左派，刘进和宋彬彬等人变成保守派。8月4日、5日，高一年级部分学生揪斗5名校领导，党总支书记卞仲耘被殴打折磨至死。8月7—8日，学校两派成立了“筹委会”，刘和宋均在其中。这时，“红卫兵”从发源地清华附中迅速扩散到各中学。我记得，学校成立了两派红卫兵，一派曾是工作组的依靠对象，正统派，强调红五类出身，另一派是反工作组的，自称“毛泽东主义红卫兵”[1]，奉行广泛的“阶级政策”，即不排斥非红五类出身同学。8月18日，毛主席要在天安门上接见红卫兵，师大女附中的名额是40人，负责确定人员名单的刘进，不喜欢这种抛头露面，自己并没有去，却让宋彬彬带队去了。宋给毛主席戴袖标后，刘进受到班里一个左派同学的质疑：“你们是保守派，宋彬彬给毛主席戴袖章，是对主席最大的侮辱！”刘听后也暗自谴责自己，觉得对毛确有侮辱的嫌疑。随后她和宋即宣布退出“筹委会”，从此淡出学校的运动。

1966年8月以后，学校进入了无政府状态，本校学生大多数出

---

1 1966年7月，我在班里被批斗孤立，没有资格随大拨儿赴邢台军训，而是和二三十个各班的反动学生一道去郊区农村劳动，工作组一撤，我们就被放回来了。大约是7月31号，我去了学校，因为军训的同学还没回来，校园里只有零零星星的人。在大操场西边的一溜黑板上，我看见了红纸黑字的“毛泽东主义红卫兵”成立宣言，没有写满两张纸。为什么我会多年不忘呢？一是字很漂亮，我对写字好的人有偏爱。二是加入条件强调了“有成分论但不惟成分，重在阶级表现”（当时的阶级政策）。那天宿舍楼的大门框上已经贴出“老子革命儿好汉/老子反动儿混蛋/基本如此”的对联，主义兵的成立宣言就这样深深地留在我的记忆里。我至今没有找到第二个目击者，估计成立宣言很快就被宣扬血统论的大字报覆盖，看到的人极少。

去串联或待在家中，校舍被哈军工的大学生长期当作“联络站”，一直到1967年春天，部队对学生进行了在校军训，混乱的秩序才有所好转。1968年夏天，66届学生第一批上山下乡，之后，宋彬彬也去了内蒙古草原。

我的同学叶维丽（现美国马萨诸塞州州立大学终身教授、历史学家）曾在几年前采访过宋彬彬，她这样记述：

多年来，宋彬彬在师大女附中8月5日的暴力事件及后来全市范围的“红色恐怖”活动中所扮演的角色一直吸引着人们的注意。宋最初的出名是因为8月18日在天安门城楼上把一面袖章戴在了毛泽东的胳膊上。在近年的访谈中，她对我讲述了自己如何变成了这个“幸运”（或从回顾的角度说是“不幸”）的人。那天有大约1,500名北京中学的红卫兵被邀请登上天安门城楼。能有机会在近距离看到毛主席使这些年轻人无比兴奋，他们很快就变得无法控制了，随意在天安门城楼上走动，一些人向所遇到的党和国家领导人献红卫兵袖标。有些学生看到毛的胳膊上还没有袖标，觉得他也应该戴上一个。一个男同学在人群中推着宋大声说：“你去”，这是一件激情之下自发和相当偶然的事情。这之后就是那段众所周知的故事，对宋来说它发生在瞬间，但却影响了她的一生。

“818”时女附中已经有了红卫兵组织，宋是领导者之一。第二天全国各大报纸上都出现了她的照片，“宋彬彬”成了家喻户晓的名字。在她与毛的那段广为报道的对话中，毛问她的名字，她说叫“宋彬彬”，毛问：“是文质彬彬的‘彬’吗？”她说是，毛于是说：“要武嘛”，据传她后来把名字改成了“宋要武”，女附中的校名也随之改为：“红色要武学校”。

有关“宋要武”名字的发明有一段故事。据宋讲她从天安门回到学校之后有一位《光明日报》的记者采访了她。那位记者要她谈了与毛的对话内容以及与伟大领袖会见时的感受。在采访中宋并没有表示要改名字，但第二天报上出现了署名“宋要武”的文章，那篇文章的样稿事先并没有拿给她看以征得同意，而从此她有了一个众所周知的新的称谓。

历史就这样和宋彬彬开了一个残酷的玩笑。她不管走到哪里，武斗凶手、杀人恶魔的影子都追随着她。刘进说，我至今后悔让宋彬彬那天去了天安门，如果她没去，如果她的名字不叫彬彬就好啦！

可以想象，40 年背负着一个莫须有的罪名，失去了解释权和话语权，对于宋彬彬是怎样的一种精神煎熬。所以，请放开她吧！放开宋彬彬，让她有空间、有机会面对真实的自己，让她开口说出自己的故事。

我写这些文字，不意为宋开脱。我当然不以为，宋彬彬和大多数同学一样，是蒙昧的、被迫的、胆怯的，盲目地跟着形势走。宋彬彬出身高级干部家庭（66 年夏天她父亲并不是第一波受到冲击和打倒的对象），本人文革前入党，文革初期是学校领导层成员之一，这些条件使她优于大多数学生，可能具有控制局面的影响力，她是高年级学生，对同学还有示范作用。这些注定了她应当承担的责任。面对校长之死前后，她怎样想、怎样做？我希望宋彬彬拿出道德勇气，和我们一起反思与反省。

最新大片《投名状》的导演陈可辛，在 CCTV 的《小崔说事》节目中，当被崔永元调侃时说了一句严肃的话："在一个极端的事件中，人性、道德都要受到很大的挑战。"这里，我要借用陈可辛导演这句话作为我这些文字的中心思想。

如果说，战争、灾难、动乱是极端事件的话，毫无疑问，文革就是中国近代历史上祸及全民的极端大事件。从那场动乱中走来的我们，有责任、有义务厘清事实，把真相留给后代，留给历史。

最后，我要引用宋心鲁在纪念母亲、北京四中校长杨滨的一篇文章中的内容，结束我的这篇文章。宋心鲁说：母亲多次回忆起那次在中山公园，她被押去参加对北京市"黑帮分子"批斗的大会，各校愤怒的学生们提着腰带、木棍围上来，是四中的孔丹、秦晓、张小彤等学生党员和骨干把我母亲围成一圈保护在中间，一边高呼口号，一边大声喊："不要打人！"冲过人群把她带进会场，散会后又护送她回校。她腿疼，走不动，是赵胜利把她背着送回"牛棚"的宿舍。那天有好几个老干部被打死、打伤了，可她记得只是头上挨了一皮带，他们为她挡了多少棍棒，挨了多少打啊！

这是北京四中的高三同学，他们也是干部子弟或叫红卫兵，在面对暴力时的作为。他们用自己的身体保护了校长，同时也在四中的历史上，留下了让人感动的记录。

2007 年 12 月 13 日

局外人入列

那个冬天特别冷。距农历“立春”很近了，空气依旧十分凛冽。我们五个从偶尔见面的一家背静的四川小饭馆出来，在路边分手。这次会面的主要话题，是把我们所收集的记忆碎片再做拼接，关于发生在师大女附中文革初期的“八五”事件，已有了基本的轮廓，大家为此很兴奋。

刘进穿着一件鼓鼓囊囊的黑棉袄，斜挎着我们每次见面都看到的大帆布书包，里面装着大厚本的书籍、卷边的笔记本、A4 纸打印的一沓沓调查资料和她随手画的一些素描，沉甸甸地压歪了肩膀。她向我们挥挥手，沿着地下通道到马路对面坐公交车去了。看着她脚步匆匆的背影，我会蓦然间想起她 1966 年夏天留给我的印象，穿着洗得发白的布褂子，裤腿挽到膝盖，赤脚不穿鞋，齐耳的短发斜扎起一个硬撅撅的刷子，像电影里的女游击队员。那时全校的学生都认识她，她却不认得我们。如今刘进的头发已经灰白，剪得更短，一年四季都不用梳头。

她也和我们告别，把黑色羽绒服的帽子拉到头上，只露出了脸，推着一辆旧自行车下了马路牙子，片腿上车，渐渐远去。她每次来见我们都是骑车。和 40 多年前一样，她高挑瘦削、眉眼善良，有这个年龄常见的随和诚恳，还有这个年龄少见的不谙世故。她戴着深度近视眼镜，文质彬彬，一如她的名字——宋彬彬。这个头发花白的老人骑车走在马路上，谁会知道，她是中国大陆改革开放后第一个获得美国麻省理工学院（MIT）地球行星科学系的女博士，也是 1966 年 8 月 18 日在天安门城楼给伟大领袖毛主席戴红卫兵袖章的那个 18 岁女中学生呢？当年在天安门城楼上一分钟的特殊经历，几句玩笑式的问答，使她在那一瞬间成为一个符号，有关宋彬彬的各种传闻如影随形地跟随她走到今天。

我们，是文革前北京师大女附中的学生，刘进、宋彬彬、于羚是1966届高中生，已年逾花甲，我和叶维丽是1966届初中生。刘进、于羚和我都已退休，生活在北京。宋彬彬2003年回国定居，照顾年迈多病的父母。叶维丽于80年代初赴美留学，毕业于美国耶鲁大学，是历史学博士，目前在美国波士顿某大学历史系教书，是终身教授。

我是在2008年1月24日叶维丽、于羚与刘进、宋彬彬对谈母校文革初期发生的事件时，加入进来的。在那之前，她们或分头或合作，已经走访调查了六年。我对她们做的事情一无所知。作为局外人，一个多月以前我在搜狐网发了《请放开宋彬彬》一文后，掀起了惊涛骇浪。宋彬彬被妖魔化已经四十年，此前从来没有本校学生站出来为她辩诬，我像愣头青一样突然蹦出来，嚷嚷着叫人们放开宋彬彬，给她转圜的余地，说出自己的故事。留言不计其数，赞我骂我羞辱我，也互相开骂。其实，我写文章的动因很简单，因为我在网上看见一篇《血腥的八一八》，言辞激烈，杀气腾腾，要把宋彬彬永远钉在历史的耻辱柱上。以前我从来没有关注过这个话题，上网一搜，大为吃惊。关于宋彬彬文革中打人杀人的文字目不暇接。她在高三（3）班我在初三（3）班，是姐妹班，我从来没有听过任何人说这些事，如果有一件当真，也难逃1966年冬季以后的大字报讨伐。一种正义冲动驱使我必须为宋彬彬说句公道话。

那次会面在长椿街的一间小咖啡馆，叶维丽让我也来听听。学姐于羚是叶在雁北农村插队睡一条炕的密友，与我却是初识。和宋彬彬面对面说话也是第一次。与刘进略熟，在女附中校庆90周年的校园活动中有简短交谈。基本上是叶维丽提问，刘进和宋彬彬回答。我不知道宋彬彬是否第一次和叶维丽谈到她的文革经历，感觉到她顾虑重重，害怕牵连到别人造成新的伤害。那次谈话从下午两点多持续到当晚九点，仍意犹未尽。店主为我们安排了晚饭，最后我看到宋彬彬起身悄悄去结了账。

一周后的1月31日，这个谈话转场我家，从上午十点到当晚九点多，又是一整天，个个累得腰酸背痛，毕竟年龄都不轻了。叶维丽严肃、认真、不苟言笑地提各种问题，时间、地点、人物，来来回回地核对。我对叶维丽开玩笑说“你怎么像法官似的？！”我实在坚持不了，一头钻进厨房，负责两顿饭而已。

其实，叶维丽的调查早已开始。2001 年暑假后，叶维丽开始休学术长假，整个学年都在国内。秋季的一天，她登门看望王晶垚先生，叶的父母和王先生、卞校长是新华社的老同事。见到旧友的女儿，老人很高兴，给她看文革后卞校长骨灰安放仪式后的合影。里边有叶维丽的妈妈，新华社老同事唯一参加仪式的老人。王先生还给叶看了一些他保存的手抄文革资料和照片。看着那些字迹已经有些模糊的纸片，叶维丽痛感到保存的不易。后来，她建议一同在雁北插过队的好友也是学姐的于羚，帮助王先生整理那些资料。刚退休不久的于羚当即表示责无旁贷，为此专门学会了电脑打字。从 2002 年 3 月到 2005 年 4 月，于羚不记得从北京城的东南到西北，从她家到王先生家，究竟往返了多少次？王晶垚先生保存的资料，不管是字迹模糊、潦草的信件、字条或是手抄的文章，全部经过她的辨认整理成为电子文本。一次叶在电话里问王先生对于羚的工作还满意吗？王说，踏破铁鞋无处觅啊！一连说了好几遍。

与此同时，叶维丽开始做“85 事件”的调查。2002 年夏天，我们曾经邀请同班同学在我的办公室做过两次座谈。叶的问题是：8 月 5 日下午你在什么时间、什么位置看到了什么？当时“红卫兵”组织是否已经成立？我当时觉得太琐碎了，这事儿反正就是干部子女干的，干部子女等于红卫兵，红卫兵打死了校长，头头就应该负责。后来，她和于羚一同去找刘进和宋彬彬。刘进是师大女附中文革初期工作组进校后的学生代表会主席，宋彬彬是四个副主席之一，对她们的采访必不可少。那几年，叶维丽利用假期多次回国，于 2006 年在美国一个历史杂志的秋季刊公开发表了她的论文《卞仲耘之死》。

1996 年三八妇女节那天，我曾经写过一篇文章叫《心灵的疮疤》，收在一本书里，书名叫作《那个年代中的我们》。当时我以非常尖锐的批判和追问，来表达我作为文革中师大女附中的在校生，对八五事件的认识。我一直觉得非常耻辱，对行凶者深恶痛绝，后来陆续写过几篇文章表达我的感受。但是，和叶维丽的文章比较，我发现文学写作的缺陷，习惯用合理的想象去代替事情真相，用激烈的情感表达代替是非曲直。这在一直关心、参与我校文革事件的几位作家的文章中也同样存在。

其实，刘进在几年前就开始做自己的调查了，或单独、或与宋彬彬一起，逐一访问当年在校的老师、相关的同学和“八五”事件中受害校领导梅树民老师。在受访者中，也不乏闻讯主动约谈的亲历者。几年里刘进走访了三百多人次，有名有姓的老师同学 120 多人，做的记录就有二百多份。不理解、不谅解、不合作的情况时有发生，钉子也碰到不少。刘进在和老师的沟通中，多次道歉，2006 年还给梅树民老师写信道歉。她的执着、诚意和责任心感动了许多人，大家愿意向她敞开心扉。采访的过程也是刘进反思自己的过程，她常说：“我当时是学生代表会的负责人，这是我应该做的。”我们每次见面，她都背着一个沉重的帆布大书包，装着各种采访笔记，打印的、手写的、复印的，林林总总，我们问到的问题，大多有据可查，在她的资料里找到答案。如果不够清楚，她一定会再去采访，无冬历夏，不知疲倦。有次刘进展开她用连续纸打印的采访名单、时间、地点，足足有好几尺长。

2007 年 12 月，有人从高一（3）班校友王友琴的文章里截图七人名单贴在我的博客《请放开宋彬彬》的留言栏里，看！他们就是杀死校长的凶手，宋彬彬的名字排在第一个！

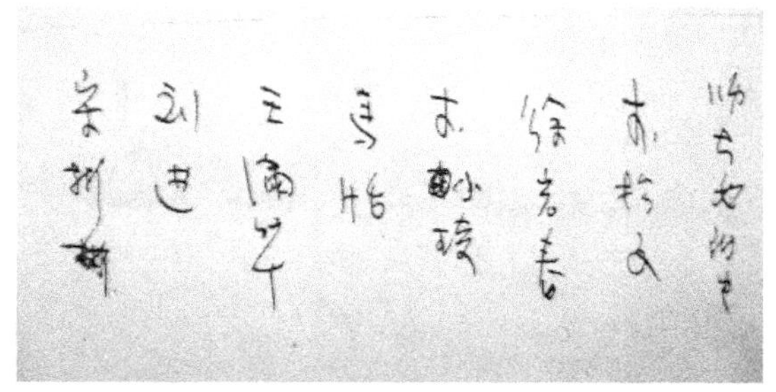
李松文老师手写名单，为抢救卞校长交由邮电医院作保

王友琴同学把这个名单作为指控宋彬彬带领红卫兵打死校长的铁证。当我看到这个名单时，不禁哑然失笑。王友琴是 1979 年全国高考文科状元，中国社会科学院文学所的

博士，怎么会犯如此低级的错误？我留言反驳：名单是竖着写的，从右往左排列，李松文老师第一个，宋彬彬是最后，第七个。名单是李松文老师的笔迹，他教过我们班两年的几何课。刘进看后，两度登门拜访李老师求证。李老师后来写了证言，说明由他手写的七人名单。

是在 1966 年 8 月 5 日晚上给邮电医院抢救室医生留下作保的，昏迷多时的卞校长被大家送到医院后，因是“黑帮”，没有学校革委会介绍信，不给抢救，征得在场几位学生的同意，李松文老师签名后，又依次写了六位同学的名字，宋彬彬是第七个。

常言道：往事不堪回首。经历了人生的各种奋斗与挫折、收获与付出、喜怒哀乐之后，我们以平静的心绪回到 40 多年前的那个喧嚣的夏天去寻找自己，依然是不容易的事情。

从 2008 年 1 月我们五人的第一次相聚，至今已过去了 6 年，我和叶维丽都已满头华发，三位学姐都是奔七的人了。几年走过，我们五人在多次聚会中增进了了解，激活了记忆，同时也认识到一个人的记忆是不可靠的，只有不断质疑或否定，才能逐渐接近历史的真实。这样的聚会，成为我们交换信息、补充资料、观点碰撞、还原真相的必要经历，也让我们人到老年仍在成长。

2014 年 2 月 26 日

瞬间决定一生

——专访宋彬彬

冯敬兰：彬彬，你好。我受南方周末/电子杂志《记忆》委托[1]，对你进行这次采访。网上关于你的条目非常多，可见海内外对你的关注度一直不曾减弱，你从 1966 年 8 月 18 日在天安门城楼上给伟大领袖戴上红卫兵袖章的那个瞬间开始，就被当成了文革中一个重要符号，而且是公认的暴力符号。为了让广大读者和网友了解你是怎样的人，请你从 1966 年 8 月 18 日前后的经历开始谈，好吗？

宋彬彬：好的。“八五”事件发生了部分学生游斗校领导导致卞校长不幸遇难的惨痛后果后，学校的秩序更加混乱。刘进、我和一些高年级同学商量，说这样下去不行，没准还会出乱子，必须成立一个组织，就是 8 月 8 号成立的文革筹委会。我记忆里筹委会成立后干的唯一一件大事，就是组织全校学生参加 818 在天安门广场召开的“庆祝无产阶级文化大革命胜利大会”。开会通知是两天前接到的，那时毛主席支持清华附中红卫兵的消息已经在北京大中学校传开了，大家都很振奋。筹委会组织各年级的一批积极分子，集中在学校大礼堂，找了些红横幅、红绸布撕成布条，准备发给大家。初二一个同学找到“红卫兵”三个毛体字，“卫”字是繁体。高二一个同学用三合板刻了模子，用墨汁在红布条上印，洇得很厉害，大部分作废了，到 8 月 18 日凌晨才印了四十多条。参与做红袖章的同学，并不全是“红五类”出身的同学，因为要见到毛主席，人人都很兴奋。

冯敬兰：我是近年才听我们班一个同学说她也参与了做袖章，她

1 本文是应南方周末之约做的访谈，但因不可抗力未能发表，后由网刊《记忆》刊载。

是职员出身，不是红卫兵。我对“818”的全校性活动完全没印象，当时我在班里被批判孤立，没人告诉要去天安门。

宋彬彬： 8 月 18 日凌晨三点多集合，队伍走到天安门广场大概是五点多钟。记得刘进没戴红袖箍，我戴了一个没字的。七点多钟，广场上的喇叭广播了一些学校的名字和具体数字，让到天安门城楼下集合。刘进是全校领队，按理说应该由她组织带队，可是她不愿意出这个头，对我说：“你当过（学生会）文体部长，认的人多，你挑 40 人带过去吧。”

本来以为是去维持秩序当“标兵”呢，所以挑的都是个头儿比较高的，出身好当然是默契的条件。因为高中的学生都比较高嘛，最后高中生多初中生少。应该选四十个人，出发时一点名，多出来一个，最后一名没让去，当时她就哭了。

一上天安门城楼秩序就乱了，据说上城楼的中学生有 1000 多人。那时我们对时局并不清楚，能上天安门城楼人人都很兴奋，胆子大的学生就开始闯到城楼中间给中央领导戴红袖章。我本来戴的是没有字的，临上天安门时，有个同学说她的袖章有字，比我的好看，就把她的给了我。看到没人给毛主席戴袖章，我身后一个男生（空军大院子弟、师范学院附中初中生）推了我一下，说：“你的袖章挺好的，为什么不去给毛主席献呢？”当时，我旁边站着公安部长谢富治，他原来跟我父亲在一起工作过，两家人很熟。我问谢富治，我可以去给主席献袖章吗？初二一个小同学也说她要去献红领巾，谢问她是谁，我说了她父亲的名字，他就让我俩过去了。那时，能见到毛主席大家都激动得不得了，我也感到很荣幸。毛主席并不认识我，也不知道我们是哪个学校的。他问我：“你叫什么名字啊？”我说叫宋彬彬。“是文质彬彬的彬吗？”我说是。毛又说：“要武嘛。”就是这么几句话，非常简单。平常我也听家人说过，毛主席爱开玩笑，也会拿名字开玩笑，我认为这只是一句玩笑话，并没觉得有什么特殊含义。

冯敬兰： 网上流传的一个版本是，毛说：“文质彬彬不好，要武嘛。”并当即给你改名叫宋要武。

宋彬彬： 这是网上的传说。我班有一个同学记得，回到学校后很多人过来跟我握手，因为我的手和伟大领袖握过了，有人问："彬彬，你以后是不是改名叫要武啊？"我说那是毛主席说的，我不配。

记得我说这个话的同学，字写得很好，为了"818"她特地做了个葵花向阳的纸板，准备那天举着去天安门。因为出身不好，班里却没让她去，她受了伤害，所以许多细节记得特别牢。

现在回想，当时所以说我不配，是因为我们学生代表会的几人跟着工作组犯了错误，我心里感到有些迷茫和惭愧。

当天下午，《光明日报》的一位男记者来采访我，他问毛接见我的情况，我讲了之后，他让我写下来，我说就两句有什么好写的呢？就没写。晚上和几个同学说起这件事，她们也说就这两句话有什么好写的呢？可是没想到，8 月 20 日《光明日报》发表了一篇文章，题目是"我给毛主席戴上红袖章"，署名宋要武括弧宋彬彬。我看到那篇文章很吃惊很憋气，跟同学说："宋要武这个名字我根本就不会用，现在连宋彬彬这个名字也不能用了。"毛主席和我的简单对话，我们班同学没人认为那是毛要我改名，这么多年来没有一个同学喊过我"宋要武"。

冯敬兰：《光明日报》那篇署名文章，8 月 21 日由《人民日报》转载，再配上那幅照片，你是一夜成名啊。那篇文章确实不是你写的吗？

宋彬彬：四十多年来我真是有口难辩。熟悉我的同学们都清楚不但当年我写不出那样的文章，即使现在我也写不出来。我喜欢理工科，一直从事的也是科研工作，写文章不是我的特长，那种措辞激烈、政治性很强的文字，我更写不来。

冯敬兰：我仔细读过那篇文章，觉得它的导向性非常明确，重点在阐释"要武"的含义，读起来像是宣言和号召。如果依据这篇文章把"宋要武"看作是武斗和暴力的符号，是不足为怪的。

宋彬彬：我能够理解。"要武"使红卫兵的暴力合法化了，818 以后在北京市迅速扩散开的"破四旧"成为大规模的暴力活动，许多无辜百姓失去了生命，家破人亡的悲惨故事我也听说过不少。这个符号给予我的只是冤枉和委屈，而对于千百万同胞来说，却是生命的消逝，身心的损害和家庭的破碎，是永远不能忘的心灵伤痛。比起这些，我的冤枉和委屈就算不得什么了。虽然已经过去了四十多年，我仍旧要对那些无辜死者表示沉痛的悼念。

冯敬兰：天安门上一次偶然的际遇，改变了你的一生。那以后你还干过什么？

宋彬彬：8 月 19 日我和刘进宣布退出了“文革筹委会”，以后基本上就退出了学校的运动。

冯敬兰：你和刘进都是文革筹委会的发起人，为什么才成立 11 天你们就宣布退出？

宋彬彬：“818”当天回到学校，我班同学梁二同找到我和刘进，她说：“为什么你要给主席献袖章？你是保工作组犯了错误的人，你给主席献袖章是对主席最大的侮辱！”二同当时很激动，一边说一边哭起来。刘进和我认为她说得很对，我们是工作组依靠的学生骨干，还担任了学生代表会正、副主席，而梁二同是反工作组的领军人物，受到无情打击和批判，她们一直没有屈服认错。工作组 7 月 30 日刚撤走，31 日她们就张贴出成立“毛泽东主义红卫兵”的宣言。当时学校里同学们都认为，梁二同她们才是真正的左派。所以，8 月 19 日刘进写了退出文革筹委会的声明，我也签了名。刘进还把梁二同的袖章交给中央文革小组副组长王任重，想请他转交毛主席，换回我的那条。后来换没换我们就不知道了。

冯敬兰：为什么要把你的那条换回来？

宋彬彬：因为我们保工作组犯了错误，梁二同她们才是左派。

后来我们这帮人（保工作组的）就成了逍遥派，我们小组叫“中流击水”，有同学管我们叫“中午击水”，因为每天中午我们都到八一湖去游泳。当时名字的问题给我很大烦恼，我说，我既不能叫宋要武，也不能叫宋彬彬了，我们小组的同学说这么办吧，咱们帮你起个新名字。一个同学拿来一本字典，随便翻了一页，看到岩石的岩字，我就在那个时候决定改名叫宋岩，此后就一直用这个名字。

冯敬兰：你参与的事情还有哪些？

宋彬彬：再有一件，就是到武汉去做了支持湖北省委的“保皇派”。1966 年 8 月末 9 月初，王任重找到我和刘进，我俩的父亲曾经与王一起工作过，他和我们比较熟。他邀请我们去武汉，因为那里造反派炮轰省委闹得很厉害，省委不知该怎么办。刘进说，毛主席让我们自己解放自己，自己起来闹革命，湖北的事应该由湖北人自己管，当场表示不想去。我有些磨不开，就和我校高一几个同学去了武汉。王任重还找了海淀的学校里比较有影响的学生，动员大家到湖北去保省委。到武汉后我们先去武钢等厂矿和大学了解情况，几天后几个人在一起，边说边议写了个草稿，平铺直叙，像白开水，拿去给省委的同志看。没想到他们给改成了《致北京、武汉革命同学的公开信》，不仅措辞激烈，还带着文革中盛行的骂人粗话，署名宋要武　华小康　刘静梓　朱培　潘小红（后 4 人是我校高一（2）班学生），落款时间是 1966 年 9 月 6 日，夹在当天的《长江日报》里。看到传单，我们几个都很生气，让我更不能容忍的是“宋要武”这三个字。我立即去省委找他们，一位老同志和我谈话时，声泪俱下。他说：“我们跟着毛主席爬雪山过草地，抗战八年吃了多少苦，现在要打倒我们，我们怎么会反党、反毛主席呢？”我当时非常同情他们，确实不认为他们会反党反毛主席，不相信他们是走资派。我说我们可以声明支持你们，但你们也要实事求是，不是我们写的不能强加给我们，我也不叫“宋要武”这个名字。他们同意我写一份声明，交给省委印发。我连夜写好声明，澄清我们的观点（认为湖北省委是好的，不同意打倒湖北省委，也不愿意看到两派群众的对立），还更正了署名。可是第二天我被告知父亲病重，火车票已经给我买好了。我心里着急就把写的声明交给了他们，请他们给予发表。

回到家里才知道我父亲根本没生病，我母亲知道事情原委后，说他们是在危难关头，不得不出此下策。他们被斗、被打、已经不知所措了，只是想利用一下你而已，而你又那么较真儿，还要发表声明，人家是拿你没办法才想的招。所以，我觉得我可以理解这件事，四十多年来一直没有公开说过。

冯敬兰：“宋要武”这个符号，对北京的“红色恐怖”起了推波助澜的作用，在湖北又被地方官员用来压制“造反”，依靠“宋要武”

三个字的威慑力量，阻止事态恶化，保自己过关。

宋彬彬：从66年9月开始“大串联”，天南海北的小报和传单，到处流传着“宋要武”打人、杀人的消息，我还见过“宋要武”手抡沾满鲜血的皮带的漫画，“宋要武”成为一个杀人不眨眼的魔鬼。1969年初春，我到内蒙牧区投奔先期插队的同学。人还没到，谣言先到了，说“宋要武”杀人放火、强奸妇女、无恶不作。当地老乡都很害怕，不敢收留我。要不是北京知青们把自己口粮、衣物匀给我，并鼓励我坚持下来，我真不知以后的路怎样走。

40多年来我拒绝一切媒体的采访，一是我不愿意再度成为公众人物；二是《光明日报》记者以“宋要武”的名义发表文章，伤害了我一生的名誉，对媒体我不得不心存警惕。

文革结束后的1978年，另一个牵强附会的改名事件差点儿又加在我头上。当时我和妹妹在中国科学院研究生院读研，《光明日报》记者到学校采访同时读研的多对兄弟姐妹。只有我不接受采访，校领导说：“记者已经写好了稿子，说你为了献身祖国的地质事业，把名字都改成了宋岩。”我说我改名时，根本没有想到以后会学地质。我最终没有接受采访。

我到美国读书后也遇到了许多困扰。刚下飞机，一些华人媒体就放出了关于我的谣言。我就读的波士顿学院，有人还向中国大使馆告我，说我上学拿的是美国中央情报局的钱。那时为了挣学费，我除了在学校做助教，还在犹太人家中做了四年多的帮佣。中国大使馆去波士顿学院调查，学校作证，说我做助教是校方出的奖学金。当年大使馆还把这个诬告上报中央，中组部派人去女附中调查我。学校证明宋彬彬在学校没有过打人和暴力行为。

我去MIT（麻省理工学院）攻读博士学位后，当地的华人报刊也时有刊登关于我的谣言，我和周围中国学者的关系都很好。他们不仅理解我，有人还要写文章替我澄清，都被我谢绝了。我不想再搅得沸沸扬扬，成为舆论焦点，只想安静地工作生活。

冯敬兰：关于你在文革中组织杀人比赛、打死七八个人的事在网上流传已久，还成为某些知名学者专家写文章引用的典型事例。去年，我在网上看到，北京十一学校的一位老师已经写文章出来澄清了（方影竹：《文革纪实——兼发一则比赛杀人的辩证》）。

宋彬彬：我也看到了，我希望那位老师知道，我非常感谢他澄清事实。

冯敬兰：互联网上流传的你的“重大罪行”，除了组织杀人比赛，还有一桩，就是女附中“八五”事件中校长遇暴力致死，是你领导的红卫兵干的。下面我们来说说这个话题。

宋彬彬：关于我“领导红卫兵打死卞校长”的故事，最早出自发表在香港《二十一世纪》杂志的一篇文章《1966：学生打老师的革命》，把我的名字和“第一个打死老师的学校”以及“红卫兵”联系在一起，暗示了我对此事件应负的罪责。文章的作者是高一（3）班同学王友琴。她的文章对舆论影响很大。我想在这里郑重申明，我没有参与或支持过任何校内或校外的暴力行为。

冯敬兰：四十多年来你从来没有公开为自己澄清过吗？

宋彬彬：有过两次澄清的机会。2002 年，美国朋友给我一本性学研讨文集，其中有一篇是一位美国女学者研究卞校长之死的文章，依据就是王友琴同学的《卞仲耘之死》（为王友琴著《文革受难者》其中篇目）。为此书作序的是一位世界知名的性学家，在序言中以这篇文章为例来阐述其观点。我的美国朋友们认为那篇文章影响广泛、性质恶劣。社会上的谣言可以不理睬，而一旦写进学术著作中，性质就完全不同了。当时许多人力主我按照法律程序控告作者、序作者和出版社犯有失职、诬告及名义诽谤罪，还有人帮我联系好了律师。经朋友沟通，几位相关者了解真相后，在《亚洲研究通讯》2003 年春季刊（总第 48 卷第 2 期）上向我公开表示道歉，并承诺在第二版中去掉一切不实之词。

纪录片《八九点钟的太阳》的导演卡玛曾动员我接受她的采访，一开始被我谢绝了。但是发生了上述这件事后，大家都劝我不要再沉默，他们认为，在一个严肃的场合说明事实真相，是对历史负责的表现。这样，我才在卡玛的电影杀青之际接受了她的采访。有人不理解我在影片中为何不露面？因为我不想再在美国成为公众人物，不想干扰和影响家人的生活。

冯敬兰：关于“八五”事件中你的表现，一直在网上传得沸沸扬扬。有两个校友为你写了完全不同的“证言”，一个是高二（4）班陶洛诵，她说“八五”批斗校领导时，她站在台下看，你站在她身后，说：“煞煞他们的威风也好”。另一个是高三（1）班刘沂伦，她记述了游斗队伍走过来时，她看见你拽住一个动手打老师的初中学生，告诉她不要打人。刘还说你和一个朱姓同学去邮电医院叫大夫，人家不来，你们还和医生争执起来。（《记忆》47 期）这是完全不同的“证言”。

宋彬彬：说实话，无论是站在陶洛诵旁边看批斗校领导，还是和朱同学去医院请大夫，我都不记得了。不过我认为两种情况都可能存在。高一同学自发斗争“黑帮”的理由是：“工作组在的时候就不让斗黑帮，现在工作组走了，我们就是要斗他们。”在当时的大背景下，“斗黑帮”是革命行动，我们不可能反对，“煞煞威风”说法也符合当时盛行的思维。但是，我对动手打人很反感，上前劝阻，也是事实。

冯敬兰：我想到一个词叫冷漠。不光是革命的激烈情绪让我们对“黑帮”、对同类失去了同情心和怜恤心，对生命的漠视也麻木了我们的心灵。我是大约四五点钟围着教学楼看大字报，转到小操场的，看见躺在平板车上的卞校长已经大便失禁，顺着木板流到地上。周围一个人也没有，我很害怕，赶紧离开了。我听不少同学说那天下午在小操场看到了这一幕，东楼面对小操场那一面，也会有学生、老师看到这一幕。受伤昏迷的校长这样暴晒一定会死掉，但是大家由于害怕，赶紧躲开，事不关己，转过脸去。我那天回家都没有对家人提。第二年春天学校批对联、批资反路线、打派仗，从来没见过大字报写校长之死。我们学校的初中学生全体失语了。直到中年以后，校长之死才浮出我的记忆，1996 年我写了散文《心灵的疮疤》。在那篇文章里，我以一个文革受害者的“优越感”站在道德高地上，犀利地谴责和追问“八五”事件的施暴者。今天，当我站在老年门槛上才知道，也要追问自己：如果躺在车上的是我母亲，我能扭头走掉，从此不提吗？我虽被别人欺负，但是看到奄奄一息的校长我有恻隐之心吗？

应该说，对生命的漠视是国人普遍的人格缺陷，几十年来毫无改变。

宋彬彬：你说得很对。游斗活动中我们去现场劝阻过两次，离开后再也没有去关注她们，反正游斗也不是我们发起的，我们管不了，最后如何收场也没过问。可以说这就是冷漠。

那天给老师们带来的巨大伤害，也成为我心中的疮疤。四十多年来，只要想起卞校长和被折磨得惨不忍睹的几位老师们，我就非常沉痛、非常愧疚，觉得对不起他们的培养。文革后，我一直想去看望王晶垚先生，向他当面表达我对卞校长的哀悼和未能尽力阻止暴力、未能及时抢救、致使卞校长罹难的歉意。但是，我的处境又使我不能不谨言慎行，以免引起新的风波。2006 年清明节，刘进和叶维丽、于羚去看望王先生时，我很想去，又不敢去。我不想因我的敏感身份，再给老人带去哀伤和刺激。

今天，我想利用这个机会，向“八五”事件中不幸去世的卞仲耘校长表示我最深切的歉意和怀念，向她的家人和所有“八五”事件中受害的校领导及其家人表示我深深的歉意。校长被自己的学生殴打折磨致死，是教育者和受教育者共同的耻辱，是女附中历史上永远的污点。

冯敬兰：最后，我想请你谈谈 2007 年实验中学的校庆。因为学校评选的 90 名荣誉校友有你一个，学校编辑的“90 年辉煌——实验中学图志”使用的 286 幅图片中，在第三章“文革——十年浩劫的苦难岁月、不堪回首的历史错位”出现了你和卞校长的照片，被海内外一些学者和媒体抨击为“为文革翻案”，炒成重大政治事件。当年上网搜索，对你的声讨和要求忏悔认罪的条目上百万。你为什么要冒着如此巨大的风险当那个荣誉校友？

宋彬彬：想通过学校为自己正名，就是这个简单的动机。

四十多年来，我一直生活在各种传言的包围中。无法解释，无法解脱，无可奈何。我想说清真相，但感觉说什么都会被误传甚至误解，招致新一轮的谩骂和攻击。所以在很长时间里我选择了沉默。但我的沉默也让人不满，有的人认为我应该说清楚事实真相对历史负责，另一些人则认为我是罪孽深重所以不敢说话。

2003 年，我从美国的工作岗位退休回国。我以为去国离乡二十多年，那些谣言和声讨会渐渐消散。没想到，网上关于我在文革中的“罪行”和批判声讨的文字仍然有数万条之多，因此，母校九十年校庆让我产生了讨还清白的希望。

冯敬兰：听说你被提名之初，也曾拒绝过，为什么没有坚持呢？

宋彬彬：当时，学校通知我参加“知名校友（后定名为荣誉校友）”的评选，我的第一个反应是拒绝——我实在是出名出怕了。后来，在同学、朋友的劝说下，我接受了他们的说法：这是为我洗清不白之冤的最后机会。80 年代我在美国遭到诬陷，正是母校证明了我的清白。我也知道，我被污名化的时间太长了，要想洗刷并非一朝一夕的事，通过这样一个活动也未必能让自己解脱精神的枷锁。所以我比较犹豫，不知该不该接受这个提名，也担心给母校带来负面影响，曾要求退出。可是大家告诉我，已经进入程序的事并在网上开展票选了，如果退出等于承认了那些谣言，也会给学校和推荐人带来不好的影响。就这样，我其实是在犹豫不决、进退维谷的状况下参加了“荣誉校友”的评选。后来发生的事读者和网友至今也可在网上查到，我就不多说了。

冯敬兰：在你的问题没有得到实事求是的澄清之前，学校这样做等于引火烧身。

宋彬彬：在此我也向母校因我受累表示深深的歉意。我知道，女附中的校庆事件再次触动了文革受害者的伤痛。我不应该仅仅为了还一己清白而去参加荣誉校友的评选，掀开无数受害人的伤疤。我理解他们，对此悔恨不已。

冯敬兰：在资讯高度发达的这个时代，有一个文革中有着特殊经历，四十多年来又被妖魔化的人，不诉诸媒体却想通过“组织”为自己正名，这个人就是宋彬彬。通过《记忆》这个平台，你还有什么话要说吗？

宋彬彬：1966 年 8 月 18 日的一个偶然际遇，使我几十年生活在精神枷锁里。尽管我心里有委屈和无奈，但我不怪罪任何人，我只是想把事情讲清楚。我理解读者和网友对我的愤怒，因为文革这场万劫不复的浩劫伤害了全中国的老百姓。文革的本质是对人权的践踏，对生命的漠视。但愿我特殊的经历，能让年轻一代了解文革，理解我们这个民族经历的苦难。

谢谢《记忆》给我这个说话的机会。

2011 年 1 月 26 日

校长是怎样死的

说到文革，对于当年师大女附中的在校学生，“八五”事件是无法绕过、必须面对的记忆，是集体的心灵疮疤。多年来，海内外的专家学者对“八五”事件的研究和评论在网络上广为流传，因为采用的实例不够，观点和论断多有偏颇和值得商榷之处。

我参与了“八五”事件的调查过程，了解全部内容，愿意在此向关心这个问题的网友做一简要介绍。

1.“八五”事件

1966 年 8 月 5 日下午，在高一（3）班少数干部子女发起的游斗校领导的过程中，一些学生对五位校领导殴打体罚、侮辱折磨，党总支书记卞仲耘副校长不幸遇难，其他几位校领导身心受到严重伤害。发起者都出身“革命干部家庭”，其中有几位是住在京西大院的军队干部子女。她们决定游斗“黑帮”，要求教室里的同学不分阶级出身，必须都参与。理由之一是工作组在的时候不让斗黑帮，现在他们走了，我们可以斗黑帮了；理由之二是现在“主义兵”（全称：“毛泽东主义红卫兵”，是反工作组一派）成革命的了，主席已经发出号召，我们也要革命，也要斗黑帮。

高一（3）班学生王友琴第一个公开披露了“八五”事件，文革爆发 20 年后，她在《女性的野蛮》（1986 年）一文中写道：一天下午，这一派的一些同学在教室里开会，“我们要坚持斗争的大方向”，“走，打黑帮去！”她们这样说，似乎这可以使她们摆脱因工作组问题而产生的困境，并以此进一步证明她们的“革命”性。高一（3）班其他同学也有类似记忆，一个学生在采访中证实，班里打人厉害的，初中都不在本校就读，初中就在女附中上学的，对老师有感情了，下手没有她们厉害。她们平时表现一般，并无过人之处。所以，当她们在 8-5 那天以激进、暴戾的姿态出现后，不仅让本班同学，也让年轻的班主任老师大为吃惊。时任教导处副主任的梅树民老师也证实了批斗发起者为高一（3）班部分干部子女。

根据目前所得资料可以确认，当天下午的"游斗"分为四步，一是围着大操场"游街示众"三圈，以扩大影响，吸引更多人参加，二是在宿舍楼旁的一个狭小高台上批判斗争，三是押到小操场强迫劳动和体罚，把整筐土、大花盆搬来搬去，最后分散到各处打扫楼道和厕所。整个过程中，不断有各年级学生围观，人数时多时少，聚聚散散。我的一位同班同学是最早的目击者之一，她说："当时学生不多，就是高一的，有人不断出来，给他们头上戴高帽子或纸篓。后来人多了，我就回教室了。"围观的学生证实说，由于胡志涛校长不承认自己是黑帮，有个学生把一大瓶墨水，兜头泼了她一身，说："现在就让你变黑！"随着游斗活动的升温，对校领导的侮辱和推搡，很快演变成暴力殴打。有人号召去木工房拿棍子，一些学生就取来带着钉子的桌子腿椅子腿。据目击者指认，在游斗过程中对校领导施加暴力和侮辱行为的，不仅仅是高一（3）班的少数学生，也有高一其他班和初二年级的学生。甚至，也有个别出身不好的学生为了表现革命，殴打了老师。

梅树民老师回忆说，当天他穿了一件新衬衫，晚上回到家里，衬衫后背血迹斑斑。胡校长对少数学生的暴行始终予以批评和反抗，因而白衬衫被泼墨弄成黑衬衫，长裙被撕裂到胯部，"除了一双脚，浑身上下都被打得青一块紫一块，腰痛得不能躺下"，当夜被家人送到北大医院，确诊为腰椎棘突骨折。卞校长被强迫打扫宿舍楼的厕所。有目击者看到，卞在洗墩布时，一个初二学生按着她的头，逼她喝脏水池里的水，当时她已经站不稳了。也有人看见她从楼梯上摔下去。在经历了长时间的殴打折磨后，她终于倒下了。当时校园里大部分学生已回家，她被校工抬上手推车，置于东楼后的小操场，暴晒于烈日之下。

游斗中的暴力行为给多数围观者带来的是精神的震慑和恐惧。现场也有老师和高年级学生对施暴者进行劝阻。高三（1）班刘沂伦回忆说："王丽莎拉住一个小孩（高中生如此称呼初中生）说别打人，别打人，这个小孩回头瞪了我们一眼，问，你们什么出身？我们一愣，立刻哑口无言。我们出身好，应该立场坚定，怎么能阻拦斗黑帮呢？于是我们就不再说什么，只在旁边看着。"

刘进、宋彬彬等作为工作组时期的学生代表会负责人，在工作组因路线错误被撤走以后，也深感自己犯了错误，颇为灰头土脸。但是在干部子女中间，她们依然存有一定威信（并延续至今），有些人一直追随着她们，每天集中在工作组留下的办公室检讨错误，寻找革命方向。当时她们对高一（3）班发起游斗活动的几位军干子女并不熟悉，闻讯两次去劝阻，要求现场学生不要打人，看到围观的同学陆续离开后，她们也走了。多年以后回忆当时的情况，她们认为自己的劝阻没有力量，是因为自己跟着工作组犯了方向路线的错误，理不直气不壮。由于没有预见到惨重后果，她们为当时不能奋力阻拦暴力行为，而造成卞校长死于非命，感到终生的懊悔。这就是她们认为要公开道歉的原因。

傍晚，昏迷的卞校长被刘进、宋彬彬、李松文等多位师生送到邮电医院，医生要求出示学校证明方可抢救，为此双方发生了争执，最后达成共识，由李老师牵头作保，院方予以抢救。于是，我们就在胡杰电影《我虽死去》里看到了那个名单，从右往左依次写着：师大女附中 李松文 徐岩春 李小琦 马恬 王满华 刘进 宋彬彬。经抢救无效，卞校长于晚 9 点去世。

当夜，刘进、宋彬彬与几位高年级学生找到北京新任市委书记吴德，报告了卞校长被学生暴力致死的情况。身处困境的吴德听完汇报，沉思良久，说："死了就死了，以后不要打人了。"

2."八五"之前

正如文革中的每一事件都有自己的因果，卞校长之所以成为学生愤怒发泄的对象，也有具体的原因。一是管过人事的老师揭发她是刘仁介绍入党的，刘仁与彭真作为北京市委领导，是文革最早被打倒的“反党集团”，由刘仁介绍入党也就成了假党员。二是大连工学院俄语教员袁淑娥检举她有生活作风问题。1959 年，卞校长住院时认识了袁淑娥，从此多有往来，两家成为朋友。1963 年，通过卞校长，袁淑娥的丈夫从北京空军转业到女附中做英语老师，后来两人婚姻破裂。袁淑娥多次来找卞校长，希望扣发前夫的部分工资，以补贴家用，卞校长认为应该遵循法院判决，予以拒绝，愤怒的种子就此埋下。袁淑娥在文革爆发（6 月 1 日）前，曾写了上万言的针对卞校长的上告信，分别寄给毛主席、团中央、北京师范大学党委（因为女附中隶属于北京师范大学），信最后分别到了邓小平和胡克实手里。

袁淑娥的万言书转到工作组手里，增加了把卞校长划为“四类干部”的充足理由。工作组突然决定在 6 月 21 日、22 日连续两个半天举行批斗大会，这是工作组进入学校后举行的唯一一次批斗大会。袁淑娥带着母亲儿子冲了会场，声泪俱下，对卞校长进行诬陷和控诉。会场的愤怒情绪达到沸点，卞校长被学生用木枪你捅一下我捅一下，伤痕累累，当场呕吐。袁淑娥还带着学生到卞校长家，满墙贴满侮辱性文字。

工作组撤走后学校的无政府状态，在胡志涛校长的回忆文章《八五祭》（写于 1986 年）中得到了证实。文章写到，8 月 4 日下午，几位集中学习的校领导被突然闯进来的七八个学生，用棍子和皮带殴打了一顿。晚上，家人看到她身上的伤痕说：“你们学校怎么这样乱？！”她说：“工作组走了，没有人管，有什么办法？！”8 月 5 日上午，胡校长去北京市委“上访”，找到分管文教口的同志，再次强调工作组撤走后，学校处于无人管理的混乱状态，基层领导干部的人身安全已得不到保障。胡校长虽然预见到了，但是她已自身不保。

卞校长也预见到了致命的危险在迫近，家人劝她躲一躲，她认为自己作为校领导，不能离开岗位。8 月 5 日一早离家上班，她和老伴王晶垚握手告别。

3.“八五”之后

校长之死，让刘进痛感到这样下去也许还会出大乱子，必须组织起来，应对新形势。由她牵头，8 月 8 日宣告成立了“文化大革命筹备委员会”（简称“筹委会”），主任刘进，副主任有宋彬彬等十几个，各年级各班还有联络员，也包括反工作组的“主义兵”。2013 年 10 月，女附中 1967 届初中生、法学教授李红云在网刊《记忆》102 期发表的文章中，披露了女附中成立红卫兵的原始会议记录，证实红卫兵和筹委会在同一天宣告成立，进一步证实 8 月 5 日游斗校领导的活动并不是以红卫兵的组织形式发起。发起者、打人者后来都会是红卫兵，但“八五”当天她们还没有这个身份。

1970 年春，女附中为卞仲耘内部平反。1978 年 6 月 3 日中共北京市西城区委做出了《关于卞仲耘同志的昭雪决定》。1979 年，袁淑娥被北京市公安局西城分局以挟嫌报复罪逮捕。西城区检察院认为袁借文化大革命捏造事实、诽谤他人，已构成诽谤罪，但已过追诉时效，1981 年 3 月 14 日发出“不起诉决定书”。1989 年 12 月 15 日，最高人民检察院办公厅在答复一位全国人大代表所提建议时，认为“西城区人民检察院（80）西检审刑字第 72 号对袁淑娥不起诉的决定，应予维持。”因校长之死被捕的还有一位女三中 68 届高中学生，叫刘××，她初中在女附中就读，8.5 那天因在现场施暴突出而被举报。刘××因此被“双开”，后来也因同样原因被释放，恢复党籍军籍。

刘进参加了 1978 年在八宝山举行的卞校长追悼会。1996 年在胡志涛校长去世一周年的纪念会上，当面对王先生表示慰问，并合影留念。2006 年 4 月，她带着鲜花和叶维丽、于羚去看望了王先生。2006 年 6 月，文革爆发 40 周年，刘进给梅老师写了道歉信，信中说“我向老师表示道歉，为了贴第一张大字报对老师造成的伤害表示道歉，为了 40 年前那一天没有保护好老师表示道歉！希望老师能够接受我的道歉！”刘进得到了梅老师的谅解，梅老师向她说出了 8-5 真相，并逐字逐句审校了她交由学校存档的文革初期调查报告。

最后，我想以胡志涛校长在《八五祭》里的一段话作为结束语，以此纪念敬爱的卞校长和胡校长：

她是在校园里出现的一场惊心动魄的大混乱、大骚动中，被一群纯真、热情，又是她最心爱的学生用种种残忍的手段把她活活地折磨死的。这真是一次空前绝后的“尊师重教”的大倒退，这个历史教训应该永远牢牢记住。

2014 年 1 月 14 日

1966年8月28日

提起这个日子，我姐总是这样开头——那天下班我走进前院，南屋大叔正站在房檐下，他说："大姑娘（重音在大字），快把你的头发用卡子别住吧，这几天外边挺乱的。"我刚烫头没几天，花儿挺多的。我说："知道了。"没想到，那是南屋大叔和我说的最后一句话。

南屋大叔好像没有正式工作，经常待在家里。平时他戴一金丝眼镜，头发有些稀疏却纹丝不乱，永远是腰背挺直。夏天穿一件本白的纺绸半袖衫，银灰色吊带西裤，皮凉鞋也是那个年代有身份的男人穿的款式。他煽凉用折扇而不用蒲扇。他管街坊们叫张先生李太太，不管对方是卖苦力的壮工或是不识字的家庭妇女。听大人们私下里说，他是国民党军官，右派，被劳动教养过，因此我有些怕他。他见到我经常问的是作业难不难啊？考试成绩怎样啊？后来我考上了师大女附中，大叔知道我是好样的，便不再问我学习的事。大婶比大叔年轻不少，听说是二太太。不知道她是否过过撒娇取宠使小性的日子，留在我印象里的大婶，就是最底层的劳动妇女。她无冬历夏在大华电影院看自行车，夏天晒得脸色黑红，冬天戴着棉套袖，两手背满是冻疮。1966年8月28日傍晚，大叔提醒了我姐，不要顶着一脑袋卷儿上街，可是却没想到厄运正向他逼近。

半夜的砸门声，突如其来，只有电影里的日本鬼子和国军才会这样嚣张。我家住后院北屋，大人们心惊肉跳一时辨不清方向，不敢开灯，不敢长出气，悄悄掀起一角窗帘，天光里发现对面（前院北屋）的房顶上影影绰绰有了人。接着就是嘈杂的声音涌入前院，听到了北屋老三带着哭腔的声音。20岁的老三是小学老师，老实本分胆小，连蚂蚁他都和人家说话，生怕得罪它们，想必是他给开的门，劈面就挨了几皮带吧。老三的父亲自然灾害中被调到内蒙赤峰，刚去不久就死了。姐姐农大毕业自愿去了新疆库尔勒，哥哥也在外地工作，家里只有 50 多岁的母亲和保姆两个老太太。听到了老三的哭声和皮带抽打什么的声音，不一会儿就消停了。事后听说是找错人了，老三白白挨了打。接着砸门的声音再起，又来了一拨儿。他们撞断门闩长驱直入，直奔南屋，有的在屋里挖地找变天账，有的把大叔揪到院子里施行酷刑，直到没气了。按说大叔军人出身，正是壮年，身体素质好，光是拳打脚踢皮带抽，不伤及要害不至于毙命。听说他口渴难耐，乞求给一碗水喝，他们把胶皮管子直接插进他的嘴里，打开了水龙头，结果炸了肺。还听说他们用一壶开水直接灌他，大叔是烫死的，呛死的。这都是街坊根据窗帘后的偷窥和隔空“监听”私下猜测的，谁能忍心去问死者家属呀？

那一夜，左邻右舍、前院后院，整条小胡同，谁家不屏息静气，藏在窗帘后面打哆嗦呢？

清晨，我姐经过前院倒脏水（下水道在大门口），一眼就看见南屋大叔躺在当院的破砖地上，只穿了一条大裤衩，光着上身，脸上盖了一块布。一股凉气从姐的脚心窜到头顶，她连呼吸都停顿了，还好，没把脏水桶扔了。再晚些看到的是我的外甥女，姐姐七岁的女儿。那时南屋大叔已经被停放在大门口堆放杂物的一间小房里，小姑娘看见的是一双伸在外面的惨白的赤脚。

那夜我因参加监视胡同里的大右派叶子刚，半夜和小伙伴们被附近 86 中红卫兵抓走关押，天亮才放回家。我记得刚走进前院，就看见只穿了一条棉布短裤的大叔躺在地上，脸上盖了一幅丝织的外国人像（后来听说是苏共领导人马林科夫）。

那天早晨，姐用了不少黑卡子把头发的卷儿统统别在脑后，29 岁的她，看上去老成持重足有四十多岁。南屋大叔此生和姐最后的对话，让她记到了现在，今年我姐 73 岁，一说起这个，她就长叹一声说，大叔跟我说话的表情我记得特别清楚，真没想到是他最后的话。大街上到处是“破四旧”的红卫兵，胳膊上带着红箍，腰里扎着皮带，男男女女呼啸而过。他们见长辫子就剪，见高跟鞋就剁，当街撕毁女人的布拉吉、旗袍或裙子，给街道改名、砸商店牌匾、抄家贴封条。

往日背静的小胡同里，常常传出人的惨叫，那是他们在惩治黑五类。

8 月里学校没了秩序，我母亲经常不许我去学校。她说：“红卫兵全是些讨吃鬼，你看看好人家的孩子谁是红卫兵？”我连同学们“818”去天安门接受毛主席检阅事先都不知道，当然，即便我按时到校人家也不会让我去。我因“仇视党的阶级路线、仇视干部子弟”早就被批臭没人搭理了。1966 年 8 月 28 日以后，母亲不说，我也不去学校了。

奇怪的是，我的记忆定格在了那个早晨。大婶和四个孩子后来去了哪里，什么时候走的，我一点印象也没有。

1968 年 6 月，我下乡去了北大荒。有一年回来，听母亲和姐说，南屋大叔的两个儿子从内蒙兵团回来看过她们，母亲还给哥俩包了饺子。关于大叔之死，我听到了新的说法，打死大叔的是北京工业大学的大学生，一个原因是老家有人检举，另一原因是他家埋了变天账。检举变天账的是他家隔壁的老太太，她看见大叔的儿子把院里的方砖搬进屋里，怀疑一准是埋了变天账，再用新砖砌好呗！其实是他们有时笼火，在砖地上劈柴，久而久之就把砖劈破了，换一块新的而已。前院老太太警惕性高，文革结束后也断不了错报“军情”，我家也曾受害。

一晃四十年过去了，我四处打听，特别想找到大叔的孩子们，那三个男孩可以说是与我比肩成长的发小啊！半年前的一天，我接到一个电话，对方亲切地叫着我的名字，这么熟悉的声音，我脱口而出也叫了他的名字。他是大叔的长子，比我高一届，文革前上高一。我们电话里聊了一会儿，我终于搞清在我下乡之前他们全家就回了河北保定的老家。他说，我们走那天你一早就来我家了，还问怎这么快就走呀？可我却一点儿也不记得了。他心气平和地告诉我他现在叫卫东，他们的姐姐为了保护三个弟弟，给他们分别改名卫东、卫国、卫民。他和老二卫国在老家仍按北京知青待遇，被批准去了内蒙兵团而不是留在农村干活。他在内蒙干得不错，是连里的会计。后来落实政策全家都回北京了，他和老二入了党，当了干部。我忍不住还是提到从前，问那天夜里来的是哪个学校的？他说是北京外国语学校的红卫兵。文革后他去找过，人家说学生早都走了，上哪儿去找？

后来，我俩相约去从前的“老家”看望老三。我老远就看见了卫东，他站在国家大剧院旁边的便道上，也同时看到了我。40年未见，却能一眼就找到彼此少年时的样子。我们的“老家”如今和人民大会堂隔着大剧院的巨蛋遥遥相望。40多年前，这个在天子眼前的小胡同，发生过最野蛮最悲惨的故事，大叔的死只是其中之一。我们走进破败的小院，前后院邻居换了几茬，只有老三还在，前院是他家的私房。老三鬓发灰白，连长寿眉都白了，其实他还不到六十五。我们三人的长辈都已下世，触景生情，我们不能不想到他们。我谨慎地提到了1966年8月28日。老三说：“他们是从我们家要的开水，把壶提走了，谁能想到——嗨！”是的，谁能想到北京外国语学校的一帮畜生竟然用开水灌进大叔的嘴里。卫东说，他们走后落下一张纸，上面写了二十多个名字，我看了那个名单。一会儿有人又回来找，还挺横地问我们看了没？我们说没看。

1966年8月28日的黑夜，全北京发生了多少血腥的暴行？有多少人死于非命？仅北京外国语学校的这伙人要“解决”的，就有二十多人。他们的名单从哪里来？

最近，我又去看望了卫东。他和老伴早早就准备了饭菜等着我。他的妻子比我俩年轻几岁，朴实、开朗、快人快语，是当年他从老家找的，跟着他去了内蒙兵团，又辗转回到了北京。

卫东说，别老想着过去的事了，都过去了。保重好身体，好好过晚年吧。是啊，那么可怕的记忆！大叔的惨死，对于我这个邻居的小孩，都留下了终生不愈的伤痛，何况他们？

南屋大叔终年54岁。曾是傅作义部队的一个上尉军需官。在我的记忆里，大叔没有工作，老在家待着。卫东告诉我，父亲右派劳教回来，与人合办过一所会计学校，文革前就被停了，改为幼儿园。那么，家里的日子就靠大婶看自行车的微薄收入吗？……我一直想问的许多事，决定永远不问了。

2010年10月

柯莱老师的文学梦

柯莱老师

1965 年秋季新学年开学，我们班的语文课堂上来了一位须发花白的中年人。他站在讲台后面，用带着浓重胶东口音的普通话开讲第一课。他讲的什么我早已忘记，可是他的名字却让我牢记一生，不是张三李四，而是柯莱！

初三那个学年，我们的作文课学习的是议论文和驳论文。初一年级写叙述文成绩平平的我，时来运转了。我的作文得到了柯莱老师的赏识，几乎每篇都是最高分。老师常常在全班同学面前带着山东腔朗读我的作文，虽然有时让我有点尴尬，有点不好意思，但在我的心里却总是盼着上作文课。这一年对于我的一生有多么重要，当时并不知觉，直到历经无数的人生磨炼，都无法舍弃对于文学表达的热爱，终于懂得了柯莱老师对我的栽培，不单单是课堂上读了我的几篇作文，而是给我灌注了准确精致地使用母语的自信。2014 年 3 月，我在一篇博客里提到柯莱老师。那篇文章有六万多人读过，在 130 多条跟帖里，我发现了一句留言："谢谢您和我父亲的师生缘分带来的温暖回忆"。留言者沙洵，是柯莱老师的小儿子，父亲教我们班语文的那一年，他刚刚出生。从此我俩建立了联系，以姐弟相称，他用微信和 e-mail 偶尔向我介绍一些他的父亲柯莱老师的情况。

柯莱，果然是个笔名，取保尔·柯察金的柯，朱赫莱的莱（保尔·柯察金是苏联小说《钢铁是怎样炼成的》主人公，少年布尔什维克，朱赫莱是引导他走上革命道路的工人地下党员——作者注）。家

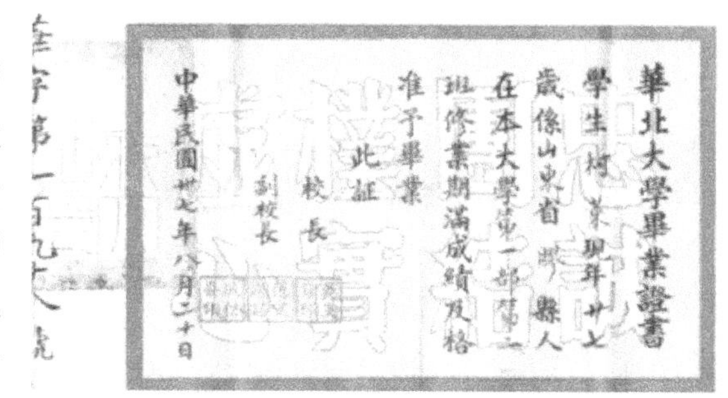

華北大學畢業證書

學生柯[illegible]現年廿七

歲係山東省[illegible]縣人

在本大學第一部第二

班修業期滿成績及格

准予畢業

此証

校長

副校長

中華民國卅七年八月二十日

柯莱老师的华北大学毕业证

谱名沙继广，曾用名沙公普。1921 年农历七月初三出生，毕业于胶县瑞华学校（当时胶潍地区著名的师范学校），是胶县当地的三大才子之一。青年时代去青岛山大求学继而从事教育工作，在青岛扶轮小学任教。1945 年以后接受中共地下党组织王文仁领导，开展反饥饿反甄审（国民政府对日本殖民时期青岛学人和相关人士的审查行动）的学生运动，成为领袖之一。后进入军民日报等机构从事新闻与编辑工作，曾南下上海读过半年新闻专科学校，经与地下党联系转到华北大学（任丘）就读，与黄宗洛、鲁毅等成为 28 期同学。1948 年初毕业，随新华社进入北京从事新闻工作。1953 年离开新华社，调入师大女附中。

柯莱老师在 1953 年 9 月 1 日的日记里写道：今天起离开新华社，到师范大学女子附属中学去工作，我很高兴。上午大家给做鉴定，指出优点方面，工作有办法、有计划、肯钻研，学习坚持恒久，分析力强。缺点方面是政治修养差，与组织对抗，理论不能与实际结合，还有背后发牢骚说怪话，好表现工作的成绩，经不起打击……这一些意见，优点要坚持，缺点是可以克服而且也是必须克服的。

女附中校长苏灵扬安排他在图书馆做管理员，安排住进七间房的宿舍。新华社给他的坏评丝毫没有让他沮丧，在 1953 年 9 月 3 日的日记里他记下了自己的好心情：今天在师大女附中度过了一整天，早晨六时起床，操场上已经有许多同学在做广播操，练长跑和双杠。这里是一个快活的年轻的早晨，这里会陶冶人们的情感和纯洁的灵魂，这里没有龌龊和抑郁。第一天我就爱上了这个学校，为这些天真健康的孩子们工作是神圣的，责任也是重大的。

沙洵说，父亲先在图书馆工作，后做任课教员，教过历史、语文、地理，担任过班主任，文革最后一届全国运动会团体操他们班参与过。1956 年到 1962 年底的学生与他的互动频繁，他没有日记，留下的是一些元旦晚会邀请函与书信，看得出那时的师生情谊是纯真可爱与正常的。沙洵翻拍了一张学生给柯莱老师的贺年卡。朴素无华的纸上写着这样的话：

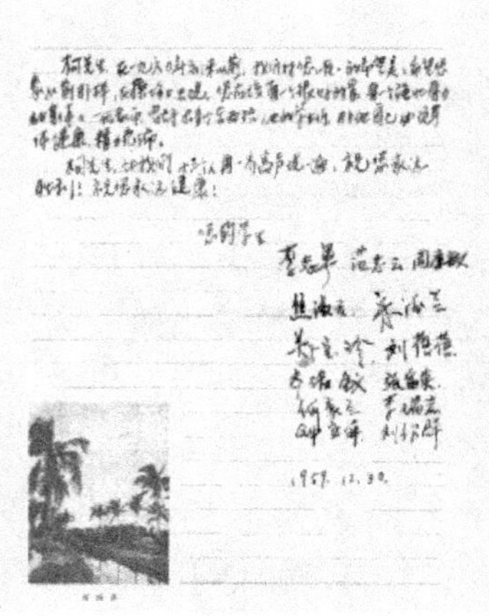

学生给柯莱老师的贺卡

柯先生：

在 1960 年到来以前，我们对您唯一的希望是：希望您像从前那样在操场上出现。您应该有一个很好的胃，有一个强壮有力的身体。一个老师要拿出多少东西给他的学生们，那他自己必须身体健康，精力充沛。

柯先生，让我们 13 个人再一起高声说一遍：

祝您永远胜利！祝您永远健康！

您的学生：李志军　范志云　周孝敏　焦淑云　宋德兰
郑宝珍　刘蓓蓓　齐淑钗　张富英　何美兰
李瑞岩　钟安屏　刘弥群

1959. 12. 30

签名里有我认识的学姐刘蓓蓓，她后来是北京大学中文系的高才生。贺词展示着家人般的关切和祝福，还有女学生们恣意的俏皮。做这些可爱女生的老师，忙碌而开心，柯莱老师度过了他在女附中任教期间最愉快的一段岁月。

1965 年出生的沙洵很奇怪那时北京怎么没受三年大饥荒的影响，起码老师学生们的书信中没有迹象，甚至还那么开心！但是从父亲与老家的书信中能看到问题极其严重，饥荒期间父亲要养活家里老少五六口人，其中有三个要上中学的弟妹。胶县青苗被吃掉90%，全国有名，史上有据可查。

沙洵说，父亲任课的那些年，不知为什么没有日记。我想，一个具有文学表达能力的人，在心情苦闷、无人诉说的时候，一定比愉快的情景下更愿意写日记来排解。我看到柯莱老师从1966年以后的日记里，字里行间充满了战战兢兢的恐惧、自我分辨的挣扎和绝望的呐喊，让我想起一句话：真正的痛苦是无法诉说的。

1966年1月1日，柯莱老师在日记里说："1966年开始了，第三个五年计划的第一年开始了。我也开始进入45岁。……我至少还可以为祖国服务20年吧。"

1966年1月8日（初三年级第一学期结束）的日记，是沙洵发来的唯一一篇记述语文教学的：

> 今天看完了初三四班的最后一次作文，每个人都给她们提了一些要求，这样会有一些好处，也许不太准确，但可以和她们谈谈。最近几天讨论教学改革，提出了一些认识，的确要改，就要革命地改，目的明确，就是要培养德智体三方面都得到发展的革命接班人。在教学中，就要让学生有机会到三大革命运动中。作文中×××不愿意多上学，怕成为知识分子，要成为改造的对象，这种看法固然片面，但也反应了一个重要的发人深思的问题，如果我们把学生这样教育下去，是不是会把她们培养成资产阶级知识分子呢？完全可能，必须改，与学生研究共同改，师生再不是过去那种"师尊""生顺"的关系了，是同志，是共同完成一个任务。所以，下学期要和她们商量，一不怕大改，改中学，二不怕考不上学校。学真本领，学做革命接班人为准。语文，为三大革命服务，为中国的社会主义革命和建设，为世界劳动人民的解放，练一笔好字，练一手好文章，练一张铁嘴。具体办法，要好好想。

然后，日记就进入"文革"了。下面摘录的都写于1966年7-8月间。

初三某班学生给他贴了两次大字报，让他交代和校领导卞仲耘的关系：

这对我是一个大压力，而且觉得她们不了解情况。硬是这样逼，实在受不了。因为我和卞的关系，就是想得到她给我解决升级、迁爱人来京等等外，就没有什么其他关系。学生接二连三地来警告我，帮助我，这是她们的革命积极性。我应该虚心接受帮助，一些方式方法不应计较。骂了混蛋、投机分子、贼等等，也不必往心里去。

我应该拿定主意，一定要实事求是，老老实实，绝不投机取巧，绝不浑水摸鱼，写大字报、发言，完全要自己认识的东西，不为过关。

多少日子来，我一直很害怕，运动越深入越害怕，我真不知怎么办。我是愿意在这次运动中彻底清算自己的，是愿意彻底革命的。但是我怕别人写出许多大字报，指我为牛鬼蛇神。（1966.7.16）

严重的问题终于发生了，今天宣布参加北京援越抗美百万人示威大会的名单，没有我。昨天，我总期望能有我，我在过去犯了罪，这次大会我如能参加，我要向毛主席高呼敬爱的伟大领袖毛主席万岁！我要向他保证，我一定好好改造，重新做人。现在组织决定不让我参加了，是不是把我划在95%以外去了，我很害怕。我怕我今后的命运。我有老人，有孩子，这些严重的思想负担，使我不知如何是好，我简直觉得无路可走。（1966.7.21）

这次运动中，我真正要得到脱胎换骨，真正得到党的拯救。至于组织上如何处理我，对待我，我都甘愿接受。使我这个人名副其实。即使批判我斗争我，可以教育别人，年轻一代，把我当了肥料，我也应当认为是好处，这也可以更深刻地教育我。

现在回校了，工作组没有了，革命的师生自己闹革命。开始我有些害怕，因为我把我的材料全都给学生讲了，我怕学生激于革命义愤，不顾政策了，把我拉出来斗，甚至打我骂我。昨天一天非常害怕，思想斗争很激烈。（工作组在马神庙对老师的集训后）

昨天发现我出入校门时学生记我出入时间，并且叫我的名字，骂我“他妈的混蛋”，我一天又很害怕了，可能把我列入牛鬼蛇神了。

晚上很难过，我觉得我已经彻底交代了，而且还在继续检查认识，我并不是一贯有意识地反党反社会主义的。我还是跟党走的，我只是在困难时候未经得起考验，并且没有坚持认真改造。……我最怕把我看成敌人，因为我不是敌人。现在没有党组织，我也无法向党汇报思想，真不知怎么办。

在教研室里也和同志们一天天疏远了。别人不了解你了，在宿舍里也是不与同志们谈话。与大李、胡雅文在一起住几年了，我也不能把心里话对她们说，也渐渐疏远了。这怎么好？我有时想对他们说我很不好，过去我犯了罪，但又不是一句话能说清的。集训回来一个多月了，我这样一天天地熬，熬得筋疲力尽，我仍然在资产阶级思想囚笼里。资产阶级思想在折磨我，我很害怕。特别是前几天听说有的学校打死老师了，我简直不知生路在哪里？我愿意重新做人，我愿意彻底清理我的错误、罪过。

这些日子以来，由于学校的文化大革命没有领导，没有思想负担的（老师）都很积极地到大学去了解情况，明确对各种问题的认识。我很羡慕他们，我也到人民大学去了一趟，但心神不安，因为觉得自己是没有资格来考虑这些问题的。

昨晚给纪康弟、郭亮（妻）写了信，希望他们能好好商量，照顾好母亲，带好孩子，简单说了我的情况，要他们想得开。我坚决要经受运动的一切，争取改造机会重新做人。（1966.8.7）

学（毛著）的时候总是不能有内心发出的热爱，并没有学毛著指导一切行动。这样必然在讲课中流露出来，就会犯不少罪，这个罪是严重的。我历史上有问题，我没有上过正式大学，没有专业知识。按说做人民教师，就不配不合格。……这 20 年来资产阶级思想严重，想有钱、想修房等等一脑子个人主义，几乎没有什么革命思想。

转眼又过了四天，这几天自己也分不清白天黑夜。夜间也不能好好睡，总是进行思想斗争。我过去错了，我现在愿意不计一切地重新参加革命。今天是旧历七月初三，我已 45 岁，开始进入 46 岁。到底以后的日月如何度过，还不能设想。我将近七八年没有注意进行思想改造，没有兴无灭资，结果资产阶级思想发展，走到现在这个地步，这是沉痛的教训。（这天上午，天安门广场举行百万人大会庆祝无产阶级文化大革命胜利，后来把这天视为伟大领袖毛主席第一次接见红卫兵。本来通知柯莱老师去参加集会，后又禁止他前去——作者注）。早上听了广播，到校后到大厨房，帮助一上午。洗茄子，切茄子，切咸菜，剥蒜，我很愿意劳动，将来如果能让我做炊事员也心甘情愿。我愿意做个劳动人民，不再做知识分子。下午帮助做明天欢迎赞比亚副总统的横标。我很疲倦，有些晕，但能有机会出点儿力也是光荣。（1966.8.18）

读着这些文字，我感到自己的胃都要痉挛了。

沙洵告诉我，他的父亲1958年才结婚，母亲名叫郭亮，早年毕业于当地教会学校，在家乡工作。沙洵认为母亲也是为表革命心志，用了著名烈士郭亮的名字。父母的来往通信充满了革命激情和浪漫诗意，是留给子女的宝贵精神遗产。几十年来生活的漂泊动荡，终于使父亲的身体吃不消，高血压和肠道疾病开始折磨他。孩子小，两地分居，家属户口不能迁入北京，为人老实耿直找不到生活的出路，老革命却没入上党……于是，他动了提前退休回老家的心思，1976年申请提出后10月份很快被批准，1977年1月份回了老家，邻居没有一人相送。母亲是不情愿他回来的，想去北京居住，可能是他内心感觉受的伤害太多或者满怀对家庭的歉意所做出的决定吧。

回到家乡胶州后，以父母的收入维持家用，在当地水平不低，可是父亲心情抑郁、性格暴躁，常常打孩子、吼大人，给少年沙洵留下难以磨灭的印象。后来父亲给苏灵扬校长写信求助，苏与当地教育部门联系，父亲在胶县师范（他的母校）任教，补差半年不要报酬，学校按每月15元给了补助。他参加了1977年高考阅卷工作，后又在工人夜校和五七中学任教，直至因胳膊抬不起来和视力下降，不得不赋闲在家。

1982年柯莱老师回实验中学参加65周年校庆，深感学校与北京的变化，希望学校让17岁的沙洵借读高二预备高考，他在校图书馆做个差事陪读。学校给予了安排，老师却因感冒病倒被送回老家，以后基本卧床不起，辗转当地三家医院治疗无效，1985 年 9 月 3 日去世，时年 64 岁。陈云澂老师代表学校来探望过。沙洵总结父亲的一生，用“单纯至极”加以概括。

柯莱老师为什么执意要提前五年退休，返回家乡？他的学生另有说法。

2016 年实验中学校友会成立，我去参加第一次理事会时，认识了学弟侯琦，他得知我在收集柯莱老师的资料，主动发来了他们班的一篇与柯莱老师有关的文章。侯琦是母校 77 届一班（体育班）的学生。2013 年体育班同学为纪念入校四十周年集体写了一本书，取名《我们，跨世纪的友谊》。在书中第 106-108 页有一篇文章《最想道个歉的老师》，是王小工同学写的，王全全同学做了点评。在征得作者的同意后，侯琦把文章电邮发给我。下面就是王小工的文章《最想道个歉的老师》：

在中学老师中，我没有什么心仪的老师，更没有什么记恨的老师。但有一个老师，我觉得我们班对他欠一个道歉！那就是初中时教我们语文课的柯老师。其实我也没有觉得柯老师教书方面有什么过人之处，但是他的认真态度使我印象颇深，尤其是他操着一口山东话朗诵毛主席诗词的情景，我到今天还记得清清楚楚“亲荒刀外搭渔船，一片汪洋逗不见了”（哈，无意中加出一个“了”字）……还记得，自从出了“白卷英雄”张铁生后，学校里开始流行给老师贴大字报，印象中我们班某些同学在校领导和班辅导员的怂恿和授意下，也给柯老师贴了大字报，后来听说柯老师被遣送回山东老家了……听到这消息后，我心里很别扭，尽管不是我写的大字报、尽管我们那时少不更事，可是还觉得连累他了……若干年后（好像是 1982 年吧），在校庆上看到了柯老师，人老了很多，可当时我也不知说什么好，只是上去很恭敬地和老师握握手，心里向柯老师道了个歉。又过了几年，听说柯老师故去了，结果连道歉的机会都没有了。歉疚之心让我至今无法释怀……

这只是自己的一点看法，绝没有责怪同学们的意思！只是觉得有些话闷在心底多年，也许说出来就会感到舒畅一些，我这么做也许有点偏激、如有冒犯，还望同学们海涵……

同学王全全点评：

给柯老师的大字报，是当时的高三××及几个被大家崇拜的骨干带头写的。至今我仍记得那句“敢上九天揽月，敢下五洋捉鳖”的豪言壮语。那样的大字报绝不是初一学生能写的。当时高二的×××是咱班辅导员。她和××几个找班干部开过一次座谈会，揭发柯老师的“反动言行”。记得他们从咱班获得的唯一证据是柯老师说体育班像师大女附中的学生。我清楚地记得，当时还问××难道说我们是好学生都不对吗？××的回答我记忆犹新，“你无形中已经中毒了。女附中都是什么样的人？资产阶级苗子！培养你们和他们一样就是复辟！”我当时想不通，第二天碰到辅导员×××又问她：“柯老师怎么会是坏人呢？”她说：“资产阶级腐蚀的手段就是让人不知不觉，所以才要批判，让大家认清。”过几天大字报出炉了。其中柯老师的罪行之一就是培养资产阶级苗子。就这样，我们班干部直接或者间接地被卷入了最后一场红卫兵的造反运动。看了小工的文章之后，不是勾起当年的回忆而是道出了埋在心底几十年的心声。他是旁观者，而我是参与者之一。因为内疚才记忆犹新。因为几十年来，每每想起都觉得欠柯老师一句“对不起”，却无法让他知道。记得柯老师回家之前，还语重心长地对我说过：“一定要好好学习，知识总有一天会有用。你们班都是优秀的孩子。像女附中学生没有错。我在农村长大，家里穷连鞋都穿不起。因为念书才走出贫穷。”那之后，柯老师被送回他自幼生活过的穷山沟了。每当我想起那个从穷山沟走出来的热血青年，为了让别人的孩子远离无知，在老年却被当成罪人遣送回乡时，就有一种难以言状的惆怅。也许今天他心安理得地歇息在故乡，看着他当年喜爱的体育班学生成为社会的栋梁而欣喜着……

77 届体育班两位同学的真诚道歉，是对自己心灵的追溯和反思，柯莱老师自然是听不到。在此我也要对老师说一声抱歉。1966 年夏天，校园里终日笼罩着狂躁恐怖的气氛。校领导成了黑帮，老师们成了资产阶级知识分子，除了极少数根红苗正的人外，大多数老师给我的印象都是灰溜溜的。我记得有一次和柯莱老师迎面相遇，我记忆里他的整个人都是灰色的，灰白的须发，灰色的衣服，灰溜溜的表情。他看了我一眼，我像不认识似的从他眼前走过。我可以为自己辩解，那时我在班里也被孤立，也成了坏学生。我也可以对自己谴责，当我读了柯莱老师用战战兢兢的笔写下的恐惧和绝望，我的心里满是内疚和惭愧。在那个严酷的环境里，一个笑脸，一声问好，一个善意的眼神，不知给予绝望者以多大的温暖，或许能让他重新拾回对人性的信心来。可是我没有。我因胆怯而退避，我因冷漠而麻木。所以，我也要对柯莱老师说一声对不起！

我知道柯莱老师一定是有过文学梦的。在他多舛的一生中，他的梦想没有实现，但是他教导我们要练一笔好字，练一手好文章，练一张铁嘴，我不敢说都做到了，但可以说我努力了。他把对文学的热爱传给了我，1990 年我以业余作者的身份加入中国作家协会时，会员证号码是 3278，而今成为中国作协会员的人数早已破万。是柯莱老师培育了我的自信，让文学写作成为我一生的最爱。

2017 年 2 月 25 日

最边儿上的人

班主任赵世昌老师

实验中学即将迎来百年校庆（1917—2017），我特别想写写我初中时的班主任赵世昌老师。我于 1963 年入学，1968 年离校上山下乡去了北大荒。赵老师给我们当过两年的班主任，同时还教我们物理。他所处的时代充满了动荡，老师们来了，走了，升迁了，倒运了，上演着人生起伏、生老病死的悲喜剧。赵老师质朴善良、老实本分，一辈子默默无闻地在学校教物理课，用他的话说，“我是老师里最边儿上最边儿上最边儿上的人”。他一连说了三个“最边儿上”，囊括了老人一辈子的酸甜苦辣。

我就想写写这个最边儿上人。

少年时代的我不是一个聪明用功的好学生，对物理缺乏兴趣，又觉得班主任赵老师同样无趣。瞧教我们语文的王老师，人家志愿军文工团女兵出身，讲起课来永远是神采飞扬；瞧隔壁班的班主任金老师，嘻嘻哈哈和同学们打成一片，就像邻家大姐。我们赵老师看上去那么老不说，还特别婆婆妈妈。譬如初二年级正是青春期开始的时候，许多同学来了例假，月经初潮是让人害羞的秘密，赵老师却对全班同学说，同学们来例假要注意了，不要沾冷水，不要搬重物，以免坐下病。长大后才懂得了老师呵护学生的一片真心。

我想写写赵老师，起因是某天我整理旧日信件时，发现了老师的一封信。

老师的信写于 1987 年 11 月 5 日，当时我不在北京工作。1987

年9月，我回母校参加了70年校庆活动，见到了赵老师。从老师的信里得知，我给老师写了信，寄了照片，具体说了什么我完全不记得了。老师信里说："你在学校学习时我对你帮助的不够，使得（你）在校学习时，收获不大，在生活和其他方面我对你也没有什么照顾，可是从你来信中知你对我这个无能的老师，评论得过高，我是听之有愧的。"老师还写道："我去了三次王府井，打听任燕生的下落，打听不出来，不知你有没有线索，若有告诉我，我再去。"我的同学任燕生家在毗邻王府井的南河沿，老师为了找到她，接连去了三次王府井！时隔三十年了，近两年我几次见到赵老师，一说就说到任燕生。我问：您干吗老问她呀？老师答：她没有结婚，没有父母，没有子女，唯一的妹妹也早早地走了。我突然有了热泪盈眶的感觉。

老师在信的末尾，语重心长地写道："望你工作和写作当中，一定要搞好家庭生活，对孩子要多操心，主要是为他（孩子）创造好学习条件，但不能管得太细。关心你的丈夫，互助才能使家庭幸福，多尊重自己的丈夫，有事商量。"我知道，30年前我读到这里一定不以为然，然而此时此刻重读这些文字，我蓦然间想起了母亲。我幼年失怙，母亲就是这样一路将叮嘱洒遍我的人生。

2007年校庆，我们班来了二十多位同学。大家聚在从前的教室，逐个自我介绍，最后轮到赵老师讲话了，他对大家提了两点希望，大意是，如果你们的父母还健在，我希望你们一定要好言好语，善待他们，孝顺他们。以前你们是好同学，我希望你们今后要做一辈子的好姐妹。

赵老师就是这样，从来没有对我们说过大话套话，没有讲过高深的哲理，他告诉我们的道理看起来都很浅显、平常，可是做起来并不容易。爱你的家庭。爱你的孩子。善待父母，不要冷言冷语。和同学做一辈子姐妹。这都是做人的根本，扪心自问，我们能做多少呢？

1970届校友牛伟旗在微信里告诉我一件往事。1970年的一天，赵老师带他一块去做家访，回来时天色已晚，老师带他回了自己家。正值晚饭时间，赵老师对正在过道上挑火做饭的师母说，烙几张饼吧。师母见到赵老师身后的牛伟旗微微一笑，没有言声立即去屋里舀了几勺面做饭去了。赵老师的儿子赵伟和他是同年级学生，见他来了很高兴，朝他扮了个鬼脸继续低头写作业，书桌也是饭桌。他环顾一下屋内真是太挤了，简直无法下脚。老师家当时住在大木仓胡同西口一个大院里，是老师们的宿舍。赵家住在前后院之间过道的一间，房间不大，三个儿子挤在一间小房里，几件简单家具就满满当当了。没有多大一会儿工夫，饭就做好了。老师和师母端着一锅粥和几张葱花饼进了屋，他帮忙赶快收拾好桌子也没客气，和赵伟兄弟们吃了起来，一会儿就把饼吃光了。这一幕情景令他终生难忘。现在吃一顿烙饼不算什么，而在四十多年前那是按人头定量发粮票的，分面票、粗粮两种，白面早吃完了后来就只有吃粗粮的份了。牛伟旗至今想起那天都很惭愧，他知道那天师母一定没吃上烙饼，她把自己那一份让给了他。

赵老师夫妇真正把学生当成了自己的孩子。而他们的孩子，二儿子赵伟（清华大学电机系教授、博导）也在微信里对我谈到了父亲。

赵伟说：文革中父亲被停职审查，天天写检查，天天在学校扫厕所；开始不能回家，后来允许回家，但每天都回来得很晚，早晨很早又走了。有一次正上中学的哥哥课间上厕所，见到一个学生一边用脚踹父亲，一边辱骂他，心被深深地刺痛。他哥哥当年的学习成绩非常好，排在年级前三名，初中毕业那年，恰逢 150 中学（母校文革中的校名）恢复高中招生，父亲希望他上高中，但他执意不读。赵伟当时就感到，父亲被停职被侮辱，对哥哥的打击太大了。所以，哥哥初中毕业就当了工人。赵伟还清楚地记得，当父亲的问题结案为“一般历史问题”那天，他激动得泪流满面，逢人就讲他解放啦！从那天起，他们兄弟三个才敢抬起头走路。铁路工人家庭出身的赵老师，本来属于“根红苗正”，却因少年时和同学们一块加入了三青团（三民主义青年团的简称），不仅让自己，也让全家备受煎熬。

赵伟的中学时代，也是在 150 中学度过的。他记得父亲上物理课时，总是声音洪亮，眉飞色舞，用粉笔一笔画的圆圈真的非常圆。记得讲到千斤顶时，他以身示范，踮起脚尖伸长身体，仿佛他就是个千斤顶，逗得学生都乐了。他在课堂上总给他们提出各种问题，激发他们的兴趣和思考力。那时候，的确有不少同学喜欢听他讲课。

赵伟还记得父亲除讲授物理课外，还对时事政治和历史很感兴趣。那时，学校的领导举办有关中东战争等问题的时事讲座，都是由他父亲在阶梯教室主讲的。

恢复高考后，赵伟考上了清华大学，毕业后留校工作。父亲兢兢业业忠于教职，就是他的人生榜样。能在年轻学子们成长过程中给他们以点拨和有益影响，难道还有比这更好的职业吗？三十多年过去了，他为自己的职业选择而自豪。

中国人的道德传统里，讲求一日为师，终身为父。赵老师用他父兄般的襟怀、善良的心、细致的体贴，培育了一代代学生成为善良的人，懂得尊重和自尊，知道爱和给予。这不就是为人师表吗？

2017 年

附：

我是一名平凡的老师

赵世昌口述 / 冯敬兰整理

我是唐山人，父亲在铁路上工作，家庭生活还过得去。我在唐山上完小学、中学，大学被保送进了天津的河北师范学院。那时，天津是河北的省会。

1953 年夏天，我从河北师范学院毕业，分配来到北京工作。当时只有 5 个同学分配到北京，街坊邻里都很羡慕我。我被分到（师大）女附中，两个同学去了（师大）一附中，另两个去了（师大）二附中。去一附中教数学的张荣录后来成为我的妻子。

我就这样开始了自己的教师生涯，一辈子待在一所中学——从前叫师大女附中现在叫实验中学，一辈子干一件事——教物理课。我是一名普通的教员，可是我们学校却是一所百年来始终如一的优质中学，我目睹、亲历了学校几十年来的一切变化和成长，我为她骄傲。

今天，我已是一个耄耋老人了，回想起以往的平凡日子，许多往事浮在眼前。我们学校能够多年保持优良校风和先进水准，我认为主要是有许多好传统。

一是领导以身作则，对学校的校风管理抓得细。

五十年代，苏灵扬在女附中当校长时，对教师的仪容仪表，道德规范都有严格的要求，那真是从每一个细节做起。当时我们学校是女中，对男教师的行为规范要求就更严。譬如夏天在校园里、课堂上不得穿短袖和短裤，为此我做了一套灰制服，每天上课时就穿上。还有，男老师不能放学后单独找学生谈话。对女老师的要求也一样严。

有一次，一位女老师光脚穿着鞋走在校园里，被苏校长看见，挨了批评。不穿袜子出现在校园这样的公共场所，是粗俗的表现。学校一些老照片里还能看出那时的校领导和老师们朴素大方的气质美。为人师表，不是喊口号说大话，是从一点一滴做起。

对学生的礼貌、道德教育要求也很细。譬如学生在校园里遇到老师要行礼，问好。上课迟到了不能冲进教室，要在门口喊“报告”得到老师允许才可以进去。学生去教研室找老师，也要在门口喊报告得到允许，才可以进门。学生在课堂上发问要举手，不能随便接老师话茬，回答老师提问，要站起来。每堂课后值日生都要把黑板擦干净，等等。这些要求看起来很细微，却能让学生从小养成尊重师长、也有自尊的习惯。

二是学校在教学上有一套行之有效的管理办法。

我大学毕业刚到物理组工作时，就感觉到老师之间关系非常融洽。刘希璞、张继恒、王青漪三位老教师为人亲切友善，不摆架子，我自然而然就尊他们为师。校领导还指派刘希璞老师亲自带我，把他的经验一点一点传授给我，让我比较快地适应了女附中这个新环境，新工作。其他教研组也是一样，数学组张玉寿、王明夏两位老师对高中毕业留校的金元、李光华她们也是这样，手把手地教，老教师水平高，带出的后辈水平就好，金元、李光华后来就能直接去教高三年级的数学。

校领导号召年轻老师要多听老教师的课，同一教研组的老师互相听课、观摩学习，形成制度。外校老师、北师大老师也常常来我们学校听课。孙岩校长曾经说过，听刘希璞（物理）老师的课，就是一种享受。胡志涛校长早年参加革命，没有读过师范专业，可是她每次听我的课，都能听出问题，指出我的不足，水平相当高。这种听课制度对老师的督促、交流、借鉴作用非常强。

刘秀莹老师当教导主任时，对班主任的工作管理很有办法。她要求建立班主任手册，凡是当班主任的老师，都要按照要求详细记录工作情况。她定期审读，每次都认真写批注，你做得好的，有独到之处的地方，她在批语里及时表扬，有问题也坦率指出，特别受到班主任老师的欢迎。后来她调走了，班主任手册的制度也就黄了。

三是在对学生的教育管理方面也坚持了自己的特点，德智体全面发展。

我们学校的学生都是通过考试在全市选拔入校的，多年来一直保持了好的生源，学生普遍热爱学习，能够自律，各科都有大批学习成绩优秀的学生。

我们老师对学生都放得开，让他们自己动脑动手，培养独立解决问题的能力。我记得带初中班级时，我们都把黑板两边的部分（黑板两边是木质的，中间是磨砂玻璃的）留给学生，办“闪电报”，锻炼学生的写作能力。课代表收作业本后，总是逐个打开作业本让老师批改的那一页，摞成一摞，送到老师办公桌上，给老师节省了一本一本翻的时间。这样的小细节看似麻烦，却让他日后有了为别人着想的习惯。到了初三年级后半期，班主任主要负责给升学有困难的学生补课，其他工作都由学生干部管了。

那时的教育方针是培养德智体全面发展的学生，培养学生的劳动习惯和劳动能力也是重要的方面，学校有完备的制度。每天值日生负责教室打扫，每周末都有大扫除，教学楼楼道、校园里的道路都是学生打扫（现在是专门雇的清洁工打扫）。每班的卫生委员轮流作为年级的值周生，负责检查各班的卫生。每礼拜都有一堂劳动课，做些力所能及的手工劳动。每学期有两周时间下乡劳动，分别在“五一”“十一”以后。因为班主任里女老师多，身体不好或家庭有困难不能下乡，我都是作为年级老师带着学生下乡劳动。这些传统现在都消失了。

我在物理教研组干了一辈子，是一个普通的教员，也是一个平凡的人。我当过多届学生的班主任，教过的学生成千上万，许多学生给我留下了难忘的印象。我特别要感谢你们班（1966 届初中 3 班）的同学们，在文革初学校陷入混乱的那段日子里，你们没有批斗过我。[1]

1 当时我们班确实辩论过，是否要批判赵老师，绝大多数同学都反对。

我上初中二年级那年，日本投降，学校组织去唐山火车站欢迎美军，气氛很热烈。国民党新一军、新六军进驻唐山，部分士兵住在唐山三青团总部。我们班两个威信高的同学，号召大伙儿加入三青团，我和二十多个同学都参加了。这成为我的一个历史问题。五十年代孙岩校长和我谈过，说我的这件事是一般历史问题，我出身于铁路工人家庭，个人也没有什么压力。不过，1968 年下半年“清理阶级队伍”我还是因为这个问题被隔离了几天，随后进了劳改队监督劳动。我是头一个解放的，解放后就让我带着学生挖防空洞。

学校秩序基本恢复正常后，我又回到物理组，一直教物理课到 1990 年退休。我这一辈子就做了一件事，就是把物理学的基本知识传授给一届又一届的学生。

于 2017 年完成整理

赵老师于 2019 年去世

小院里的琴声

女附中时代的音乐教室在学校很边缘的地方。当年是一个平房小院里的西厢房，离教学楼挺远的，隔着一片小操场。小操场再早是一个果园，当小毛桃坐果的季节，树下已爬满了草莓。音乐虽是副科，也是初中学生的一门必修课啊，每礼拜都有一堂。大家记忆中，只有一位老师授课，她叫吴德棻，芬字在木上，是树木的花香和叶香，优雅、清淡而绵绵不绝，一如老师本人。

把吴老师留在记忆里的多是“老三届”的学生，如今也都进入了暮年。再往前翻，偶然找到了1950年的资料，原来那时吴老师就是女附中的音乐老师了。她出身世家，是北京师范大学老校长、大教育家黎锦熙的儿媳，黎锦熙当过毛泽东主席的老师，胞弟黎锦晖是中国流行音乐的奠基人、著名音乐家。吴德棻老师从这样的家庭走出来，成为一个音乐教育工作者，她的自身教养和专业素养是没得说的。吴老师在学校最东头的那间老房子里，教每一届学生学会唱歌，学会识谱，更重要的是，在她们心里埋下艺术的种子。

音乐老师吴德棻

吴老师在 1950 年的一份工作总结中说过：“许多人都认为，音乐是门轻松课，夹在这些繁重课程中是为的调剂精神的，比不了其他课程重要，因此非常轻视。”于是，她通过日复一日、年复一年的耐心努力，一辈子就做着一件事，就是让轻视的人们看见，音乐对精神的塑造是多么重要；就是让懵懂的孩子们懂得，她们长大的过程里，音乐对心灵的滋养一点儿也不可缺少。

我们不知道，1950 年还有一位解放区育才中学来的名叫江雪的老师，她是学校的管理人员，同时也兼高年级的音乐课。江老师是革命的文艺工作者，她认为音乐与政治的关系方面，需给建立一个明确的阶级的观点。她很强调声乐的民族性、阶级性问题。“什么是美呢？它是存在着阶级性的。如小资产阶级认为软绵绵的、娇滴滴的、做作的为美，而无产阶级对美的看法却是健康的、有生命力的、自然的。”让同学们初步建立对音乐课上的民族性、阶级性的认识，是江老师的职责。江老师在女附中工作时间不长就调走了，但是她的有关“音乐有阶级性”的观点，影响的时间很长。当然我们都知道，音乐有阶级性的观点并不是江老师发明的。

当《国际歌》的旋律响起来，全世界无产阶级都会热血沸腾。同样，贝多芬的《英雄交响曲》也一样让全世界无产者心潮澎湃。音乐是情感的流动，是发自心灵的声音。音乐是无国界的艺术，不朽的旋律属于全人类。今天我们大家都是这样认识的。

江雪老师走后的十几年里，音乐课就只有吴德棻老师一人独守了。她是孤独的，但音乐让她的世界永远开放。如今，吴老师也早已离去。当过吴德棻老师学生的校友，都会怀念她，感谢她。

物是人非，音乐教室那一片老房子，后来改建成一排明亮宽敞的现代化教室，都属于实验中学国际部了。

2017 年 4 月 2 日

老师，对不起，谢谢您

今天赶早去八宝山送别北师大实验中学原副校长、文革前北师大女附中副教导主任梅老师，坐了10号、5号、1号线地铁共22站，到那儿正是九点，人们已经排队等候告别了。早高峰的地铁车厢虽然拥挤，还是比地上交通方便快捷多了。

参加送别的人没有我想象的多，基本是白发人送白发人。

有两拨人特征明显，一拨是比梅老师年轻一代的老师们，文革前我们读书时，他们刚从北师大毕业来校执教，我记忆中意气风发的他们，如今也已是古稀年龄，几十年不见，我还是依稀认出了他们。再有一拨就是我们这些“老”学生，文革时的在校生，所谓老三届，也已年逾花甲，又以高中生为主。

我是1963年考进师大女附中的初中生，1968年离校去了北大荒。梅老师没有教过初中，作为校领导，自然也不认识我这样不起眼的学生。我之所以要来送别老师，我知道是在送别一个时代、一个标志性事件最后的见证者。

梅老师1952年毕业于北京师范大学，在实验中学（女附中）工作一生，从普通教师做到副校长，经历了这所著名中学不同的时期，见证了许多重要的事件。特别是如今海内外研究文革的学者广为引证的“八五”事件中，梅老师成为5位受害者之一。几年以前，梅老师在沉默了40年之后，终于对登门调查“八五”事件的学生道出原委，使几十年来一团乱麻般的“八五”事件理清了脉络。

安卧在灵床上被鲜花簇拥的梅老师，让我觉得很陌生，但是挂在墙上的大幅照片却是我熟悉的那个“梅主任”——当年我们初中学生都这样称呼他，他的笑容很坦荡，他的国字脸很有师道尊严。

几年前，梅老师在谈到1966年8月5日下午，部分学生为了表现革命、发起游斗五位校领导（致使党总支书记、副校长卞仲耘被殴打折磨致死、副校长胡志涛被殴打造成腰椎骨折、其他三位校领导也被百般折磨、侮辱）时，明确说出了是“高一（3）班”干的，而不是像高一（3）班学生王友琴在海外写文章，说是宋彬彬领导红卫兵打死了校长，于是8月18日上天安门受到毛泽东的接见，当场被毛赐名宋要武，她父亲宋任穷则被提升为政治局候补委员等等，这个逻辑链看上去很完美，甚至带动了海外文革研究的节奏。可是，梅老师又补充说了一句——她们也是好学生。这就是老师对学生的宽宥、谅解和爱护。就像父母一样，自己的孩子再作孽，也是他们的心头肉。几十年来，老师们都不愿意公开说出她们的名字，即便是卞校长的丈夫王晶垚先生，不久前在电子杂志《记忆》上公开了6份他留存的文革资料，其中“胡校长谈话”里，有高一（3）班发起游斗校领导的组织者之一某某的名字，王先生授意《记忆》主编隐去了该生的名字。那位同学就是梅老师说的好学生，身有残疾却意志顽强，因品学优秀，被学校树为学生典范，文革前在学生中知名度就很高。

好学生也许更要表现激进，以便和爱护培养自己的校领导划清界限，结果跌入了万劫不复的精神深渊。我相信至今不敢承认错误的她们，在内心一定会纠结到生命的终了。

其实，早在2006年刘进就给梅老师写过道歉信了，为了她在1966年6月初的第一张大字报造成了校园的混乱，为了8月5日下午高一学生游斗校领导出现暴力，她没有挺身力阻、保护好校领导，刘进为此而后悔终生。她参加过1978年卞校长的追悼会和1996年胡校长的逝世周年座谈会，从2002年开始牵头调查8-5事件，走访老师同学上百人，终于写出调查报告，交由母校存档。刘进多次与梅老师沟通、交流，完全取得了梅老师的谅解，她的调查报告就是梅老师和她一起核实、甄别最后定稿的。今天，刘进单独给恩师梅老师敬献了花圈。

我在同学中看见了1967届高二（2）班学姐罗治。正是她，和同学张育芷（已故）、罗文东（旅美）在2007年深秋倡议校友捐款，为文革中遇难的卞校长塑像。随后文革中在校的各年级均有代表参与策划实施，往届郭平英、高宁、高忆陵等也力挺并提供了切实的帮助，499 位校友参与了捐款活动。塑像在 2001 年 5 月安放在实验中学并举行了隆重的揭幕仪式，今年清明节前，由 1967 届初中校友、北大法学院教授李红云筹资出版了上述活动的光盘并借北大法学院会议室召开了发行座谈会。罗治不仅是这些活动的召集者，也是主持者。诗人郭小林特地为卞校长铜像揭幕创作了长诗，由 1965 届高中生郭平英朗诵，并进棚为光盘录音。央视资深编导、著名学者钟里满也参加了这些活动，他说，文革中被打死的中学校领导有多位，唯有女附中的学生有这么多人参与到调查、反思、纪念中来，我特别受感动，所以很愿意参加你们的活动。

作为当年师大女附中的学生，我们为“八五”事件而蒙羞，而惭愧，也为我们在有生之年拨开历史的迷雾，在一地鸡毛中廓清真相，认真反思而感到欣慰。

梅老师，对不起，谢谢您。

2012 年 5 月 22 日

生长在毛泽东时代

旅居美国多年的历史学者叶维丽的口述实录文本《动荡的青春》终于出了中文版，出版社大概是为了迎合时下读者的阅读趣味，还加了副标题“红色大院的女儿们”。数百年来，北京的市民都是居住在胡同里的，1949 年政权更替后，才出现了一种新的居住形态，即党政军机关新建的家属区，规模有大有小，自成一统，是为“大院”。其实，“红色大院”里的日常生活也与时代同呼吸共命运，并没有什么神秘可言。

这部书以两个同龄人对话的形式展开。两位都是女性，叶维丽是北京师大女附中 1966 届初中生，马笑冬是北京女八中 1967 届初中生；两位都是留美学生，叶维丽是耶鲁大学的历史学博士，马笑冬是东北大学的社会学博士；两位都出身“革命干部家庭”，乍看是“一块布上裁下来的”，细究又有明显的不同。叶维丽的父辈来自富有的城市资产阶级，马笑冬的父辈来自中原农村的小康之家，家族的烙印或许就是精神成长的“基因”，对她们有着潜移默化的影响。通过两位从童年开始的叙述和交集，读者会发现，同样生长于毛泽东时代，两人并不是一个模子里刻出来的。同为理想主义者，她们的价值取向、爱好趣味、人格形成和生命历程有着明显的不同。马笑冬热情单纯，无私忘我，激情投入一切公共活动和政治运动，叶维丽冷静理性，时常冷眼旁观，超然于“团体”之外，不断质疑和追问。前者代表了当年那一代人的大多数，而后者从少年时代就表现出的自由精神，伴随着必然承受的寂寞，她把质疑和追问坚持到了今天。

叶维丽在该书前言中说：“我和马笑冬最初做个人成长史的一个重要原因，就是想对抗冷战后西方话语不容分说的霸权，守住自己不愿失去的历史。”十几年前，叶维丽筹划做这部口述史之初，正值苏联解体，“冷战”结束，资本全球化刚刚开始，在欢呼声中西方学者普遍认为共产主义已经终结，资本主义取得了全面、彻底的胜利。在这种意识形态指引下，西方公众眼中的中国五六十年代“社会主义革命时期”的历史，基本上是政治迫害史。在美国出版的多部中国人撰写的个人传记大体上是血泪控诉的文本，抒发了长久压抑在心中的悲愤，从个人视角再现了当年残酷政治迫害的情景。作为一个历史学者，叶维丽认为，对那个错综复杂的时代，应该从多元的角度去探寻历史的真相，以开放的态度去分析判断，追根究底。她反对用“非黑即白”的思维方式去观照历史。百年来，中国思想文化界几次对历史的全盘否定，已给后代带来了极大的困惑。“五四”时期高呼打倒“孔家店”，1949 年以后一笔抹杀了大批非共产党人对民族和国家的贡献。近年来，中国人似乎又面临着新一轮历史失语的尴尬，武断的全盘否定，只能制造历史的虚无。一个无法从自身历史中汲取精神养料的民族是可悲的，难道我们要第三次和自己的历史决绝吗？

一百多年来中国和世界的沧桑剧变，造成了中国人巨大的认同困难。叶维丽身在海外，困惑尤甚。当个人的意志无所适从，个人的历史也会变得支离破碎。我从哪里来？我是谁？不再是顺理成章的问题，而是需要去艰难求证。要了解和厘清自己的历史，必须梳理个人以往的所思所想所作所为。十几年前，在波士顿的一次聚会中，叶维丽认识了马笑冬，同是北京人、老三届、年龄相仿、女中的学生，她们立即找到了共同语言。叶关于做成长史的想法，得到马的积极响应。

个人生活是不可忽略的，细节决定历史。她们的口述从各自懵懂记事时开始，一直到 80 年代先后出国留学截止，基本上涵盖了一个时代，即毛泽东时代。书中展现的是发生在家庭、学校、大院里的日常生活，琐碎而平凡，却处处打上那个时代的印记。叶维丽相信普通人的日常生活细节是有史料价值的，能为当时的社会和时代提供具体的、有质感的说明，任何看似平淡的日常生活对理解那个时代都是不可或缺的。她认为：“我们这样做，也是为了对应一般历史回忆中重视政治史，而轻视社会史、生活史的倾向；在西方出版的中国人写的回忆录中，这个倾向尤为明显。他（她）们那样做从个人遭遇角度讲可以理解，但却无法涵盖丰富多面的大千世界，不符合大多数中国人复杂的历史经验，也容易落入本质主义和意识形态化的窠臼。”

我和叶维丽从1963年考入北京师大女附中读初中时，就一直是同桌，虽然两人家庭出身和个人身世大相径庭，性格也都有矜持的一面，却没有妨碍我们成为终生挚友。也许正因为此，我在读这本书时，会不时停顿下来，浮想联翩。有时会发出会心的笑声，有时也会陪伴她们落泪，有时惊异于她们那样革命的家庭也有着常人所有的伤痛，有时感慨于她们剖析个人心灵时的勇气和自信。

由于“文革”贯穿了我们的整个青年时期，因而必然成为本书的叙述重点。叶维丽认为：“对待自己的历史，我们不应似是而非，一笔糊涂账，而应勇敢直面，不管它会勾起多少难堪甚至痛苦的回忆。”在谈到那些具有历史怨恨的敏感事件时，光控诉是不够的，必须弄清它的来龙去脉，对事件发生的时间、地点、人物、缘由（人文因素和政治背景）等，叶维丽秉持着“有七分事实，不说八分话”的职业原则，认真调查研究，字斟句酌地写进自己的文章。譬如，为了弄清1966年8月5日发生在母校的致使校长遇难的暴力事件，她曾在2002年至2006年期间利用寒暑假多次回国，不仅探访过受难者家属，还在“文革40年”卞校长的追思会上，作为当年在校学生向家属表示道歉。她先后采访了数十位目击者和相关的老师同学，阅读了大量当年的有关资料，反复论证，到2006年才写出了英文稿《卞仲耘之死》。从她身上，我看到了一个同代人，一个史学工作者应有的道德勇气和实事求是的精神。

应该说，读完全书，我获得的不是宣泄的快感，而是在观照时代与个人经历时的一种新的心境。我以为，叶维丽的这本书提供了一个新的范例，那就是，在回顾过去那些敏感的往事时，不是为了唤起仇恨，而是为了寻求理解、谅解与和解。仇恨不仅扭曲自己，还会影响判断力，甚至伤害别人。只有理解、谅解与和解，才能真正解放自己。

这本书不仅可以帮助年轻一代去了解和理解他们的父母——生长在毛泽东时代的人们，同样也对同代人有所启示，使我们在阅读过程中不断联想到自己。无论时代发生过多少错误，个人的经历都是自己宝贵的历史。如果说一个人的回忆是局限的，那么一代人的回忆必定将更准确更全面。如果说一个人的历史是单薄细微的，那么亿万人的历史必定将展现出巨大的丰富性和震撼力。

从作者最初想做“成长史”，把她们在美国的一大摞谈话录音笔记拿回国内给我看，到本书与读者见面，经历了十几年的时间，这也是作者的历史性思考不断深化的过程。《动荡的青春》文字朴素，见解独到，情感真挚，是一部可读性很强的书；由于摒弃了“非黑即白”的简单思维，以多方位的思辨与追问，使得该书同时具有了很强的耐读性。

2008 年 10 月

宇锋，说走就走了

2016 年最后一天，吴迪电话里告诉我，李宇锋昨晚走了。我说，昨天早晨我还看见他更新微信朋友圈了呢！怎么说走就走！？

其实过去的一年里一直有李宇锋病情危重的消息，我始终不愿相信，他那么年轻，同样是腰以下截瘫，张海迪成名时说自己只能活到 28 岁，现在人家都年过花甲了还日理万机呢。有一次我给他发短信问候，他立即从东营打电话过来，非常热情，连说没事儿，待回京后一定见面叙叙。我和刘进去看宇锋的那天，是 2016 年 8 月 1 日，天气闷热，他让助手将房间的空调调到很低的温度，我感觉相当冷。他的手软绵绵地垂在轮椅的把手上，我上去握了一下，心不禁一沉，怎么一点儿肌张力都没有了？莫非他脊髓的病变又往高处蔓延了？我脱口问道：你的病有发展吗？他竟是笑着点了点头，大难临头见怪不怪的表情。

几天来，李宇锋的那个笑脸总是浮现在我眼前。那天为什么不和他多聊聊呢？我和刘进把各自带去的书籍资料送给他，我说我的一篇文章写到你，你的名字是山峰的峰呢，还是金字旁的锋？他说当然是金字旁，学雷锋嘛那一年（指他出生的 1963 年）。坐了一会儿，眼看快中午了，我俩赶紧告辞。李宇锋不舍地说，就呆这么一会儿啊？还没聊什么呢，你们还有别的事吗？我们说没有什么事，就是怕你累啊。屋里那么冷，也担心他万一感冒了。皮肤对温度的感觉差异，譬如对冷迟钝对热敏感也是脊髓神经病变的一个症状。

真后悔那天为什么不和他多聊聊，一起吃顿饭。宇锋是为了和我们见面，特地从家里赶到秀园的。

也好，毕竟是回到了父亲一手创建的石油城东营市，毕竟是回到了父母的身边。认识李宇锋几年来，凡是打电话找他，大都是在东营的家里，先是在守护母亲，然后母亲去世了。又过两年，父亲也走了。作为孝子，他以病残之躯陪着他们走完人生的最后一程。再过两年，他终于摆脱病痛的长久折磨去见他的双亲了。放下一切，说走就走，好啊，宇锋！

和宇锋虽然只是几面之交，可是在心里我一直觉得他很亲近。我在石油系统工作近 30 年，而他是老石油的后代，这是天然的渊源。他的父亲李晔作为余秋里的秘书，1958 年从部队转业，参加过大庆会战、江汉会战，担任过石油部石油勘探开发研究院、中原油田、胜利油田的领导，一手将胜利油田的总部所在地东营打造成一座繁华的城市。

我在网上寻找李晔的信息，看到了许多真诚怀念这位石油界老领导的文字，譬如："有李晔，东营才成了地级市，否则可能现在是滨州市的一个区。""李晔同志是真正的共产党员，一身正气，从不考虑家事，一心为国家为油田为人民着想，为我国的石油事业做出了突出贡献，他表里如一，上下一样，人前人后一样，说的想的做的一样，胸怀坦荡，值得我们学习。"我在李宇锋身上看到的品质和教养，正是来源于这样的父亲。

然而，我认识李宇锋却和石油无关。他是最早关注到师大女附中文革初期"八五事件"的年轻一辈，他不仅出资、出力，还在喧嚣中做一个诚恳耐心的倾听者。记得有一次他说到王晶垚先生（卞仲耘校长丈夫）来，和他说了一天，累得他在轮椅上实在坐不住了，只好躺着听老人说。

2005 年冬天，徐晓、刘自立、田晓青几个人在北沙滩胜利饭店就女附中文革初期卞仲耘校长之死采访我和许容（我的中学同班同学），比之她们我更熟悉这里，徐晓说，是一个资助她们调查的朋友提供的地方，他父亲以前是胜利油田的领导。

2006 年 8 月 5 日，李宇锋资助的卞仲耘校长 90 周年诞辰、遇难 40 周年纪念会在京举行，他是会议的主持人之一。与会者有著名学者和文革研究专家王年一、李普、吴象、谢韬、郑仲兵、周倜、严长俊、何燕凌、田晓青、刘自立、徐晓和女附中老教师林莽（陈洪涛）、

1966届在校生叶维丽（美国马萨诸塞州立大学历史教授）、于羚（历时四年帮助王晶垚先生整理了文革资料），以及卞仲耘校长的丈夫王晶垚先生和子女等。会上放映了胡杰拍摄的纪录片《我虽死去》。可以说，在此之前之后，师大女附中（今实验中学）或任何官方都没有举办过类似活动。

宋彬彬因在1966年8月18日给伟大领袖毛主席戴袖章一事而成为文革标志性人物，多年来传说不断，2007年9月因实验中学90年校庆被评为荣誉校友再次被推入舆论旋涡，网上有文章要把她永远钉在历史的耻辱柱上。就在这样的情境下，2007年年末的一天，李宇锋与宋彬彬见面，作为倾听者，他是多年来第一个获得宋彬彬信任的陌生人，她对这个年轻后辈敞开心扉，讲述了几十年来憋在心里的话。李宇锋鼓励宋彬彬把自己的经历写出来，承诺在适当的时候他可以帮助她出版。

2009年初，作为文革初期学生代表会主席的66届高三（3）班学姐刘进对女附中文革初期两大事件的独立调查基本告竣，她打算交给实验中学存档，我说那不行，现在没人重视这个，不定给你塞到哪儿尘封起来呢。她说那怎么办？我说要找一个平台向社会公开啊！2009年4月的一天，我找到徐晓家去说这事，她带着我到秀园去见李宇锋。那是我第一次见李宇锋，一个浓眉大眼、谈吐温和的年轻人，竟坐在轮椅上！他的残疾让我有些惴惴不安，不过我还是把来意说了。他非常支持把调查始末和结果公开，说就在他的公司召开这个座谈会，让亲历者、目击者回顾八五事件，让宋彬彬公开说出自己的文革经历。我们还初步商定了出席座谈会的人选，大约十个人左右，双方各出5人。他提出让郑仲兵老师参加，还有徐晓、田晓青，因为徐星也住在秀园，我提议叫上徐星，他表示同意。徐星是我鲁迅文学院同学，八十年代以中篇小说《无主题变奏》和刘索拉的《你别无选择》被评论界称为先锋派小说的代表人物，他于1989年秋赴西德学习，回国后成为独立制片人，第一部作品《我的文革编年史》有采访刘自立、徐晓和我的内容。因为叶维丽不在国内，时间定在她暑假回京后。我把情况通报给刘进，她很高兴，除了我们五人（刘、宋、叶、于羚和我），我们还想叫上刘沂伦（1966 届高中生，曾在北京的三味书屋做过八五事件的讲演）。叶于 2009 年 6 月 9 号回京，座谈会是 2009 年 6 月 16 日在李宇锋的公司召开。不同年龄、经历，不同立场、观点的十余人坐在一起，回溯 1966 年 8 月 5 日那天及前后，师大女附中校园里发生了什么，也听宋彬彬述说她的文革经历。窗外电闪雷鸣，大雨如注，李宇锋作为东道主，和我一起主持了这个座谈会，还招待了大家的午餐。会后不久，他就把根据录音整理的座谈会七万字的发言稿送到了我们手里。2010 年 4 月，以文革研究为主旨的网刊《记忆》47 期择其精要予以发表，既后来在网上多处转载的"五人谈"版本。在此之前，2004 年我校 1968 届高一（3）班王友琴在香港出版的《文革受难者》一书中，专辟一章披露《卞仲耘之死》，指控宋彬彬带领红卫兵打死了校长。2006 年我校 1966 届初三（3）班叶维丽在美国发表了英文论著《卞仲耘之死》。2010 年 8 月，《炎黄春秋》以《卞仲耘之死的另一种说法》为题，发表了"五人谈"中的"八五事件"叙事部分。

2010 年 11 月 2 日，网刊《记忆》主编、文化学者吴迪和李宇锋在秀园再次召开编前会，为女附中文革专辑（三）组稿。到会的不仅有女附中老三届校友，还有独立制片人胡杰和青年学者胡泊等。

此后，李宇锋和我们建立起彼此信任的坦诚关系。他被病痛和残疾折磨数年，遽然离开，于他是解脱，于所有喜欢他的人都是长久的心痛。

李宇锋是油田的孩子，文革爆发之际，只是一个蹒跚学步的幼儿，开始记事的年龄，文革疾风暴雨的时期已经过去。他从北京大学毕业时，商品大潮开始席卷中国大地。说实话，文革和他本没有什么关系。

李宇锋的难能可贵，就在于，他以病残之躯和半生精力开拓和固守着一片特殊的天地。像他一样不惜投入财力和精力于文革调查与研究的年轻一辈，当今中国又有几人？他是上天派来的吗？只为引导和提醒我们不要忘记，不要放弃。

宇锋，你结束了使命，回到了原来的家园。2017，你不来了，我看见你放下一切的轻松微笑，我看见你自由的灵魂在飞翔。

谢谢你！

2017 年 1 月 10 日

这些追根刨底的老女生

有这样一群老女生，以七十岁的年龄，不合时宜、不随大流、不看天色，旷日持久地干着一件事，就是要弄清楚文革初期，她们十七岁上下就读的母校，发生了哪些事？校长是怎样被学生殴打折磨致死的？为什么会发生那样的暴力惨剧？前前后后费时十二年，她们悉心寻找当事人、亲历者，以谦卑的态度以心交心，召集各种座谈会，邀请本校老师、校友和外校同龄人，共同回忆、探讨母校文革历史。

不仅如此，她们还在校友中发动捐款为死难校长塑像，举行隆重肃穆的纪念仪式，自己编脚本、自费出纪念光盘。她们与专事文革研究的电子杂志《记忆》共同编辑本校文革专辑共 6 辑数十万字，为文革研究者提供了一所中学的文革（初期）历史样本。她们不惧怕谣言、不在乎谩骂，把事儿越做越细致越做越深入，不仅吸引了国内媒体的年轻一代记者，也有德国、法国、英国和美国的主流媒体，纷纷前来对她们进行采访报道。《南方周末》则派出优秀记者独立进行采访，历时两个多月，以四大版面深度报道。这件事在全国也没有第二。

这些和文革过不去的老女生，是原北京师大女附中(现实验中学)的老三届学生，“家庭出身”各有不同，文革中分属不同派别。直面历史，拒绝遗忘，用拱卒精神推动文革反思，促进社会和解，对她们来说，既是动力，也是目的。

1966 年 8 月 5 日下午，原北京师大女附中高一（3）班部分干部子女发起游斗五位校领导活动，途中不断有学生加入，以高一和初二为主，还有大量其他年级的围观者。最终局面失控，少数激进者暴力殴打老师，党总支书记、副校长卞仲耘被殴打折磨致死，其他几位身心受到严重创伤。这就是近年来流传在互联网上的“女附中八五事件”。文革初期，全国、全市打死校领导的中学难计其数，为什么“女附中八五事件”备受海内外瞩目？一是这所女中集聚了众多中共高级干部子女；二是该校师资、生源为当年北京乃至全国上乘，却开了文革暴力之先河；三是 1966 年 8 月 18 日高三学生宋彬彬登上天安门城楼给毛泽东戴了红卫兵袖章，因此被学界看作一个特殊符号。当然，最重要的是，“八五事件”率先由女附中学生披露。几十年来，女附中师生没有忘记那一天，校长之死成为她们的心中之痛，许多人对“八五事件”做过调查、披露、回忆和研究，粗略统计如下：

1966　8 月 6 日及以后，张镭、苑秀琴等多位学生看望被打伤的胡校长
1966　张镭等参与西城区 36 所中学打人情况调查并写调查报告
1966　张静芬老师给王晶垚先生寄匿名唁函
1967　王南芬做八五事件调查
1986　胡志涛：《八五祭》
1986　王友琴：《女性的野蛮》
1995　王友琴：《1966：学生打老师的革命》
1996　冯敬兰：《记忆的疮疤》
1999　罗点点：《红色家族档案》
2000　王友琴：主持“网上文革受难者纪念园”
2001　伏　生：《那天，我是残杀卞仲耘的目击者之一》
2001　张　敏：《文革与人生》
2002　于羚开始帮助王晶垚先生整理 8.5 资料，历时三年
2004　王友琴：《文革受难者》一书在香港出版
2006　刘秀莹：《卞仲耘，一位令人深刻怀念的好校长》
2006　叶维丽：《卞仲耘之死》（The Death of Bian Zhongyun）
2006　王友琴：《八月，让我们纪念受难者》
2006　王友琴：《艰难的控诉：卞仲耘被害四十年后》
2006　裕　雄：《良知与责任》

2006　刘　进：《给梅树民老师的道歉信》
2007　刘沂伦：《我的记忆：师大女附中文革初期二三事》
2007　冯敬兰：《烈日下的集体谋杀》
2007　陶洛诵：《师大女附中学生陶洛诵 2007 年证词》
2008　叶维丽：《动荡的青春》
2010　刘　进：《女附中文革初期的一些情况》（学校存档）
2010　冯敬兰、刘进、宋彬彬、于羚、叶维丽：《也谈卞仲耘之死》
2010　叶维丽：《好故事未必是好历史》
2010　于　羚：《反省历史需要更多人的参与》
2010　刘　进：朱学西访谈录
2010　刘　进：李松文访谈录
2010　冯敬兰等五人：《卞仲耘之死的另一种陈述》
2010　王友琴：《恐怖的"红八月"》
2010　敏一鸿：《追究卞仲耘惨案真凶》
2010　《张静芬老师的选择》（黄艾禾报道）
2010　庄　生：《食指》
2011　庄　生：《历史不容忘却》
2012　宋彬彬：《四十多年来我一直想说的话》
2012　张亦鸣：《从卞仲耘之死说起》
2012　叶维丽：《从女附中"八五事件"谈起》
2012　叶维丽：《与安迪·沃德商榷》
（截止到 2012 年初）

其中，高一学生王友琴（供职美国芝加哥大学）从校长之死开始了她对文革受难者的漫长调查和追溯过程，在海内外获得广泛瞩目。初三学生叶维丽（供职美国马萨诸塞州立大学波士顿分院）经过四年调查，2006 年在美国发表了英文版学术论文《卞仲耘之死》，2007 年又在《二闲堂》网站发表了中文版译文。不过，没有一个人在采访的深度和广度上，超过刘进。四年前，我曾看到刘进打印的一个调查采访摘要，是 300 多人次的一个表格，简要记录着时间、地点、受访者、谈话要点等等，条理清楚，一目了然。她知道个人的记忆是不可靠的，所以在调查中，重要细节一定要反复论证、多人求证。刘进用十年时间，找到当年在校的老师、学生 120 余人，做的采访笔记、电子邮件、电话记录装订成册几大本。她退休后更是无冬历夏，背着沉重的大书包，有时一天走访几处。同学们开玩笑地叫她“铁人”。

我曾经问过刘进：既然北京市委 1966 年 8 月 6 日的《每日快报》白纸黑字记录了高一（3）班和其他班一些干部子弟斗争五位校领导，暴力致使校党总支书记卞仲耘死亡的事实，说明你们当天（8 月 5 日）就知道游斗校领导的组织发起者，为什么还要费这么大的力气，进行艰苦的、旷日持久的调查？刘进的回答很简单，她说，事情过去多年，有必要找到“八五事件”的当事人、亲历者、目击者和受害人中的幸存者，一起还原真相。

真相在哪里？锁在人的心里，尘封在官方的档案里。几十年的时间，是一个人的大半生，甚至是整个人生。无论他（她）们在文革中处于什么位置，扮演什么角色，没有人愿意打开心锁。你要干什么？是每一个受访者本能的反问。而有关文革的档案在我们这一代人的有生之年，能否解禁，无人知晓。真相，始终在困境中。

由刘进牵头的调查和采访，打开了一个个心锁，激活了当年在校的老师、学生、工作组成员 120 多位的记忆。大家既有口头回忆，也有书面证言，有的还提供了当年的日记、笔记、收集的大字报、批判稿，依靠众人的力量，让文革初期（1966 年 6 月至 8 月）校园里发生的主要事件得以基本厘清。

说实话，这种深度调查，只有刘进能够做到。刘进是文革前为数不多的学生党员之一，是文革初期工作组进校后的学生代表会主席，认识的老师同学多。她为人质朴诚实、襟怀坦白、宽容大度，又能担当。她善于听取各种意见，不论多么难听的话，她都听得进，理得清。老师、校友更容易信任她，愿意对她说出心里话。宋彬彬于 2003 年回国定居，一边照顾病重的父亲和年迈的母亲，一边参与刘进的调查。她们不断接近真相的过程，也是自我反思、继续成长的过程。譬如她们有一次去看望“八五事件”受害者梅树民老师，受到老师不客气地质问：“我们被游斗时，你们在哪里？为什么不来救我们？”后来经过和梅老师多次推心置腹地交谈，才逐渐解开老师的心结。2006年刘进给梅老师写了道歉信，为文革初期带头写第一张大字报、“八五事件”中没有挺身保护好老师，做了深刻反省。梅老师不但谅解了她，还帮助她对两万多字的调查报告给予逐句逐字的批改校正。宋彬彬因818给毛主席戴袖章被妖魔化几十年，背着杀人、打人、“武斗符号”等罪名，一直战战兢兢地过日子。自从参与校友们的调查、反思活动后，她渐渐克服了巨大的心理障碍，勇敢地站出来，在电子杂志《记忆》发表了《四十年来我想说的话》（见共识网），澄清事实，反省自己，放下包袱，并为文革中写第一张大字报、“八五事件”中未能尽责导致校长之死而公开道歉。

刘进不仅是调查真相的带头人，还积极支持和参与了罗治主持的为卞校长募捐、塑像等一系列反思与纪念活动。下面我要说到罗治学姐，她不仅作风干练，还事无巨细，七年来倾全力做了以下几件大事。

1.为了表达对卞校长的永久怀念，发动历届校友捐款塑像。2007年实验中学90周年校庆之际，为卞校长塑像的倡议分别由高中1965届海外校友沈乾若、华欣以及高中1967届校友张育芷、罗文冬和罗治提出，于校庆前得到了老校长王本中、时任校长袁爱俊的支持。5位倡议人有3人旅居海外，具体运作的任务就落在了张育芷和罗治身上。2007年9月24日，1965届高中校友高宁、郭平英、刘文莲与张育芷、罗治共同策划，邀请原女附中各年级热心校友，商议为卞校长塑像之事。她们决定成立一个“执行小组”，成员中年龄最长的年近70，最小的也已60开外。1967届高中生张育芷身体极差，长期受“慢阻肺”的折磨，吸着氧气还在四处打电话，联络、知会更多的校友。1962届高中生刘蓓蓓一边和癌症抗争，一边参与“塑像”的各种协调工作。她们在三年多时间里，耗尽了生命的精气神，塑像落成、举行揭幕仪式后不久，她俩相继病逝。

“执行小组”邀请了若干联络人，从62届高中到67届初中的各年级，起初有刘蓓蓓、于凤丽、张丽云、于羚、牛立、傅珉、刘煜鸿、李国维等人，后来又增加了程东、鲁克全、莫莉、王南芬、王国云、沈佩言、方甜、陈琨、徐海伦、胡一玲和胡嘉芬。

“执行小组”发出了《关于给卞仲耘校长捐款塑像的公开信》，公布了资金募集方法。在随后的两年时间里，多次召开碰头会组织协调捐款塑像的各项事宜，各班的校友利用节假日聚会、校友网、电话、邮件等形式，联络了更多的校友。经过不懈的努力，从1959届到1980届十八个年级四十四个班级五百位同学和几位老师及校外朋友共捐款人民币九万余元。

不要小看这点钱。罗治她们认为，参与的过程也是唤醒记忆、反思的过程，因此一定要让更多的校友参与。其实，实验中学历届毕业生中的实业家、文艺明星很多，由他们中任何一位掏钱都不难，但是一份五十元、一百元的捐款，更有意义。“执行小组”设计制作了纪念卡，卞校长遗像居中，两边写着：“黄昏血色往事何堪回首／绿地晨曦今朝勿忘反思”，回赠捐款者。65届高中生高宁和郭平英虽然早在文革前就毕业离校，但她们对卞校长一直心怀感念，对母校文革之初的“八五事件”持强烈的批判意识。高宁是捐款塑像活动的总指挥，郭平英是塑像工作的艺术总监。“执行小组”的历次碰头会，都在郭沫若纪念馆的小会议室召开。捐款集中后，刘小沁和郭平英请中央美院著名雕塑家孙家钵先生为卞校长制作雕像。孙先生慨然应诺，不计报酬（最终只收取了材料费）。铜像并非艺术的再现，而是校长温婉气质的还原。艺术家根据卞校长生前留下的几张照片塑造出了一个温文尔雅的知识女性，一个善良慈祥的母亲。

2．2011年5月7日，母亲节的上午，在实验中学东楼会议室，罗治主持了隆重肃穆的卞仲耘铜像揭幕仪式。与会者不仅有本校老三届、文革前和文革后毕业的校友50多位，也有外校同代人参加。北京八中老三届学生钟离满为揭幕仪式提供了很多帮助，他说不少学校都打死了校长，有的甚至更为残暴，但都选择了集体沉默，唯独女附中校友开始了对文革的集体反思。诗人郭小林为揭幕仪式创作了长诗《悼念一位母亲》，65 届高中生郭平英的深情朗诵，让与会者触景生情，纷纷流下热泪。一位外校与会者的母亲，是北京女一中党支部副书记兼副校长王毓真，与卞校长一样死于文革初期的迫害。他说女附中老三届学生的集体反思和纪念活动，让他非常震撼。所有与会者都在这个特殊的纪念会上被感动。有同学在校友网留言：昨天的活动非常震撼，非常成功。几位校友代表的发言，发自肺腑，感人至深，引起大家深深的回忆和反思。虽然大家在文革中的处境不尽相同，但是今天直面历史，深刻自省，让我看到了女附中学生高尚的精神境界和道德情操，这样的氛围太感人了，也太难寻觅了。只有回到久违的母校，才能得到这样净化灵魂的精神洗礼……

3. 制作纪念光盘。为了让更多的同龄人和后辈了解真实的文革，大家决定将揭幕仪式及捐款塑像的经过编辑制作成光盘。罗治自写脚本，大家献计献策，分头请人剪辑编辑，配音配乐，这群老女生终于心想事成。2012 年 3 月 7 日，由校友、法律学者李红云策划，罗治主持，借北大法学院会议室召开了光盘发放座谈会。值得一提的是，当初参与捐款塑像的 1973 届和 1980 届后辈校友，再次出资制作了 2000 张纪念光盘，发放到实验中学后学圈中，以期让年轻一代了解文革，牢记“校耻”。一位年轻老师看完光盘后泪流满面，她说到实验中学工作多年，完全不知道还有这么一段不堪回首的历史，深为老校友的集体反思行为感动。

4. 2014 新年伊始，罗治和网刊《记忆》主编吴迪一起主持了部分老三届学生“反思文革 拒绝遗忘”座谈会。参加聚会的有北京四中、八中、师大女附中（现实验中学）、师大附中和清华附中的“老三届”学生陈小鲁、计三猛、印红标、吴迪、丁东、邢小群、米鹤都、卜伟华、郭小林，和刘进、宋彬彬、于羚、罗治、郝新平、顾湲、叶维丽、冯敬兰、李红云等，还有中国人民大学研究党史的两位学者，来自《南方周末》《中国青年报·冰点周刊》《财经》杂志和《记忆》网刊的年轻记者共 20 多人。

讨论会从“八五事件”说起。首都医科大学教授、正致力于推广全科医学和社区卫生服务的顾湲，当晚就要出差，也拉着行李箱出席了座谈会。作为高一（3）班学生，她具体介绍了班里少数干部子女发起、组织游斗校领导的情况，并尖锐指出当时学校的阶级斗争教育，已经在学生头脑中牢固树立了血统论、等级制的观念，致使一些干部子女狂妄、冷血，文革初期的暴力行为是水到渠成。

八中的陈小鲁介绍了他公开道歉的心路历程，并对女附中同学们集体还原“八五事件”真相的执着努力及深刻反思表示赞佩，他说我们虽然道歉了，但是对八中文革初期的过程和发生的事情，记忆已经很模糊了，要向你们学习，争取如实还原八中文革历史，以告诫后人。几位文革研究学者纷纷指出，在还原历史真相时细节很重要，并指出要从历史的深度、人性的高度去认识发生在中学生中的暴力行为。丁东强调要分清当时最高层、中层和下层的不同责任，文革的发动者要负最大的责任。米鹤都说女附中校友们打破家庭出身的界限，把过去所谓的“红五类”和“出身不好”的同学都团结到反思文革上来，是个创举，很不容易。印红标提出反思文革要“普及”到现在的几代年轻人中，他们普遍不关心、不了解文革。对我国的当代史被割裂，导致极左思想回潮、美化文革的现象，值得十分警惕。卜伟华认为文革研究要注重事实考证，写文革史绝不能想当然，有一说一，有错要及时修正。邢小群表示，对师大女附中的学姐们做的努力非常钦佩。郭小林用拱卒比喻大家做的事情，他认为推动历史进步就要靠不懈的“拱卒”精神，一点一点地推动。叶维丽认为还原“八五”真相，反思文革，是为了警讯后人，而不是侦结刑事个案。她说，虽然国内文革研究还很不深入，但我们要以历史担当的精神，坚持不懈地搞下去。现在从事文革研究的人不是多了，而是还很少。她呼吁，我们这一代人要直面历史，抢救记忆，拒绝遗忘。

5．2014 年 1 月 12 日上午十点，由老校友罗治、刘进、牛立、叶维丽和老教师金元、老校长王本中共同策划的“老三届校友与老师见面会”在实验中学召开。电话联系到了健在的、行动方便的老师 20 多位，他们悉数到达会场，一共 25 位，朱学西老师 89 岁，张静芬老师 85 岁，都早早来到了会场。多年来，老师们之间也很少见面，这样的聚会让他们很激动。

罗治主持了见面会。刘进、宋彬彬作为文革初期工作组任命的学生代表会主席、副主席，先做了道歉发言，触景生情，她俩都是泪流满面，不断哽咽地说完了多年埋藏心中的话。1965 届高中生高宁介绍了卞校长塑像的捐款、制作、安放过程，6 年中两个参与策划和具体实施的校友刘蓓蓓和张育芷已先后病故。她说，这个过程很难，就要靠一些人推动，刘进、宋彬彬也是推动力。叶维丽介绍了“八五”事件的调查、研究和参与这一工作的各位同学。

“八五”事件受害者胡志涛校长的女儿、校友丁东红发言指出，“八五”事件已经不可避免地成为近现代史的事件，历史符号不幸落在我校，一定要留下真实的历史，以历史责任感为事件作证。都知道现在做这个工作是非常困难的，但如果不做，就会让真相淹没于历史中。作为一个历史事件，每个人当时都有自己的位置和活动，都会留下记忆。今天发言的同学都是很勇敢的，我也知道很多同学还没有胆量，你不敢面对历史，你的后代也要面对。反思不会增加仇恨和苦难，反思是为了和解。老教师王本中、储瑞年、丁德泗、张春条、艾立川、金元、朱学西等都做了恳切、深刻的发言，他们说，刘进、宋彬彬的道歉令人感动，“八五”事件许多人都是见证者，也有当场劝阻的老师学生，包括刘进、宋彬彬，她们根本没有能力阻止。今天同学们来道歉，其实老师同学从来不是两个对立面。有的老师说，当时自己年轻，也批斗过自己的老师，以至于多年不能面对。多位老师表示，需要他们做什么，一定责无旁贷。

老师们的体谅和宽容，感动了所有在场的学生。有的学生当场起立发言，说自己曾经带头批斗过班主任，一直难以说出一句对不起，老师如今年过九十，不能到会，我一定要在春节前去看望老师，当面说声对不起。有一学生说，当时自己很左，认为斗黑帮是革命行动。8.5 现场看到宋彬彬劝阻打人的学生，还不理解，我远远不如宋彬彬。自己也批斗过班主任，借此机会表示道歉。

6．今年春节前夕，罗治再次组织校友慰问了老教师。作为这群老女生之一，我对学姐刘蓓蓓、高宁、郭平英、刘进、宋彬彬、罗治、张育芷等多年的付出，非常敬佩。作为当时的低年级学妹，我为加入这个群体，做一些力所能及的事情而自豪。

应网易新媒体之约，我从今年2月开始写《我的文革纪事》专栏文章，以每周一篇的节奏，写到了8月21日的最后一篇《我的1968》，终于松了这口气。我已经多年不在编辑的催促下写作了，之所以接下这活儿，只因为我看到网易有一个关于文革的调查，拥护文革和反对文革的比例（以我看到时间计，抹去零头）竟然是22万∶2万，这让我很吃惊。毫无疑问，这种对文革的理想化期待，完全源于当下社会自上而下的腐败带给民众的绝望感。实际上，文革对于法制、文化、教育和道德的毁灭性破坏，正是当今信仰缺失、道德沦丧的重要源头。

作为亲历者，我知道我有义务原原本本说出自己在原师大女附中这个特定环境中经历过的文革。写自己的过程，也是梳理母校文革早期历史的过程。回溯文革往事，打开记忆闸门，绝不是一件愉快的事情。尽管我从事文革问题写作已有些年头，但在写作过程中，依然受到强烈冲击，几次难以继续。大量文革日记、笔记、检讨书、大字报、揭发信看在眼里，堆在心中，以往的所闻所见，同学朋友的惨痛经历，一幕幕浮现，常常使我夜不能寐，多次让我泪流满面。写作的过程也是反思和自我教育的过程。以前我只记得自己在文革初期被批斗、被孤立，现在才猛然发现，我受的只是小委屈，不知有多少人像我的同学们那样，把尊严被践踏、亲人被残害的可怕遭遇深深埋在了心里！说文革是史无前例的浩劫，一点不过分啊！

感谢网易新媒体的年轻编辑，在喧嚣浮华的大环境下，有一份难得的沉静和从容来追溯文革的历史。感谢网易博客和搜狐博客能给予我的每篇纪事以显著位置，让数百万网民和读者浏览阅读和转载收藏。德国社会对二战的反思，正是从1970年前后年青一代的追问开始，我希望通过自己的《纪事》，能激活更多亲历者的记忆，能唤起中国年轻一代对父辈的追问，从他们那里发掘文革真相，这正是对历史的抢救。感谢为我提供大量资料的朋友们，感谢向我敞开心扉，说出自己在文革初期“破四旧”中有过可怕遭遇的同学们。是你们的帮助，让《我的文革纪事》所有情节、细节都有出处和源头。是你们的鼓励，让我把文革中真实的、激进的、幼稚的、丑陋的自己展现出来。

欢迎朋友、校友、同学、网民和读者的指正和补充，我以谦卑之心期待着。

2014 年 9 月 1 日

在岁月里我们曾经同行

在 2022 年最后一天，我怀着悲悯的心情想起一个老同学，我希望和她一世的恩恩怨怨就在这一天终结拉倒。

还是春天的一个晚上，同学许容微信告诉我，我们的初中同学 L3 月 1 日在美国去世了，胰腺癌。原来，许容发现在班级群里喜欢点赞和转发信息的 L 许久没有露头了，她多次和 L 单独联系，对方也不回应。终于，在 3 月 8 日接通微信，不料对方却是一个男生，自我介绍是 L 的儿子。原来，L 自去年六月罹患胰腺癌，苦苦抗癌九个月不治而去。男孩说妈妈在重病期间仍坚持写博士论文，而且是哲学论文。真的好励志。

那晚，我几乎一夜没睡。L 和我同年同月生，生日还小我三天，她的死讯带给我的不仅是震惊，还有怜惜，也有心疼。她是学医的，在北京本来有很好的工作，丈夫还是一家大医院的领导。据说因第三者插足，导致婚姻破裂，她在 1997 年赴美，47 岁重新开始自己的人生。2007 年实验中学 90 年校庆时，她从美国回来，和老同学聚会，当时她刚拿到心理学硕士不久，意气风发，在教室里打开笔记本电脑，把多媒体投放到黑板上，认真给我们讲解。可以看出，她很希望得到同学们的好评。可是由于她在文革初期伤害过同学们，许多人不买她的账，你讲你的，我们说我们的，并没几个人捧场。再说了，当时同学们基本上都退休了，过着含饴弄孙、结伴旅游的生活，而你才读完硕士学位，什么时候是个头呢？我们和你显然不在一个频道上。当时，同学们互相拍照，我主动邀请她和我一起拍了此生的第一张合影。事后，有同学说我："你真行，还和她一块照相，瞧她别别扭扭的那样儿。"

是的，大家都知道我和 L 是一对冤家。我们从 13 岁成为同一个班同一个小组的同学，她就没少欺负我，只要看见她仰着下巴颏向我走来，我的心就缩成一团，非常非常怵她。有一次劳动课，我俩抬一个土筐，她说，你知道我为什么恨你吗？因为你长得特像我小学一个女生，我特恨她，所以一看见你，我就恨你了。当时，她的直率和坦诚还让我的心感动了一下，觉得她也挺好的。其实，我也不喜欢她，一是她性格多变，要么撒娇耍小性，要么盛气凌人；二是她经常把“我掰掰（伯伯）”挂在嘴上显摆。当时只知道她的伯父是个大官，多年后百度，才知道老人家曾经是东北军将领，参加过西安事变，后来在冀中地区领导抗日，参加过百团大战，是开国上将，的确值得炫耀。当时她坦承了恨我的理由，多亏我没有随口说出不喜欢她的地方。因为说归说，做归做。她还是照样恨我，直到文革爆发，她成了班里的核心小组骨干，又火线入了团，于是借机把我狠狠整了一顿，孤立了好几个月。在本书的其他篇章里，我拉拉杂杂写了一些她找碴欺负我的事，在此就不重复。前几年，一个同班同学在微信里和我谈起她家文革中的遭遇，我感谢她对我的信任，把憋在心里几十年的屈辱说出来。她说，文革中我要是像你那样，我早自杀了。她的话让我心头一紧。是的，文革初期 L 组织的批斗会，不仅给我扣了一些政治大帽子，也从人格上对我极尽诋毁，一时间全班同学都像躲瘟疫一样躲着我走。我一没抑郁二没闭经三没失眠，几乎是没脸没皮地活着，哪里想到会有同学受到这样的惊吓？

几十年里我和 L 也见过两次，一次是在叶维丽家，一次是几个同学聚会，她视我如空气，完全不理不睬。这得有多大的仇恨啊！

2017 年实验中学迎来了百年校庆，定居美国的同学也不远万里回来参加母校的盛典。我特地选了两样首饰，一件是粉色玛瑙手串，送给了 1968 年上山下乡后我从没见过的方小英，一件是景泰蓝手镯，预备送给我的对头 L，让从小的恩恩怨怨就此拉倒吧。同学们集中到教室后，我看到机会来了，L 孤坐一旁无所事事，我走过去，把景泰蓝的首饰盒托在手上，表明心意。没想到她把我的手一把推开，仰着下颏来了一句：“你得向我道歉！”我没有像小时候那样退缩，也没有刻薄以怼，小声说：“可以道歉，说说为什么？”就在这时，几个同学有说有笑地走进教室，打断了我和 L 和解的机会。其实我很想开诚布公地和她谈谈。

我没有期待她向我道歉，她反而要我向她道歉，为什么呢？

许容告诉我，L 事后对她说："我给你丢脸了。"许容问怎么回事？L 说了原委，原来是我 1983 年发表在《长城》文学季刊上的中篇小说，以第一人称写了一个革干子女（栗雁儿）文革中欺压同学张丽娜的故事，因为"我"讨厌丽啊娜啊这种资产阶级小姐式的名字，所以看张丽娜处处不顺眼。张丽娜家境贫寒，靠母亲当保姆维持生活。在栗雁儿的持续羞辱欺凌下闭经、失眠、精神崩溃。多年后，栗雁儿登门向张丽娜道歉，两人最终和解。没错儿，栗雁儿的确有 L 的影子，张丽娜的原型是班里一个挨整的同学，并不是我。L 多年前看到这篇小说，认为写的是她，对我更加耿耿于怀。

许容说：冯敬兰写的是小说，你愿意对号入座，说明你真够轴的。

我知道，L 至死都没有放下对我的憎恨。因为我是她最恨的小学同学的替身。L 的小学如今叫和平里九小，从前叫育鹏小学，是空军直属机关子弟小学，听听这名字，就知道这个小学的孩子们个个惹不起。那个被 L 憎恨的小女孩，肯定不是善茬儿，不是让她羡慕嫉妒恨就是让她吃了瘪受了委屈。以至于上了初中仍不能释怀，把我当作她的死对头，继续恨了一辈子，连我在小说里替她道歉都不接受。她或许在等着对方道歉，所以才会在我送她手镯的时候脱口而出："你得向我道歉"。

L 的不幸离去，让她失去了和育鹏小学那个让她恨的小女生的和解，当然也失去了和我的和解。但愿她保持着对我的心理优势，回到另一个世界。我非常喜欢的韩剧《我亲爱的朋友们》里有句旁白："所谓人生，就是死了也不会结束，死了也会有火热的和解。"如果死了都没有和解，是不是就带入下一个轮回？我希望就此打住吧。

道歉真就那么难吗？为自己少年时的不懂事道歉，会损失什么呢？

1992 年的一天，刚从山西举家调回北京的同学黄小森忽然来到我家。她以前从未来过，怎么找到的？

一进门，小森就说："我是来向你道歉的。"

道歉？道什么歉？我很诧异。我在散文《八月的历险》中，多次写到小森，我们在哈尔滨遇到棒子队的袭击，我受了伤，一连多日她始终像小姐姐一样呵护照顾着我。小森开朗活泼多才多艺，是我最要好的同学之一。什么事值得她专程来登门道歉？

她说：文化大革命那会儿，我揭发过你。我顿时被她的道歉震撼了。我深信文革初期我在班里被批斗孤立和小森没有关系，我并不想知道她"揭发"过我什么。小森的道歉，没有让她变小变低，而是让我变小变低，我其实最受不了别人向我说软话。从那一天开始，小森成为我最敬重的朋友，最贴心的姐妹，成为名副其实的闺蜜。她回京后一直生活在体制外，靠打工维持生活，五十岁领上了微薄的退休金，仍要兼做几份工作，最远的一个单位竟在怀柔。为了帮她减轻生活压力，我邀请她为我的单位兼管一下账目，每月来做两次即可，给的报酬虽然不多，用她的话说"够我们全家一个月的菜钱了"，直到她因癌症去世。我的同事们也始终把她当作大姐，带她上医院，术后给她募捐，甚至协理她的后事。

我陪小森到生命的最后一刻，看着她美丽的大眼睛缓缓闭上，安详离去。我知道我为她做的一切，都要配得上她的坦荡、诚实和善良。小森的先生希望我帮助写一下悼词，现摘录部分文字，怀念我亲爱的朋友。

我们的亲人小森在和癌症顽强抗争了 10 个月后，于 2005 年 9 月 18 日平静地走完了她的一生。那天是中秋节，她的离去，给她的亲人和朋友留下了永远的思念。

小森 1949 年 11 月 15 日出生在一个高级知识分子家庭，她自幼开朗活泼，善良热情，聪颖好学，是父母的乖女儿，妹妹们的好大姐，班级里的好学生，同学们的知心人。1963 年她以优异成绩考入北京师大女附中，1968 年上山下乡到北大荒，后来转到山西，从事过多种工作。1992 年举家回到北京后，她先后在多家公司打工，有时甚至同时做两三份工作。工作家务劳碌繁忙，她在单位是好员工，在家里是贤妻良母。面对命运的挑战，她乐观坦然，从不怨天尤人，一向以积极、热情的态度对待生活，对待亲人和朋友。

2004 年 11 月，小森被诊断出了癌症，术后进行了六次化疗、一次介入治疗，她忍受了巨大的痛苦和持续的肉体折磨，积极配合治疗，坚持每天锻炼身体，渴望在自己的身上发生奇迹。每天，她把痛苦留在心里，把笑脸给予每一个亲人和探望她的朋友。如今，无情的病魔虽然夺去了她的生命，但是她的音容笑貌却依然在我们眼前和心里。

说到道歉，我想起另一个同学，她的名字同样值得保留在我的文字记忆里。大约十年前的事了，我们几个同班同学相约去景山公园玩。郑雅和我走在一起，我说，郑雅，你现在说一口北京话了，我还记得你刚从沈阳转学到咱们班时，说的东北话经常逗笑大家。她很高兴地说，是吗？真的？郑雅是 1964 年初一年级第二学期转学到我们班的，和她一块儿转来的还有一位副总理的女儿。从那时我知道了有的人考不上师大女附中，可以在第二学期转学进来。当然，父亲一定要有很高的官位。我问郑雅，你当年从沈阳什么中学转来的？答：辽大附中。我又问：你父亲调到北京在哪儿当领导呀？她说在粮食部当监委书记。接着她忽然说“冯敬兰，文革那会儿我挺对不住你的。”我说没有呀，我从来没觉得你伤害过我。她说：“其实我什么都不知道，她们让我说啥我就跟着说啥。”我被郑雅的质朴深深地打动了。郑雅因为出身好，本人又老实巴交，1968 年年初就被分配到陕西的一个三线工厂，消失在大家的记忆里。后来不知什么时候辗转回到北京，在一家食品厂继续工作到退休。也许以前的校庆活动中见过她？我不能确定。那么她想对我说的一句“对不住”憋在心里究竟有多久？她哪里对不住我了？她什么时候对我横眉冷对过？疾言厉色过？羞辱谩骂过？没有，一次也没有。如果有，我一定会当场怼回去。谁都会拣软柿子捏，郑雅就是我们班干部子弟中的软柿子。除了 L 让我发怵，班里的其他“红五类”不记得有谁故意欺负过我。郑雅啊，我想起来了，1966 年 8 月 6 号下午 L 领导红五类（那时学校里还没有红卫兵）同学斗争我的时候，你和她们坐在黑板前面几张课桌拼在一起的高台上，其他同学围着教室成 U 字形坐在椅子上。当 L 让我对“对联”表态时，我说，“老子革命儿好汉”我同意，“老子反动儿混蛋”我不知道混蛋指什么？要是有资产阶级思想就是混蛋，那咱们大家都是。我就是管不住嘴，自己都不知道说了什么。L 气得从桌子上跳下来，几个箭步就冲到我面前，让我站起来。只听见大家喊：站起来，站起来！莫非在这时你跟着一起喊了？因为你坐在一溜课桌的侧面，身体面朝南墙，别人也看不见你。往事一幕幕，唯独找不到你曾经参与了对我的伤害。

郑雅，你的一句“对不住”，让我必须把你的名字、你的质朴保存在我的文字记忆里。

善良和正义是有力量的，现在叫作正能量。

我在《颤抖的胡同》一文里，写了 1966 年 8 月 28 日深夜，我和几个小伙伴被我家附近的 86 中红卫兵抓走，关在一间教室里，遭到一个挥舞着日本军刀的男红卫兵的恐吓。后来，一个叫杜桂兰的女生走进来，她个子不高，梳两条短小辫，有点少白头。尽管她衣着普通，没穿旧军装，也没有戴红卫兵袖章，可是一看她就是主角，那个在我面前耍日本军刀的男生立马老实了。杜桂兰走过来，态度友善，简单问了一下我们的年级、学校和家庭出身，然后说，没事儿，天亮就回家吧。

我在文中写道：“天刚放亮，我就回家了。小胡同里特别静，一点儿看不出惊心动魄的痕迹。八月末了，清凉的早晨，我走在没人的胡同里，脚步声沙沙地陪着我。我脑海里一直浮现着那个叫杜桂兰的女生，在这所我一直看不起的学校，在红卫兵比流氓更野蛮更霸道的日子里，是杜桂兰改变了我对 86 中的不佳印象。几十年过去了，我一直记得杜桂兰这个名字，她是那个夏天里我见到的最友善最讲理的红卫兵。”我的文章在网络上发表后，经过朋友间的连续转载，转到了杜桂兰的同班同学田平那里，而田平又是和刘进一起在内蒙牧区阿巴嘎旗插队的朋友。田平说：“杜桂兰是我们班的团支书啊，是个特别好的人。”

终于，杜桂兰也看到了我的文章。她很惊讶，自己完全不记得的事，会被一个陌生的同龄人详细记录。她不知道，在文革初期“恐怖的红八月”里，她的一个友善的微笑、一个理性的举动，让另一个身处困境中的人温暖了大半生。

后来，在朋友的帮助下，我和杜桂兰终于相聚了。1968 年，杜桂兰没有上山下乡，而是分配到长辛店机车车辆厂，一干就是一辈子，家也在厂里。她从很远的丰台大西南赶来，给了我当面向她表达谢意的机会，是我的幸运。超越近半个世纪的时空，我再次感受到了杜桂兰的善良、厚道与平和。她一次又一次地对我说，谢谢，谢谢你记得我。

傍晚，杜桂兰回到家，在微信里对我说：再一次谢谢你记得我！我们做一生的姐妹吧！好的，我愿意！上天保佑你一生平安，健康幸福！

在这篇文字里，我的初衷是写中国人有多么不爱道歉，像我的同学 L 那样。没想到写着写着，却从笔下走出专程找上门来向我道歉的黄小森，明明是在扯闲篇呢郑雅却转变话题突然向我道声“对不住”。还有素不相识的杜桂兰在 1966 年恐怖的红八月，如何用善意和正义的举动提振了我对人性的信心。

谢谢你们，我亲爱的同学、伙伴和朋友。你们的名字将和我的文字共存。

2022 年 12 月 31 日

后　记

2014：虐心的写作

我很久不更新博客了，因为打不起精神。偶尔看一眼，发现每天仍有上千网友浏览，这让我非常惭愧。

有次看到一位网友留言：你怎么不写文革了？我答：专栏写完了。后来他又说：我喜欢看你写的文革，接着写吧。很感谢像这位网友一样，一贯支持我的朋友、读者和网民。可是，我真的写完了。

年初，“宋彬彬道歉”的新闻引发了网络热议，一位年轻的网站编辑拿着合同书找上门来，邀请我在网易新媒体开个文革专栏。架不住网易的开放和女编辑的执着，我觉得机会难得，不知深浅地答应了。没想到一篇一篇地写开去，竟让我停不下来。

在2014年前三个季度，我哪里也没去，什么都没干，整天窝在家里看资料，都是文革时手抄的大字报、传单、检讨书、告发信、批判稿、日记、笔记的复印件或电子版。然后，按部就班地梳理，那些陈年往事一幕幕展现在我的眼前，同时也唤起我的记忆。我以每周一篇的速度开始了《我的文革纪事》。我虽多年从事业余文学写作，但文章中涉及的事件、情节、细节无一来自文学想象和虚构，全部有据可查，有人可证。

我不能不说，这种写作很痛苦，是连续的虐心过程。我在文章中时有流露，写到某个场景，某个细节，我会不由自主地泪流满面，甚至多日抑郁而不能自拔。我原本不知失眠为何滋味，在写这些文革旧事时，寝食难安成了家常便饭。焦虑、抑郁、烦躁、易怒，种种坏情绪一直伴随着我。结束了专栏写作，我本想把所有篇目重新整理、校正，作为书稿暂存，可是身体的不适让这件事无法进行，心动过速，心律紊乱，血糖升高，短暂失忆，全袭来了。我开始理解美籍华人女作家张纯如，为什么在采访和写完南京大屠杀后，饮弹自杀。我暗暗发誓，今后再也不写这类题材了。

以上文字写于 2014 年 12 月。光阴荏苒，时间来到了 2022 年 12 月。几年来不断有好友催促我将散落在网络上的文稿结集出版，留给后人。我说今人都不再读“纸书”，何况后人？有文章在网络上流传就够了。实际上时过境迁，网络上关于文革的各种文章基本都被屏蔽了，我发表的几十篇也所剩无几。翻阅旧稿，发现并无枯燥难咽之嫌，依然具有可读性，依然会自我打动。那就结集做成一本书吧。

作为文革亲历者，我庆幸自己在有生之年做了一件有意义的事儿，详细梳理了母校北京师大女附中文革初期发生的事件——1966 年 8 月 5 日的校长之死和 1966 年 8 月 18 日宋彬彬戴袖章。2007 年 9 月母校 90 周年校庆后，二者成为大众传播事件，网络上争吵不断，压倒的声音是宋彬彬带领红卫兵打死了校长，甚至还有学者把“宋彬彬组织杀人比赛，打死七八个人”这样耸人听闻的传说编进个人的“文革年谱”。我实在看不过去，写了《请放开宋彬彬》一文，于 2007 年 12 月 13 日 15：56 发在我的搜狐博客“看了又看”上。宋彬彬是我的校友，1966 届高中生，此前我从来没有和她说过话，模糊记得她是一个戴着深度近视眼镜的瘦高个儿。文章一发，就像在沸水里扔了炸弹，我第一次知道了什么叫网暴。我天性不怕事，干脆加入了校友们的文革事件调查中去。因此我写文革纪事始终得到了她们的支持。根据我的日记，还大致理清了从 1966 年 6 月文革开始到 1968 年 6 月远赴北大荒的两年里，我所经历的校园生活和心理历程。8 个月一共写了 30 多篇文章，其中《我的文革纪事》24 篇，全文刊登在门户网站网易的新媒体上，其它篇目分别发在共识网和搜狐网。

话说回来，写完了自己的“文革纪事”，我醒悟到，任何人都没有权利站在道德的高地指责别人，反思文革，一定要扪心自问。不如此，不能唤醒沉睡的良知，不能打捞沉沦的人性。

作 者

2014 年 12 月—2022 年 12 月于北京

作者介绍

冯敬兰，1950年生，祖籍河北蔚县，先后毕业于北京师大女附中，齐齐哈尔医学院，鲁迅文学院和北京师范大学研究生院，文学硕士。做过下乡知青、基层内儿科医生、文化干部。退休前为中国石油文联秘书长。1983年开始文学创作，1990年加入中国作家协会。

www.ingramcontent.com/pod-product-compliance
Lightning Source LLC
LaVergne TN
LVHW010602100826
845148LV00014B/2809

* 9 7 8 1 6 8 5 6 0 0 5 2 5 *